YING ZHONG MI FA

影中觅法

XUNZHAO DIANYING ZHONG DE FALU SHIJIE

——寻找电影中的法律世界

屈振辉 著

西北工业大学出版社

图书在版编目(CIP)数据

影中觅法：寻找电影中的法律世界／屈振辉著. —西安：西北工业大学出版社,2017.7
ISBN 978-7-5612-5512-4

Ⅰ.①影… Ⅱ.①屈… Ⅲ.①法律—通俗读物 Ⅳ.①D9-49

中国版本图书馆 CIP 数据核字(2017)第 196160 号

策划编辑：付高明
责任编辑：付高明

出版发行：西北工业大学出版社
通信地址：西安市友谊西路 127 号　　邮编：710072
电　　话：(029)88493844,88491757
网　　址：www.nwpup.com
印 刷 者：陕西金德佳印务有限公司
开　　本：890 mm×1 240 mm　　1/32
印　　张：9.75
字　　数：213 千字
版　　次：2017 年 7 月第 1 版　　2017 年 7 月第 1 次印刷
定　　价：29.80 元

前言

法律从何而来？法的起源是法学史上的重要命题。最早有关该问题的解说是神意说，它认为人间的法律来自神的意志。世界最古老的《汉谟拉比法典》，现代西方法的源头《摩西十诫》，以及中国古代法律都反映了这点。但马克思主义的法学理论则认为，法律实际上源于现实的物质生活，这就将法律从天堂拉回到了人间。而电影也是反映社会生活的艺术，它常常是现实生活的掠影和缩影。于是以现实生活为纽带两者结合，产生了以法律为题材的法律电影，而这也成为了公民普法的好素材。

在"依法治国，建设社会主义法治国家"的时代，在中国特色社会主义法律体系业已形成的今天，法律已成为了现代公民生活中的内容，而学习和了解法律知识甚至已成为了现代公民生活的必备。谈到学习法律，很多人都觉得枯燥无味；而观看起电影，很多人都感到津津有味。而在法律电影的赏析中，随着故事情节的展开和电影场景的变换，将其中的法律问题顺其自然地道出来，在潜移默化中普及有关法律知识，这莫不是一种很好的普法方法。它甚至成为美国很多大学法学院开展法学专业教学的方法。

这本书参照教育部法学学科教学指导委员会确定的全国高等学校法学专业十六门核心课程，即法理学、中国法制史、宪法、行政法与行政诉讼法、刑法、刑事诉讼法、民法、民事诉讼法、经济法、商法、知识产权法、国际公法、国际私法、国际经济法、环境与资源保护法以及劳动法与社会保障法等较为重要的法律，分别选取了十六部中外电影展开分析，试图从法律的视角进行分析和挖掘，从而帮助读者了解和掌握其中的要义。

牛顿曾说过："我之所以比别人看得远，是因为我站在巨人的肩上。"本书写作的立意深受这样几本著作的启示,它们分别是,魏小军主编,《看电影,学法律》,中国政法大学出版社2012年版;张万洪编,《缤纷法影:美国电影中的法律》,法律出版社2012年版;[美]保罗·伯格曼、迈克尔·艾斯默著,朱靖江译,《影像中的正义:从电影故事看美国法律文化》,海南出版社2003年版;财团法人民间司法改革基金会主编,《看电影,学法律》,元照出版有限公司2002年版;徐昕主编,《影像中的司法》,清华大学出版社2006年版;许身健、刘晓兵编著,《电影中的律师职业伦理》,知识产权出版社2009年版。在此向这些著作的作者们深表感谢!另外。还要感谢国内知名的以电影中文字幕为主题的资讯交换平台——射手网,本书从中撷取了所涉及的十六部电影的中文字幕,从而省去了许多枯燥无味的文字输入工作。本书还参阅了很多知名法学学者的理论研究成果,碍于本书行文风格的考虑无法在书中一一注明,在此一并致谢。

"路漫漫其修远兮,吾将上下而求索。"我国迈向高度文明、民主、法治的社会还有相当长的路程,需要我们这代法律人不断地为之奋斗,本书只是这漫漫征途中一颗小小的石子。成书匆忙,如有错漏之处敬请指教。

屈振辉
2013年9月于长沙城南新点苑

目 录

上篇　理论法学

- 2　　第一章　　从《武侠》看法理
- 20　　第二章　　从《九品芝麻官》看中国法制史

中篇　部门法学

- 36　　第三章　　从《建国大业》看宪法
- 55　　第四章　　从《秋菊打官司》看行政法与行政诉讼法
- 71　　第五章　　从《肖申克的救赎》看刑法
- 92　　第六章　　从《一级恐惧》看刑事诉讼法
- 124　　第七章　　从《雨人》看民法
- 144　　第八章　　从《马背上的法庭》看民事诉讼法
- 158　　第九章　　从《天才灵光》看知识产权法
- 181　　第十章　　从《抢钱世界》看商法
- 198　　第十一章　　从《反托拉斯行动》看经济法
- 215　　第十二章　　从《费城故事》看劳动法
- 231　　第十三章　　从《永不妥协》看环境法

下篇　国际法学

- 248　第十四章　从《东京审判》看国际公法
- 269　第十五章　从《威尼斯商人》看国际私法
- 283　第十六章　从《跨国银行》看国际经济法

- 295　参考文献
- 304　后记

上篇 理论法学

"法学对人的智识提供也许是最好的科学思维技巧的训练——任何人,当他从法学转向其他科学时,都会感激曾经有过这样的法学滋养。"*

---

* [德]古斯塔夫·拉德布鲁赫著,舒国滢译,《法律智慧警句集》,北京:中国法制出版社2016年版,第165页。

第一章 从《武侠》看法理

> 法是善良和公正的艺术。
> ——[古罗马]乌尔比安

片名:《武侠》
导演:陈可辛
主演:甄子丹、金城武、汤唯
出品时间:2011年

【影片简介】清末民初,刘金喜是云南某偏远小镇上的造纸工,与妻子和两个儿子安然度日。但平静的生活却被一次意外打破了——他出于自卫打死了两名强盗。捕快徐百九为了调查这起事件来到小镇,看似意外死于刘金喜自卫反应的两人,居然竟是武功高强的十大逃犯,手无寸铁的普通村民怎么能打死他们呢?对武术颇有研究的徐百九认定这绝不是意外,刘金喜必然是身怀绝技才能如此杀人于无形。随着追查的深入,徐百九发现刘金喜与江湖中最为残暴邪恶、杀人不眨眼的组织"七十二地煞"联系紧密。徐百九越深入地研究刘金喜,就越觉得刘金喜也许并不是一个罪大恶极的人。徐百九开始相信"他要么是一个伪装高手,要么便是真的改邪归正了。"为了结束查案,徐百九不断地袭击刘金喜,试图逼刘金喜用武功来反抗,但每每都不如愿。刘金喜在此过程中严重受伤,迫使徐百九对他的怀疑有所动摇。正当所有的证据都让徐百九的推论显得荒唐时,刘金喜便是唐龙的确凿情报传来,刘金喜便是"七十二地煞"的二当家,昔日嗜血如麻的高手唐龙。但某天刘金喜忽然从罪恶中清醒过来,决定以新的身份开始生活。唐龙的下落很快传到"七十二地煞"的教主那里,刘金喜不能接受唐龙的背叛,威胁唐龙回归组织,否则就要对其所住的村子实行屠村。与此同时,徐百九正领兵前来要将"刘金喜"——即唐龙捉拿归案。这三股势不可挡的人马聚集于小村,不可避免的战斗一触即发。白赎的道路染满了鲜血,唐龙的命运落在了挣扎于情与法的徐百九手里……

这部影片虽然名字叫做《武侠》,但在内容上却讲述了很多法理问题,其中涉及法律与人性、情感等诸多内容。其中某些台词蕴涵着深刻的法理,品味起来就像是部法理学教科书。就让我们以这部影片故事为线索,慢慢走进《武侠》中的法理世界。

一、法治与人治

▼ 场景一:

徐百九:人只是个臭皮囊,没有什么可自夸的,没什么清廉不清廉。好人坏人都由我们的身体去决定。人迎穴主管饥饿,这个人的人迎穴天生活跃,是个放纵口腹之欲的人……酒能散气,加速他心脏停顿,他的死是给自己的人迎穴出卖了;而我,是被我的膻中穴出卖。膻中穴主管对人的同情心。我的膻中穴天生活跃,对人易动同情心终于筑成大错。我曾经抓了一个少年,他偷了义父养母的钱,但我却放了他。我以为法不应该凌驾人情,谁知他在饭菜里下了毒,当场毒死他父母,而我则身中剧毒。所以我放两针,一针放膻中穴,压抑我对人易动同情心;一针放天突穴,控制我身体的剧毒。我医治我的身体和性格上的弱点。从那以后,他就经常在我身边出现。他说,人性不可靠,只有法,只有物质,才不会骗人。

徐百九这段话实际上谈的是"法治与人治"这个永恒的法理命题。法治与人治是人类的两种社会治理模式,而西方和传统中国则分别是其代表。法治思想最早起源于古希腊,亚里士多德最早提出了这个概念。他认为法治应包括两重含义,已经成立的法律获得普通的服从,而大家所服从的法律又应该本身是制定得良好的法律。到近代随着资本主义制度在西方的普遍确立,法、美、德等国先后将法治写入宪法,其日渐成为西方社会占统治地位的社会治理模式。人治思想最早出现在古代中国,传统儒家思想对其有很多经典描述。例如"为政在人"(《中庸》)"其人存,则其政举;其人亡,则其政息"(《大学》)等。人治主义的传统在中国绵延了2000多年,直到当代才被"依法治国"所慢慢取代。江泽民同志指出"实行和坚持依法治国,就是使国家各项工作逐步走上法制化的轨道,实现国家政治生活、经济生活、社会生活的法制化的规范化。"[①]

法治在总体上优于人治,所以徐百九说"人性不可靠,只有法,只有物质,才不会骗人。"那法治究竟如何优于人治呢?亚里士多德对此的解释是:"凡是不凭感情因素治事的统治者总比感情用事的人们较为优良。法律恰正是全没有感情的;人类的本性便谁都难免有感情。……谁说应该由法律遂行其统治,这就有如说,惟独神祇和理智可以行使统治;至于谁说应该让一个个人来统治,这就在政治中混入了兽性的因素。常人既不能完全消除兽欲,虽最好的人们也未免有热忱,这就往往在执政的时候引起偏向。法律恰恰正是免除一切情欲影响的神祇和理智的体现……要使事物合于正义,须有毫无偏私的权衡;法律恰恰正是这样一个中道的权衡。"[②]概括地说,法治优于人治主要表现在:其一,法律的制定在现代民主社会总是集中了多数人的智慧,它总比一个人的智慧要高明。其二,法律具有公平性和正义性,而实行人治难免会出现偏私。其三,法律是公布周知的,可以防止人治中的暗箱操作而避免腐败和"不教而诛"。其四,法律具有稳定性和连续性,不会因为统治者个人看法和主意的改变及其去留而改

---

① 江泽民:《江泽民文选(第1卷)》,北京:人民出版社2006年版,第511页。
② [古希腊]亚里士多德著,吴寿彭译:《政治学》,北京:商务印书馆1965年版,第163—164页。

变。其五,法律具有平等性,可以防止特权与专横。其六,法治实质是众人之治,总比少数人决定一切要开明。① 在本片段当中,徐百九因为曾受过欺骗,对人性产生了怀疑转而追求法理,寓意的正是"法治优于人治"的信条。在这里大家要关注一个细节,该片片头说明了故事发生在1917年中国云南边陲小村;大家还要注意一点,影片中县城和官府里的人穿得都已经是民国的服饰了,而小村里的人至少是男人还留着大清朝时的辫子。清末民初是我国由人治开始转向法治的过渡时期,从故事中看徐百九是因受骗的经历从相信人治转而崇尚法治,但实际上这是时代和历史发展的产物。

徐百九在本片段中还说:"好人坏人都由我们的身体去决定",即由人们的穴位所决定。这个说法颇有点像刑事人类学派的代表、意大利著名刑法学家龙勃罗梭的观点。龙勃罗梭认为犯罪的人都具有某些先天的特征,例如有高颧骨、深眼窝、前额扁平等,看起来这些都是野蛮人的特征。其实中国古代也有类似的说法,比如《三国演义》中的魏延,就说他"脑后有反骨,久后必反。"这些说法都是不科学的。实际上好人坏人并不是由他们的身体决定的,而是法律根据他们的行为评价而得出来的:所谓好人即遵纪守法者,而坏人则是作奸犯科者。这也反映出一条普遍的法律规则,即判断坏人还是坏人要"以事实为依据,以法律为准绳。"

徐百九还说他"膻中穴天生活跃,对人易动同情心。"所以他要压抑他对人易动同情心,医治他的身体和性格上的弱点。这实际上也是在阐明法治优于人治的道理,只不过这些话是站在司法

---

① 李步云:《论法治》,北京:社会科学文献出版社2008年版,第266页。

者的角度上说的。司法者也是人也有七情六欲,而这些因素也将对其法治产生影响,因此他们要尽可能地摒弃个人情感。西方法院门口总是矗立着古希腊司法女神朱蒂提亚的雕像。她之所以蒙上双眼,是因为她要排除世间声像和个人情欲的干扰,而凭借自己内心的理性用手中的天平来做出判断。对于那些破坏社会正义和秩序者,她会挥舞着手中的宝剑砍过去。就像雕像背后所镌刻的那条古罗马法谚说的那样"为实现正义,哪怕天崩地裂。"从维护正义这点上来说,她还真的有点像中国古代的武侠,"路见不平,拔刀相助。"不过有所不同的是,她凭借的是理性和法律,而武侠靠的是暴力和武功。但即使是这样仍无法保证司法者判断的公正,还必须依靠制度的规范。所以还是徐百九的那句话:"人性不可靠,只有法,只有物质,才不会骗人。"法治意识到了自身的这点缺陷,所以也做出很多制度上的设计加以规避,最典型的就是回避制度。回避制度是指审判人员及其他有关人员,遇有法律规定的回避情形时,退出对某一具体案件的审理或诉讼活动的制度。[①] 实施该制度就是为了避免司法者因受个人情感等因素而影响对案件的公正裁决。

二、法的功能,法与情

▼ 场景二:

徐百九:就是找不到他的破绽。

探子:那你为何不放过他? 他想做个好人。

徐百九:我们抓人不是要令他们做好人的。

---

① 常怡:《民事诉讼法学》,北京:中国政法大学出版社1994年版,第49页。

探子:那为了什么?

徐百九:为了法呀!

探子:如果法不能使一个人变好的话,那法有什么用?

徐百九:真正武功高强的人,可以开合他的穴道,控制他的性格。你别以为杀人犯表面改邪归正就是好人。你还是去一趟荆州。查明之后,马上回来找我。

探子:百九,你要小心。你知道你身体有什么问题,不要以为自己真的会武功。

徐百九:你甚么意思?

探子:你不是说这个人武功高强?

徐百九:你是说…他会杀我灭口?

探子:总之要小心。

本片段中徐百九和探子这两位执法者的对话,实际上是在阐明法的功能问题。徐百九认为法的目的在于法本身,而探子则认为法的功能在于使人变为好人,即"如果法不能使一个人变好的话,那法有什么用?"孰对孰错,法的功能到底是什么?法的功能是指法作为特殊的社会规范本身所固具有的性能或功用。通常而言,法具有五大功能:一是指引功能。这是指法能够为人们行为提供既定模式,从而引导人们在法所允许的范围内从事社会活动的功用和效能。这也是法的功能中最主要和最重要的功能。法的目的并不仅在于制裁违法,而在于引导人们正确地行为,即探子所说的使人成为好人。二是评价功能。这是指法能够衡量、评价人们行为的法律意义的功用和效能。法的评价的客体是人的行为,评价的标准是法,即人们的行为是否合法。而这也是评价一个人是不是好人最低的标准。三是预测功能。这是指根据法对人们某种行为的肯定或否定的评价及其必然导致的法律后果,人们可以预先估计到自己行为的结果,从而决定自己行为的取舍和方向的功用和效能。人们据此可预知法律对自己已做或将做行为的态度,以及所必然导致的法律后果,从而自主地调整自己的行为。四是法的强制功能。这是指法以国家强制力保障自己得以充分实现的功用和效能。它也是法的不可缺少的重要功能,是其他功能的重要保障。五是教育功能。这是指法通过其规定和实施,影响人们的思想,培养和提高人们的法律意识,引导人们依法行为的功用和效能。[①] 这也是法的重要功能之一,其目的也是像探子所说的使人成为好人。

该片段除了阐明了法的功能外,还展示了一个法与情的问题。徐百九坚持为了维护法律秩序,法在实践中应毫无变通的实施,强调机械的程序主义,这其实是中国传统法家"一任于法"思想的体现;而探子则认为法是为了让人成为"好人",应该根据具体的情况来实现法的效果,强调法的教化功能,这其实是中国传统儒家"德主刑辅"思想的体现。表面上看这是两位执法者对法的功能的辩论,但实际上却反映了贯穿数千年中国法律思想史中的儒、法之争。中国传统法家思想认为,不能仅靠道德教化达到社会秩序。徐百九早年的经历似乎印证了传统法家思想的这种观点。在上个片段中,他在年轻时感情用事,放走了偷钱的孩子,结果不仅害死了两条人命,还使他自己身中剧毒。惨烈的教训让他得出一个结论,即"人性是不可靠的,只有法,只有物质,才不会骗人。"他认为应该压抑自己的情感,用法而不用情,这也是使他在本片中对刘金喜穷追不舍的缘由。

---

① 葛洪义:《法理学》,北京:中国政法大学出版社2012年第2版,第90-93页。

三、法律面前人人平等,法的理想与现实

▼ 场景三:

徐百九:从没想过我要求一个我最不想求的人,我的妻子。

徐百九:我会一定还你。生意好吗?

徐百九妻子:哦。

徐百九:我给老丈人上柱香就走。

徐百九妻子:不必了,我怕爹不高兴。他临走前……交代过的。

徐百九:那你呢? 还是觉得我错?

徐百九妻子:还重要吗? 我爹卖假药是不对,可那些药……也不会害死人。当时他跪在你面前低声下气的求你,你都不肯放过他,你是什么心情?

徐百九:无论是谁犯法,我都要抓。而且你爹卖假药,判罪好轻,何必自杀呢?

徐百九妻子:我知道,你说过了。

徐百九:我想你是不会原谅我了。

徐百九妻子:你觉得是吗? 不原谅……是要心里还在乎。

……

徐百九:到底法是不是真的比人重要? 班头,这到底是什么世道?

班头:在什么世道就做什么人,你以为自己可以做主吗?

该片段通过徐百九夫妻俩的对白,实际上展示了一个主题——法律面前人人平等,也就是徐百九所说的"无论是谁犯

法,我都要抓。"法律面前人人平等,最初是作为资产阶级反对封建王权的口号出现的。资产阶级革命胜利之后,它作为一项重要的法制原则被写入很多国家的宪法和法律中。例如,1776年美国《独立宣言》中就写道:"'人人生而平等',他们从他们的'造物主'那边被赋予了某些不可转让的权利,其中包括生命权、自由权和追求幸福的权利。为了保障这些权利,所以才在人的中间成立政府。"1791年法国宪法第2条规定:"共和国的口号是'自由、平等、博爱'"。但我们知道,资产阶级所宣扬的法律面前人人平等,只不过是资产阶级内部的平等;对于广大劳动人民而言,这种平等既不真实也难以实现。

在法律面前人人平等这个问题上,中国传统社会存在着两种截然相反的主张:一种是持肯定态度的观点,例如"王子犯法,与庶民同罪"(《史记·商君列传》);一种是持否定态度的观点,例如"刑不上大夫、礼不下庶人"(《孔子家语》)。但封建等级社会从总体上来说是倾向于后者的。新中国的建立为法律面前人人平等的实现提供了可能。我国1954年宪法里就规定了"公民在法律上一律平等",并将其作为社会主义法制的基本原则。1982年宪法中又明确规定"中华人民共和国公民在法律面前一律平等。"具体而言,它包括三方面的含义:首先,公民平等地享有宪法和法律规定的权利,也平等地承担宪法和法律规定的义务。其次,国家机关在适用法律的时候,对任何人都应当是平等的;公民的合法权益都一律平等地受到保护,对违法行为都一律平等地予以追究。最后,任何公民都不得享有超越宪法和法律之外的特权,也不承担法外的义务。因此,"公民在法律面前一律平等",既包括司法平等,即公民在守法上一律平等,又包括公民在适用法律上一律平等。因此,徐百九说"无论是谁犯法,我都要抓。"

哪怕是自己的岳父跪下来求自己也不行。不是徐百九铁石心肠，而是国家法制的威严使然，他必须坚持自己的信仰。在本片中还有个细节我们无法考知，即徐百九的岳父是什么时候畏罪自杀的，这一点很重要。因为片头显示本片发生在1917年，即清朝被推翻后的第六年。如果是在其六年前也就还是清朝时，按当时《大清律例》中"亲属相为容隐"的规定，徐百九放过岳父并替之隐瞒罪行是符合法律规定的；如果不隐瞒反而要遭到法律的惩罚。

该片段最后还揭示了一个法的理想与现实的问题。在徐百九的心目中法是崇高的，这也是他对于法的理想；但在现实中，他为了追求法的理想——将案犯捉拿归案，竟然要从妻子手中借钱去贿赂县长拿牌票。他作为执法者竟然还要靠行贿才能执法，这真是莫大的讽刺。他最后甚至也对自己所坚持的法的理想产生了怀疑"到底法是不是真的比人重要？"法的理想又称法的应然，是指法应当是什么以及应当怎样。它是指基于人的本性的、因而为各个时代和所有场合所共通的、并作为超越实际法之上的以法的原理和客观形态存在于社会生活的各个领域中的客观规范需要和理性法律价值，是对所有的人、所有的场合通用的具有普遍效力的人类法则。它要探寻和说明的应当是这样的法律，是理想的法律。法的现实又称法的实然，是指法实际是什么和实际怎样。它是指特定社会历史阶段上的主权者通过其立法主体制定或认可的具有规范、指引、预测、平衡和制裁功能的工具性准则。可变性和相对性是其主要标志。法的实然旨在指明人为的实际法——现实或历史上实存的法律的实际状态。[1] 每个守法公民

---

[1] 李道军:《法的应然与实然》济南:山东人民出版社2001年版,第14-15页。

心中都怀揣着对法的理想,但在现实中却又常常不得不遭遇现实中的无奈。虽然在现实中,正如探子所说"在什么世道就做什么人,你以为自己可以做主吗?"即我们无法改变法的现实,但我们还是可以坚持法的理想,坚持对法的执著追求,捍卫法律的权威和尊严,就像本片中的徐百九那样。

四、法的程序

▼ 场景四:

徐百九:发生甚么事了?

警察:会不会真是七十二地煞的人来过?这下糟了,我们抓了唐龙,七十二地煞也会中途拦截,他们一定不会罢休会回来的。既然是这样就让他们互相厮杀。杀清光了我们再回来。

徐百九:杀清光了才进来,有甚么用啊?

警察:就算你把他抓回去他也是一死,徐百九你究竟想怎样啊?

徐百九:我就是要抓他回去受审啊!

这段有关徐百九与警察的对话,实际上是在讨论法的程序问题。警察因为惧怕七十二地煞,所以推说唐龙被抓回去也是一死;与其抓了他与七十二地煞发生冲突,还不如让他们之间互相厮杀、两败俱伤,然后再坐收渔翁之利。而徐百九则坚持要先抓唐龙归案,哪怕与七十二地煞发生冲突。因为在徐百九看来,唐龙假如在与七十二地煞冲中突死了,与被抓回去受审后被处死,虽然结果一样都是死,但这两种死法所蕴含的意义是不同的。前者是执法者的不作为,而后者则履行了法的程序。程序性是法的重要特征之一。它是指法律的强制实施都是通过法定时间与空间上的步骤和方式进行的,它意味着法律对行为的规范首先是通过规定行为在法定时间、法定空间上的步骤和方式而得以进行的。① 例如审判就是一种法定程序,而死刑审判就更为严格了。早在古罗马的十二铜表法中就有这样的规定,"任何人未经审判,不得处以死刑。"后来的美国宪法修正案中也规定"未经法律的正当程序,不得剥夺任何人的生命、自由和财产。"我国现行刑法、刑事诉讼法对死刑程序规定更加严格,只有特定国家机关按程序才能判处和执行死刑。当然,如果唐龙真的在与七十二地煞冲突中死了,那么按现行刑法、刑事诉讼法的规定也就不用对其进行审判和追究刑事责任了。

五、法律推理

▼ 场景五:

徐百九:丁巳年立夏……我奉命到刘家村。案发现场:柜坊;案中人:造纸工人、两名逃犯。一个手无寸铁的造纸工人怎能打死一个习武多年的阎东生?双眼充血是脑部严重受创出血,阎东生的太阳穴受到重创。太阳穴底下是"迷走神经"最重要的一段,控制人的心跳。一旦受到重创心脏立即停止跳动。但只用双拳就能将皮下层的迷走神经打断,这个人一定武功非凡。

▼ 场景六:

徐百九:第一次查问嫌疑犯小暑。当时你是怎样抱阎东生的?

---

① 李龙:《法理学》,武汉:武汉大学出版社2011年版,第402页。

刘金喜：我记得好像是……好像是这样……这样抱着他的。

徐百九：好，继续。

刘金喜：我死也不放手，我死命抱着他，然后他就把我摔来摔去。

徐百九：你是以力借力，牵动阎东生的一举一动，所以阎东生怎样也摆脱不了你。那他的耳朵是怎样被人割下来的？

刘金喜：当时一片混乱，我也不知道。模模糊糊看见矮的那个，好像拿着刀要从后面砍过来，那我当然闪了。然后就听到"呀"一声，我也不知道发生什么事了。

徐百九：你是说，他们自己人砍自己人？

阿婆：是的，是的。他们是自己人砍自己人。

刘金喜：就是这样，好奇怪。

……

徐百九：那矮的那个是怎么死的呢？

阿婆：我知道，我知道！我全看见了。他是从这边跑了过来，然后飞了上去突然砰的一声掉了下来，然后就死了。

徐百九：你这招叫"顺水推舟"，两掌向地板借力，鲤跃于后、浑劲全身。你已准备好大开杀戒。你击中他的云门穴，形成血栓，沿血脉直通心脏血栓堵塞血管，血液不通心肌停顿。

刘金喜：那个大个子就这么撞出来，就是这样撞了出来。他把我的头按到水里面，我当然跟他拼命了，拼命，拼了老命，可我又不会水。

徐百九：那阎东生是怎样死的？你是故意把他引到水里的。你利用水压，卸去阎东生拳头的力度。你攻击太阳穴底下的迷走神经，他就是不死，大脑神经也会严重受损终生瘫痪。你用这么狠的招式，是要杀人灭口吧？刘金喜，你到底是甚么人？

▼ 场景七：

徐百九：没可能，你的呼吸气段怎会在我之下。以你的功夫底子，呼吸气段起码十段以上才能蓄气于丹田，随时候用。只有两段，没可能。我来帮你。

刘金喜：不用了，徐大人。

徐百九：别客气，没关系。

刘金喜：徐大人很重的……救命啊！

村民：金喜，别动。

刘金喜：救命啊！救命啊！

徐百九：他从那么高的地方掉下去，重量加下坠的速度，树枝不可能承受得了。除了重量还有质量密度，他的重量加速度，一定要比他身体排出同样体积的空气轻，才可以不掉下去。但空气分明只有他的体重八百分之一，除非他可以令自己的质量随时变化，那就是轻功。

本片中贯穿着徐百九的大量逻辑推理。但在司法活动中，不能仅采用逻辑推理，也必须运用法律推理。法律推理是指以法律与事实等已知判断为前提，运用科学的方法和规则，为法律适用提供正当理由的逻辑思维活动。[①] 法律推理是逻辑思维方法在法律领域中的运用，是法律方法重要而具体的体现。它现在与法律的整个实施过程中，特别是司法领域中的法律推理。法律推理主要包括形式推理和辩证推理两大类，其中前者又包括演绎推理、归纳推理和类比推理等三类。在本片中，徐百九较为娴熟地

[①] 王启富：《法理学》，北京：中国政法大学出版社2013年第2版，第163页。

运用逻辑推理,最终深挖出刘金喜的真实身份——七十二地煞的二当家唐龙。但他始终只是捕快只能运用逻辑推理还原事实的真相,而真正要对违法者和犯罪者做出法律上的判断还是法官的事,这时就需要运用法律推理了。

六、"武侠"与"法理"

本片虽以"武侠"为名,其中却渗透着很多法理。侠文化在中国民间源远流长,但实际上人们对其喜闻乐见,其实是法文化长期缺位所致——人们渴望世间的公平、正义,法文化和侠文化的主旨都是倡导公平、正义的,法文化缺失使人们只能转而在侠文化中寻找精神慰藉。如前所述,法存在着一个理想和现实的问题。人们对法的现实有着诸多不满,但在传统社会中对此又无能为力,所以只好到武侠的世界中寻求慰藉。其实在"侠"的身上有很多"法"的影子,比如说两者都要维护社会正义,而且两者都要运用暴力的形式;又比如说武侠世界中要讲江湖道义,法治社会中要依法办事,这两者中都存在着一种规矩。这可谓"侠、法"相通。但本片更多表现的是法理世界与侠义世界在现实中的矛盾与模糊。

徐百九在本片中是法的代表。他在法治精神的支撑下用科学和理性不懈地查找真相。就像他的价值观一样,人不分好坏是由身体来决定的,而这身体之于人就好像法理之于社会一样。他千方百计地维护法律、执行法律,在法律的要求下努力还原事情的真相,努力地想要使犯罪者得到惩罚。但在本片中他所代表的法是悲凉的。本片中他操持着浓重的四川口音让很多观众颇感不解,这实际上更多地还是表达着他这与周围环境的格格不入。在清末民初的乱世,在那样一个不知何为"法"的偏远山村里,他这样坚持"法理"的人就像他的口音那样与其周围的环境不相容。以致后来他甚至放弃了对唐龙的追捕，反过来帮助唐龙假死以逃避七十二地煞的追杀（当然在这之前要瞒过警察，也隐喻着逃避法律的追究）。但最后他却以牺牲自己为代价杀死了七十二地煞的教主，完成了自己对法律信仰的殉道。他在本片结尾超越了"法"而也成为了"侠"，这也表明了法的失败。

刘金喜即唐龙在本片中则是侠的代表。他武功高强，早年虽作恶多端欠下了累累血债，但某天幡然醒悟后选择了远遁他乡，决定洗心革面做个普通人过平凡的生活，即本片中探子所说的"他想做个好人"。当两个盗匪到村里来抢劫时，他见义勇为、挺身而出打死了盗匪，维护了村民利益和社会秩序。后来他的身份被徐百九揭穿而引来了七十二地煞，他以斩手为代价与组织决裂并与之进行了殊死搏斗，最终捍卫了自己的理想。这些都体现了其侠义精神。在本片中，唐龙想忘记过去的杀戮与罪孽，这只是他单纯而天真的想法。他想要变成刘金喜，但法作为现实的社会规范并不能容他，因为在法律世界中每个人（除特殊情况外）都要对自己的行为负责。虽然最终他并没有受到法律的惩罚，但是却付出了断手的侠义代价。

在法治社会的今天，我们也应当看到武侠文化对法制文化的消极影响。例如，遇到不公之事不是诉诸法律，而是拔刀相向、用拳头说话，试图以暴力性的私力救济取代国家司法的公力救济。这点甚至在某些法律电影里，在很多法官、律师身上体现出来。当他们感到违法者依法不能得到应有惩罚时，他们就会化身为侠者靠拳头来行侠仗义。连执法者自己都不相信法律而诉诸暴力，这莫不是对法的最大讽刺。又如，武侠文化中经常会提到"江湖"，而这实际上是法律想管但又不敢管也管不了的世界，江湖的世界里没有法律只有拳头和道义。法律是具有普遍溯及力的，在国家主权的范围内，任何人、任何组织都必须服从法律的管辖，"普天之下，莫非王土。率土之滨、莫非王臣"。因此在法律世界里是容不下江湖的。武侠文化流行随之而带来的江湖之气盛行，是非常不利于建设法制社会的，甚至还有可能导致黑社会犯罪现象的滋生。这方面香港的古惑仔系列电影就是例证。

七、结语

著名武侠小说家金庸先生在《神雕侠侣》中曾写道，郭靖教导杨过说"侠之大者，为国为民。"如果我们能抛开"侠"文化的狭隘，站在"为国为民"的宏观角度去理解，我们或许能看到其中法文化的影子。

参看影片：

1.《法外情》，刘德华、叶德娴、蓝洁瑛主演，讲述了年轻律师为实为自己母亲的老妓女辩护的经过，其中交织着情、理、法的矛盾与纠结，是一部很好的华语法理电影。

2.《兄弟的监护人》，珍妮弗、伊丽莎白、戴维斯等主演，描述了得尔沃特因弑兄被捕，他辩称是为减轻其病痛，而当地民众却相信他是被警方诬陷的。本片讲述了一个类似安乐死的故事，其中贯穿着一些法理争论。

第二章 从《九品芝麻官》看中国法制史

> 法律的生命不在逻辑，而在经验。
> ——［美］霍姆斯

片名：《九品芝麻官》
导演：王晶
主演：周星驰、吴孟达、张敏
出品时间：1994年

【影片简介】包龙星自幼家贫,但他有志要像先祖包公一样做个明镜高悬的清官。他长大后亲戚们出钱给他捐了个候补知县,就是个九品芝麻官。包龙星聪明机智,外表糊涂,每断奇案。举人方唐镜包揽词讼,而包龙星的侄子包有为在县衙任师爷,被方唐镜小惠利诱,干扰包龙星办案,使包龙星成为人见人恨的贪官。京城神捕豹头捕盗误闯豪富戚家婚礼,大打出手,包龙星设计把豹头骗到衙门捕获。戚家新婚娘子秦小莲美艳无比,水师提督之子常威垂涎其美色,乘醉强奸小莲,丑行败露,竟行凶杀戚全家十三口。常威逃跑时被仆人来福和地保发现,遂被捕入狱。水师提督让方唐镜送给包龙星三万两白银,包龙星不知所措。开庭之日,方唐镜终以伪证推翻原判,反诬小莲与仆人来福通奸毒杀亲夫一家,并告包龙星接受小莲白银三万两,合谋陷害常威。陈县令宣布当堂释放常威。包龙星知小莲冤枉,与其叔有为夜潜义庄查尸,反落入常氏父子的陷阱,被以受贿和勾结江洋大盗罪判处死刑。有为和包氏宗亲设计让包龙星越狱,带着半块珍藏20多年的饼作为证物,进京去找刑部尚书。包龙星越狱,陈县令放出豹头,命他追杀龙星。豹头紧迫不舍,包龙星在河边被杂技团班主吴广得、吴好缇兄妹相救。吴好缇识破龙星身份,二人订下百年之好。包龙星找到刑部尚书,不料他已和常氏父子有了串通。包龙星告状不成,与其叔有为失散,盘费用尽,流落街头。他无意间走进"凤来楼",被店家误当贵公子招待,结果身无分文,被罚在妓院做苦工补偿酒饭钱。名妓柳如烟见包龙星无依无靠,生性善良,生爱慕之心。时值皇帝带神捕豹头和协理大臣来访如烟。龙星为皇帝解困,二人成为莫逆。龙星向皇帝告秦小莲冤案,皇帝封龙星为八府巡按,回广东与刑部尚书、水师提督共审秦小莲一案。大堂上,包龙星智斗方唐镜,经过几番较量,案情大白,常威终于命丧铡刀之下。秦小莲一案了结,包龙星也辞官从商,与爱妻吴好缇、柳如烟一起颐养天年。

该片是以断案为题材的喜剧片。其故事背景发生在清朝末年,根据内容推断大约是清同治年间,因此其中有很多反映中国传统法制的细节。中国法制的历史源远流长,我们可以从本片中对其做窥豹一斑的大致了解。

一、讼师

▼ 场景一:

包有为:哪位老兄这么早?

方唐镜:烂鼓、烂匾、烂衙门,叫你的烂狗官出来。

包有为:混帐,竟敢侮辱我们大人!

方唐镜:区区一个九品芝麻官,那值得我方唐镜去侮辱?

包有为:方唐镜?……广东第一状师"荒唐镜"?

方唐镜:这就是我的状词。我代表林员外,控告黄老秋的老婆。

中国古代并没有现代意义上的律师,但是大量的诉讼还是存在的。为了适应诉讼的需求,在民间就出现了私下为人写诉状、打官司、出谋划策而获取报酬的人,他们就被称为讼师。"讼师,是指受人聘请代写诉状,也就是在法庭外帮助刑、民案件的当事人进行诉讼的人。"[①]讼师要撰写讼词必须精通文墨,因此也成为

---

① 陈光中:《律师学》,北京:中国法制出版社2004年版,第48页。

很多读书人的职业选择,如片中的方唐镜就说自己是"前科举人"。中国古代最早的讼师是春秋末期的邓析,他不仅法律知识渊博而且能言善辩,可以"操两可之说,设无穷之词""持之有故,言之成理"。讼师正式出现在宋代,到明清时期更是诉讼中不可或缺的——"词讼必由讼师"①。而这个时期也出现了很多著名的讼师,例如明末清初有"状王"之称的宋世杰,以及清末的广东四大讼师——陈梦吉(周星驰影片《算死草》中的主角)、方唐镜、何澹如和刘华东。可见,片中的方唐镜真有其人。

讼师在中国古代的社会形象并不好。在广大人民的心目中,他们惯弄刀笔、教唆词讼、贿赂官员、串通衙门、欺压乡民、颠倒是非、恐吓诈财,所以常被人冠以"讼棍"之类的恶名。就像片中说的那样"专门挫弱扶强、雪中送屎。"他们甚至都不把官府放在眼里,所以才敢说"烂鼓、烂鲺、烂衙门"。讼师的这种社会形象甚至对现代律师的形象都产生了消极影响。讼师在中国传统社会虽然扮演着准律师的角色,但他们并不是现代意义上的律师。

"古代讼师与现代律师是根本无法相比的。最根本的区别,在于讼师没有合法的地位,不能受委托充当辩护人和代理人,有时法律甚至不允许讼师的存在。"②在今天我国仍有些不具备律师身份,却以帮人处理法律事务谋利者,即类似与传统讼师的角色。公民遇到法律问题最好不要找他们,而应寻求律师的帮助。"遇事找律师",这是现代法治社会公民的基本素养。

---

① (清)袁守定:《图民录(卷二)》,"诸经中言讼必日听",载《官箴书集成》(第3册),合肥:黄山书社 1997 年版,第 198 页。

② 方潇:《讼师考论》,载杨海坤主编:《东吴法学(1998 年号)》,苏州:苏州大学出版社 1998 年版,第 91 页。

二、贪官

▼ 场景二：

包龙星：将军！

包龙星父：没用的，我出车。

包龙星：我飞帅再将。

包龙星父：你飞帅，我就吃你的帅。

包龙星：啊……哎呀……

包龙星父：你不要以为当了官就很威风。

包龙星：我那比得上你？

包龙星父：你还记不记的我告诉过你，当官要清如水，廉如镜。

包龙星：爹，听说你以前都是……

包龙星父：没错，我以前是个贪官。我诨名叫"弯了能弄直，死了能救活"。就是因为我做了太多缺德事，所以你十二个哥哥没有一个养得活，害得我每年白发人送黑发人。最后没有办法，我只有告老还乡，把家产全捐出去做善事，就这样，才保住你这一条小命呀儿子。你看，我给你写了个字挂在中堂上，就是这个廉洁的"廉"字。

包龙星：我怎么看，它分明都像个……穷字。

……

包有为：十三叔，这次我们发财！就让"荒唐镜"去玩，我们在中间捡便宜。

包龙星：好到非常好，我花那么多钱买个九品官，无非为了这个。

包龙星父：你这个死孩子！我叫你不要做贪官，你就是不听。方唐镜是广东第一状师，你想跟他斗想都别想。

包龙星：行了，爹，我知道了。我们走。

包有为：我们走了，爷爷。

包龙星父：儿子，你忘了拿我的字。

包龙星：那"穷"字留给你吧。

……

包龙星：你这家伙站着干什么？

方唐镜：不才方唐镜，乃前科举人，按例是不需要跪的。

贪官既是政治问题同时也是法律问题。虽然封建制度不能从根本上避免贪官的出现，但鉴于其对统治的危害性，历朝历代都制定很多严惩贪官的法律。其中最著名的就是明太祖朱元璋时制定的《大明律》《明大诰》。鉴于元末明初时社会秩序的混乱状况，朱元璋不仅提出了"刑乱国、用重典"的法制主张，还将严惩贪官作为当时立法的重点。《大明律》作为普通法其中有多项罪名都涉及官员的贪腐行为，而《明大诰》作为重典治吏的专门法其规定比前者更多、更严厉。"在《明大诰》二百三十六条中，属于惩治贪官污吏的多达一百五十五条，其用刑比《大明律》更为残酷。"[①]此外，明朝还采取了很多残酷的刑罚惩治贪官，例如枭首示众、凌迟甚至剥皮实草等。这样的严刑峻法对贪官起到了极大的震慑作用，史书上记载明朝自洪武年间后"吏治澄清百余年"。但即使是这样也无法根除贪官，以致朱元璋也曾慨叹道："我欲除贪赃官吏，奈何朝杀而暮犯！"实际上，封建制度包括法

---

① 曾宪义：《中国法制史》，北京：北京大学出版社2009年版，第203页。

制是不可能做到这一点的。

　　清初吏治还算清明,但到清乾隆后期官员贪腐现象日益严重。世人皆知的大贪官和珅,其贪污财富的价值超过了清朝政府十五年财政收入的总和,是中国历史上最大的贪官。晚清时期吏治更加腐败,捐官盛行更滋生了官员的贪腐行为。"捐纳是指富家豪门子弟,可以通过向官府交纳一定的财物,就可买得相应的官职或科举功名。"①捐官现象历代都有,但唯有清代最为泛滥。本片中的包龙星那个候补知县就是花钱捐来的。既然是捐来的,那当官后便要大肆搜刮民财才能收回成本,哪里还顾得上什么为民请命、为民做主。"三年清知府,十万雪花银"就是其真实写照。"中国古代官员俸禄普遍较低"②,尤其以明清时期为最低,不贪污受贿做清官是很穷的。所以本片中包龙星才说其父送给他的"廉"字看起来像个"穷"字。

　　中国传统社会等级森严、官尊民卑,官员常被称为"父母官",老百姓见到官员都得下跪,但有功名的读书人例外(清制:秀才以上,皆为功名,上公堂不下跪,犯错误不许打,如犯了罪,必须先办禀请革去功名手续,然后才能惩处),所以方唐镜是不需要跪官的。

三、刑讯逼供、秋后行刑

▼ 场景三:

包龙星:大胆犯人,你可知道……

---

① 朱勇:《中国法制史》,北京:法律出版社1999年第1版,第419页。
② 中国政法大学法律古籍整理研究所:《清代民国司法档案与北京地区法制》,北京:中国政法大学出版社2014年版,第137页。

常威：我什么都不知道。

包龙星：你可明白。

常威：我什么都不知道呀。

有为：混帐，来人，大刑伺候。

▼ 场景四：

陈知县：大胆刁妇，竟敢私通家奴，毒死亲夫全家十三条人命。现在人证，物证俱在，铁证如山，证据确凿，我问你，你认不认罪？

戚秦氏：冤枉难招呀大人。

陈知县：大刑侍候。

……

陈知县：好了，戚秦氏已经招认全部罪状，按律应判处极刑，秋后处斩。收监。退堂。

与现代审判制度相比，中国古代审判要野蛮得多，刑讯逼供是其主要手段。依照2012年最高人民法院关于适用《中华人民共和国刑事诉讼法》的解释，刑讯逼供是指"使用肉刑或者变相肉刑，或者采用其他使被告人在肉体上或者精神上遭受剧烈疼痛或者痛苦的方法，迫使被告人违背意愿供述"的行为。清代在审讯犯人时允许刑讯，法定刑具有板棍、夹棍和拶指等，这些都在本片中都有所体现。在残酷的刑讯之下，老白姓往往被屈打成招，这是造成封建社会冤狱频繁的重要原因。鉴于此，统治阶级有时也会限制刑讯，但历代都没有废除刑讯。直至辛亥革命后民国政府颁布《通饬禁止刑讯文》，刑讯逼供才被法律真正明令禁止。出于维护犯罪嫌疑人、被告人人权的考虑，我国现行刑事诉讼法明文规定禁止刑讯逼供,并且还在刑法中规定了刑讯逼供罪。司法工作人员对犯罪嫌疑人、被告人使用肉刑或者变相肉刑逼取口供将构成犯罪。

清代死刑从行刑方式上可分为斩首、绞刑、凌迟、鸩杀等,本片中陈知县对戚秦氏所判的是第一种;此外,清代死刑在执行时间上又可分为斩立决、斩监候和秋后处斩。本片中知县陈百祥对戚秦氏所判的就是后者。秋后处斩也是中国传统法制的特点。中国古代对执行死刑的时间很有讲究,除"决不待时"的重刑犯外,绝大多数朝代执行死刑都有固定的时间,即秋分之后、立春以前。这样做主要是封建统治阶级假借天意的需要。人们在传统上认为,"春、夏两季乃是万物生长、创造生命的季节,此时人间的司法运作就不能违背天意而毁灭生命,不能行刑杀人……到秋、冬两季,万木萧条,不仅许多自然生命在此时得以终结,而且宇宙间一片肃杀之气,人间的司法正应乘势审理犯罪、行刑惩恶。"①另外,中国在传统上是农业社会,秋冬断狱、行刑也不误农时。

此外本片中还有三个细节。一是知县陈百祥明知戚秦氏有两个月身孕仍判她死刑,这种事情如果出现在今天是绝不可能的。我国现行刑法第四十九条明文规定"犯罪的时候不满十八周岁的人和审判的时候怀孕的妇女,不适用死刑。"这充分体现了对妇女权益及人权的保障。二是包龙星叔侄夜潜义庄时,包有为说"骚扰尸体是大罪"。这在封建社会确实是大罪。在宗法观极强的清代社会中,偷坟掘墓是《大清律》斩立决的重罪,何况是

---

① 胡旭晟:《解释性的法史学:以中国传统法律文化的研究为侧重点》,北京:中国政法大学出版社2005年版,第368页。

骚扰尸体呢？我国现行刑法里也规定了盗窃、侮辱尸体是犯罪行为。三是反派人物常威有句话现在听来似曾相识。当他在行凶后被包龙星捕获时说"你知不知道我是水师提督常昆大人的儿子。"这句话听起来怎么就那么像现在中国人都深恶痛绝的那句话"有本事你们告去，我爸是李刚"呢？同样是为非作歹的"官二代"，说出来的话竟然也如此的相似。

四、告御状

▼ 场景五：

包龙星母：十三，你回来了？

包龙星：太好了，妈你终于恢复记忆了。妈。

包龙星母：十三，你回来太好了，你爹他病得好严重。

包龙星：爹，你没事吧？你怎么了？

包龙星父：他们把你救出来了，太好了。

包龙星：我真没用，把你的脸都丢光了。

包龙星父：怎么会呢？你不够他们奸诈。你知道吗？贪官要奸，清官要更奸。要不然，怎么对付得了那些坏人呢？儿子，你……你上京告御状吧。

包龙星：我正有此意呀，爹。

司法审判是逐级进行的。但在中国古代社会，皇帝作为最高统治者也兼有最高审判权。为显示其体恤民情和皇恩浩荡，很多朝代都规定当事人在觉得案情较重、无处伸冤时，可以直接到京城进行直诉，这又被称为京控（清代又称叩阍），俗称告御状。很多朝代都在朝堂外或都城内设登闻鼓，老百姓可以击鼓鸣冤；也有些朝代规定老百姓有冤情可以在皇帝车驾经过的路旁伸冤,这叫做"邀车驾"。清代也承袭了这一传统。告御状制度的存在,从主观上说体现了专制君主对各级机关司法审判工作的检查监督与集权控制,但在客观上加强了上级司法机关对下级司法机关的检查监督,也起到了一些平反冤假错案的作用,但这种在冤案频繁的封建社会也只是杯水车薪。本片中包龙星告御状之所以能成功,也主要是因为他掌握了皇帝不为人知的隐私。有人认为我们现在的上访制度,特别是进京上访就是过去的告御状,我们认为这种看法有失偏颇,这两者就本质而言是不同的。

五、八府巡案、三司会审、都察院、刑部尚书

▼ 场景六:

皇帝:包龙星上前听封。包龙星,朕就封你为八府巡案,连同提督大人、尚书大人、三司会审戚家灭门惨案。豹头,朕命你为终身保护八府巡案英明神武高手、高手、高高手,陪同包卿家前去。

包龙星:谢皇上。皇上,请问八府巡案是几品官?

皇帝:一品。

包龙星:好棒。

▼ 场景七:

官差:今天本府就戚家十三口被杀一案,被都察院发回本县重审,奉圣谕三司会审。主审乃八府巡案包龙星包大人,陪同重审的刑部尚书花大人、水师提督常大人及本县陈大人。公堂之上,保持肃静。

本片段中所提到的八府巡案、三司会审、都察院、刑部都是中

国法制史中的特有概念。首先,八府巡案正式的说法应该是八府巡按,其实是巡按御史的俗称。这个官职起于明代,并不是固定的官职,而是临时由朝廷委派监察御史担任,分别巡视各省、考核吏治。从这个角度上来说,八府巡按的主要职责是治吏而非司法裁判。"巡按御史是'代天子巡狩',是皇帝的代表,所以拥有很大的权力,可以'大事奏裁,小事立断'。"① 其次,三司会审是从明代开始起在中央专门设由刑部、大理寺和都察院等三法司组成的联合审判组织,专门负责对重大或疑难案件会同审理,参加者为刑部尚书、大理寺卿和都御史。清代承袭明制,中央设立法司会审,但分为"小三司"会审和"大三司"会审。前者由大理寺丞、都察院御史和刑部清吏司组成。后者是在"小三司"审拟后,由大理寺卿、都察院左都御史和刑部尚书再行会审。本片中说由八府巡案、提督、刑部尚书进行三司会审是不符合史实的。

再次,都察院在明代以前被称为御史台,明代时改为都察院,职掌纠劾百司,设有十三道监察御史,辨明冤枉,为天子耳目风纪之司。都察院之监察御史,除在京履行职责外,还受命往各省巡按,其使命之一就是每到一地必先审录罪囚,察看有无冤滥。清代都察院的组织和权力较之明代有所集中和加强:一是将明朝以来独立于都察院之外的"六科给事中"监察系统合并于都察院,六科给事中和十五道监察御史合称"科道"。科道合一使清代的监察权进一步集中。二是都察院除监督其他司法机关的审判活动并参与会审外,还可以受理官民冤案,大事奏请裁定,小事立予昭雪。三是都察院所属的五城察院可以审断完结杖罪以下案件,

---

① 张晋藩:《中国法制史》,北京:中国政法大学出版社2011年版,第233页。

徒罪以上送刑部裁定。①

最后,刑部是自隋唐时期实行三省六部制以来的中央司法行政机关,负责审核大理寺的徒流案件和地方徒以上案件。如发现可疑,徒流以下案件,驳令原审机关重审或进行改判,死刑交由大理寺重审。刑部以尚书、侍郎为正副首长,下设郎中、员外郎。清朝刑部"部权特重":一是在京徒以上案件,中央官吏的违法案件俱由刑部审理,刑部所审案件,流刑及其以下罪可以自结。二是凡各省刑案,统由刑部核复。刑部下设十七清吏司和督捕清吏司。十七清吏司各掌其分省所属刑名,督捕清吏司掌八旗及各省驻防逃人之事。三是凡不应会审之案,大理寺和都察院无由过问,应会审之案,亦由刑部负责拟定奏文判决。②

本片虽然是典型的无厘头商业搞笑电影,但却反映了很多中国法制史中的问题,要真正看懂它还是需要了解些这方面知识的,否则就只能是"内行看门道、外行看热闹"。

六、仵作

▼ 场景七:

豹头:等一下假装仵作,要装的像一点。

衙役:是。

豹头:擦血。

打更人:那不是仵作吗? 怎么被打成这样?

仵作是古代官府专门为刑事案件检验死伤的专业人员。其

---

① 肖永清:《中国法制史教程》,北京:法律出版社1987年版,第214页。
② 肖永清:《中国法制史教程》,北京:法律出版社1987年版,第213页。

相当于现代的法医,但又与其有所不同:仵作是不能解剖尸体的,明清两代规定验尸必须由基层州官、县官亲自进行。仵作对推动中国古代法医学的发展具有重要的意义,他们凭借所掌握的医学等多方面的专业知识揭露案件的真相,从而为审判的正确进行提供了重要保证。在南宋宋慈所著的世界上首部系统的法医学著作《洗冤录》中(其人其事也被搬上了银幕,例如港剧《洗冤录》、大陆剧《大宋提刑官》等),就有很多的有关仵作的记载。仵作是具体从事检验工作的专门人员,他们的工作虽然非常重要但地位十分卑贱。[①] 比如按当时官府规定,仵作的儿子不能参加科举考试。与旧时的仵作相比,现代的法医则是倍受尊敬的职业,也有很多反映法医的影视作品,如港剧《鉴证实录》等。

七、补记

本片中还有些问题我们还需要交代下。首先是行政兼理司法。这是中国传统法制的一大特点。在地方上,一个地方的行政长官,同时又是该地方的最高法官;而皇帝既是国家的最高统治者,又是国家的最高裁判者。因此我们在包括本片在内的很多影片中看到知县、知府断案的场景。我们在本片中看到戚家灭门惨案就是先后由候补知县包龙星和知县陈百祥审理的。这与我们现今由人民法院审判案件是不同的。其次是神明裁判问题。本片中还有个细节,包龙星和刑部尚书、水师提督对戚家灭门惨案各执一词,皇帝在左右为难时提出用飞刀刺苹果的方法来决定该案件是否发还重审。这个片段实际上在有意无意中暗示了神明

---

① 殷啸虎:《秦镜高悬:中国古代的法律与社会》,北京:北京大学出版社2015年版,第286页。

裁判,这也是中国传统法制的特点之一。至于其中六月飞雪以示冤情的片段则显然是从《窦娥冤》等作品中"借鉴"来的。

八、结语

北京大学朱苏力教授在其名著《法治及其本土资源》中提到,"中国的法治之路必须注重利用中国本土的资源,注重中国法律文化的传统和实际。"①因此了解一些中国法制史的知识,有利于我国今天的法治建设。

参看影片:

1.《杨乃武与小白菜》,关山、李丽华主演,讲述了清同治年间杨乃武与小白菜被诬陷通奸杀夫最终沉冤得雪的故事,反映了清代司法体制与司法腐败问题。

2.《秋决》,欧威、唐宝云、葛香亭主演,讲述了汉朝时青年裴刚因愤杀人,县衙刑曹收受其贿赂虽为其多方开脱但终被判死刑的故事,反映了汉代司法体制与司法腐败问题。

---

① 苏力:《法治及其本土资源》,北京:北京大学出版社2015年第3版,第6页。

中篇 部门法学

"中国特色社会主义法律体系,是以宪法为统帅,以法律为主干,以行政法规、地方性法规为重要组成部分,由宪法相关法、民法、商法、行政法、经济法、社会法、刑法、诉讼与非诉讼程序法等多个法律部门组成的有机统一整体。"*

---

* 中华人民共和国国务院新闻办公室编:《中国特色社会主义法律体系》,北京:人民出版社2011年版,第10页。

第三章 从《建国大业》看宪法

> 宪法就是一张写着人民权利的纸。
> ——[苏]列宁

片名:《建国大业》
导演:韩三平、黄建新
主演:唐国强、张国立等
出品时间:2009年

【影片简介】1945年8月抗战胜利,中共中央主席毛泽东应蒋介石邀毅然飞赴重庆与其举行和平谈判。在渝期间,他在与民盟主席张澜等民主党派领导人密切协商配合,共同努力推动谈判进程,终于签订了以避免内战、在政治协商的基础上组建多党派联合政府为主要内容的《双十协定》。但蒋介石无法放弃一党专制的独裁统治,一方面发动了对共产党的内战,一方面炮制召开首届国民大会的独角戏,并对民主党派大肆迫害镇压,实际撕毁了《双十协定》。中国共产党制定了针锋相对、以革命战争反对反革命战争的方针,开始坚决的武装反击。众多民主党派领导人纷纷采取了与中共站在一起的立场,坚决反对和抵制蒋介石独裁行径,以实际行动与国民党决裂了。在反对国民党独裁统治的共同斗争中,身处延安、西柏坡战争前线的毛泽东、周恩来与身在国统区及香港等地的宋庆龄、张澜、李济深等著名民主党派领袖虽然分隔远方,但心气相通,肝胆相照。他们在为人民解放战争的不断胜利而共同欢欣鼓舞的同时,也开始为如何建立一个民主的新中国而未雨绸缪思考谋划。1948年5月,中国共产党发表《五一宣言》,发出了打倒国民党反动派、迅速召开新的政治协商会议,成立民主联合政府的号召。这个号召得到各民主党派的热烈响应。此后,在战场上共产党领导的人民解放战争节节胜利的同时,一个反对国民党统治的民主统一战线也不断发展壮大,大批民主人士在共产党的诚恳邀请和精心安排下,历经艰险,从蒋管区,从香港,从国外纷纷奔赴解放区……1949年9月21日,群英荟萃的中国人民政治协商会议第一届全体会议在北京隆重召开。其闭幕后,中华人民共和国随即于1949年10月1日宣告成立。

《建国大业》是向中华人民共和国成立60周年暨中国人民

政治协商会议成立60周年献礼的重点影片,以第一届全国政协会议的筹备为线索,讲述了从抗日战争结束到新中国建立前夕那段风云岁月,其中新中国及具有临时宪法性质《共同纲领》的产生是贯穿整部影片的主线。因此该片实际上就是一个有关宪法的故事,就让我们通过这部影片来走进宪法。

一、何为宪法?

▼ 场景一:

于右任:现在宣布中华民国第一任总统选举结果。

吴铁成:下面公布计票结果,蒋中正2430票,居正269票。根据中华民国宪法及其选举法,我宣布,蒋中正先生当选中华民国第一任总统。

李宗仁:祝贺你!

白崇禧:祝贺!

顾祝同:胡宗南来电,延安丢了。

▼ 场景二:

吴铁成:孙科1295票,李宗仁1438票。根据中华民国宪法及其选举法,我宣布李宗仁先生当选中华民国副总统。

▼ 场景三:

女记者:张澜先生,您认为此时此刻中共会接受政府的求和声明吗?

张澜:绝无可能!

女记者:为什么会是这样?

张澜:蒋介石不放弃所谓宪法,不要说共产党不会认,人民也不会认。

▼ 场景四：

字幕：会议表决通过了就有新中国宪法性质的《共同纲领》，确立了新中国的国体、政体、治国方针。

上述片段中都不约而同地提到了宪法这个概念。宪法虽最早出现在古希腊的雅典，但它真正出现却是在资本主义制度出现以后。1787年美国宪法是世界上首部成文宪法，此后资本主义国家都先后制定了自己的宪法。清政府制定的《钦定宪法大纲》是中国最早的宪法文件，《中华民国临时约法》是我国首部资产阶级性质的宪法，《中华苏维埃共和国宪法大纲》是我国当代宪法的雏形。新中国建立后制定了四部宪法，即1954年宪法、1975年宪法、1978年宪法和1982年宪法。我国现行宪法于1982年制定，此后经过1988年、1993年、1999年和2004年四次修正才呈现出今天的样貌。

宪法是规范国家权力的实现形式以及运行方式、调整国家权力和公民权利之间关系的根本法，它通常规定国家体制、政权组织形式，以及国家与公民之间的基本权利（权力）义务关系等国家基本政治制度和社会制度。它所规定的是一国最根本、最重要的问题，从而在一国法律体系中处于最高地位，具有最高法律效力，是国家的根本大法。

另外，有个与宪法密切相关的概念，即宪政。宪政即依照宪法规定所产生的民主政治制度。宪政与宪法的密切相关，"宪法是宪政的基础和前提，没有宪法就无所谓宪政；宪政是宪法的生命,离开宪政的宪法就是一纸空文"。①但有宪法未必就有宪政,我国的民国时代就是如此。对现代民主政治而言,其目的并非在于立宪而在于实现宪政。宪法应是符合宪政精神之法,而非独裁者实施专制统治的粉饰。该片实际上反映的是1945年至1949年的中国宪政史。孙中山先生曾提出了军政、训政与宪政的民主政治发展三阶段,并将宪政视为最高追求。但标榜为其继承者的国民党蒋介石却无限期延长训政,只到1946年面临内外交困时才迫不得已地实行所谓"宪政"。他自己对李宗仁说"总统是个军人,副总统再由军人来做就不合适了,别人会说我们是军政府了。"而实际上蒋介石的独裁统治还停留在军政时代。

《共同纲领》即《中国人民政治协商会议共同纲领》,于1949年由中国人民政治协商会议第一届全体会议通过。它宣告新政权的合法性、规定了人民的权利义务和国家政权体制,从结构、体系上看是具有宪法性的文件。它尽管没有宪法之名,但在1954年宪法颁行前却起到了临时宪法作用。本片围绕其制定而展开,是一个不折不扣的宪法电影。

二、公民基本权利

制定宪法、实行宪政,其目的是保障人权、实现人民的基本权利,因此这也成为了宪法的基本问题。如果说"法律是自由公民的大宪章",那么"宪法是公民权利的保障书。"②资本主义各国宪法对公民基本权利都有规定,而其中最著名的就是1789年法国

---

① 教育部考试中心:《全国硕士研究生入学统一考试法律硕士(非法学)专业学位联考考试分析(2011年版)》,北京:高等教育出版社2010年版,第308页。

② 张学仁、陈宁生:《二十世纪之中国宪政》,武汉:武汉大学出版社2002年版,第297页。

的《人权宣言》。我国宪法作为社会主义国家宪法,对公民基本权利的规定更为切实,保障更为有力。这方面规定主要在其第二章中。

1. 平等权

▼ 场景五:

毛泽东:恩来啊,有什么最新消息啊?

周恩来:据情报,蒋介石的经济整顿陷入僵局,蒋经国亲赴上海进行督导。

毛泽东:上海滩各种势力虎踞龙盘,国民党内部错综复杂。老蒋做不到的,小蒋也做不到。

▼ 场景六:

蒋经国:任何人都不要怀疑政府改革金融体系的决心。国难当头,谁在这件事情上损害了国家的利益,谁就是卖国贼,谁就是我党国的敌人。还话各位前辈、工商界翘楚以及社会贤达积极配合,以期能够尽快的稳定金融秩序和物价水平,为戡乱救国尽职尽力啊。

记者:请问蒋先生,此次管制能否做到公平公正?对那些背景深厚的违法者,你怎么去管制?

蒋经国:经国此番来,只打老虎、不拍苍蝇。

记者:蒋先生能透露一下这次的具体做法……

杜月笙:老虎好扪,冰山……只怕小蒋先生搬不动吧?

蒋经国:这位先生是?

杜月笙:恒社杜月笙。

蒋经国:杜先生,商界前辈,还望不吝指教。

杜月笙:犬子维屏,让督导专员抓了。他犯国法,我无话可说。可是如今这上海滩另有一家商号,大肆囤积物资哄抬物价,向黑市兜售,无视政府法令。督导专员若是不管,恐怕有负蒋总统一片苦心啊?

蒋经国:请杜先生指出来,经国必定给先生一个交代。

杜月笙:念。

杜月笙手下:外滩货场辰字号七大仓库,南京路三十六号仓库,霞飞路十七号中美友好商社仓库,南市场甲字头十二间仓库……

杜月笙:大公子,这才是真老虎。

蒋经国:是谁?

杜月笙:扬子公司,孔家。

▼ 场景七:

孔令侃:姨妈,人家大权在握,一句话就把我扬子公司里里外外全都封了,还派人满上海滩的传讯我。也好,今天见了面,也省的大表哥大费周章了。

宋美龄:戴维,你疯了!

孔令侃:姨妈放心,人家是督导专员,是太子。我哪里敢拿枪打太子。大表哥,这个事情很简单,你一枪把我打死就都了结了。罪犯伏法,蒋青天誉满沪上,咱们也算各得其所了。

宋美龄:经国……

蒋经国:督导专署的公文说的很清楚,限你十日之内去接受询问,否则严惩不贷。已经过了七天了,你自己看着办。

孔令侃:扬子公司都是孔家的产业,你有本事把我父亲也抓了。

宋美龄:胡说八道,明明自己做错了事,还把你父亲扯进来。

你父亲和大姐要是知道你这么胡闹,饶不了你。

孔令侃:上海滩里里外外做了多少年,来了个督导专员就变天了。姨妈,大家都这么做,这就是行业规矩。做生意不讲究行业规矩,那是封建独裁者的做法。

宋美龄:你说谁是独裁者

蒋经国:政府戡乱,将士们在前线流血,国库却拿不出钱来,还要向美国去贷款。货币贬值、物价飞涨,黎民百姓人心惶惶。而孔总经理你的仓库里面,却囤积着数以万吨计的物资,不愿意出售。

孔令侃:我是商人,不是慈善家。

蒋经国:中共已经在搞土地改革和政治协商了,连蔡廷锴跟沈钧儒都去了东北,毛泽东要另立政府跟中央政府分庭抗礼了。

蒋经国:夫人,您是最支持父亲的。可是您万万没有想到吧,在这里,就是在这里,有的人在挖父亲的墙角,在摧毁这个国家的根基。他们的财富,他们的公寓、大衣、香水、冰箱、都像有毒的病菌,寄生在瘦骨如柴的国家身上。他们才是国家的敌人,是我父亲的敌人。

宋美龄:够了,够了。经国,这里没有敌人。只有家人。今天我们不谈国事,只谈家事。

▼ 场景八:

蒋介石:经儿,夫人明天就要去美国了,是去请求杜鲁门总统援助的。东北的局面急剧恶化,我们需要美国的支持啊。我专程从东北飞回来,就是想告诉你,在这个时候后院不能起火。

蒋经国:父亲……

蒋介石:如果不严惩孔家、昭示天下,上海的经济就全垮了。

你说的我全明白,国民党的腐败已经到了骨头里了,这不是一个孔家的问题。反贪腐是件大事,要讲求时机、讲求分寸。难呐!反,要亡党;不反,亡国。难!

蒋经国:父亲,党、国都已经在危难的边缘了。

蒋介石:好了。当前最大的事情,是把北方的军队撤到长江以南,确保江南的稳定。这个时候追究孔家已经没有什么意义了。

上述片段描述的是蒋经国上海"打虎"失败的经过。它实际上是在讲述公民的平等权。它是指公民平等地享有权利而不受任何差别对待,其中最重要的就是法律面前人人平等。国家既对一切公民的合法权益依法平等地给予保护,同时也对任何公民的违法犯罪行为平等地予以追究和制裁;国家不允许任何组织和个人有超越宪法和法律的特权,无论任何人都要严格遵守宪法和法律。这就是所谓的"王子犯法,与庶民同罪"。蒋宋孔陈四大家族将自己的利益凌驾于宪法和法律之上,这注定了其失败的命运。

2. 政治权利

▼ 场景九:

闻一多:李公朴先生四天前在昆明被国民党特务杀害了。他犯了什么罪,竟遭到如此的手段。他只不过是用笔写写文章,用嘴说说话。他所写的所说的,恰恰是一个没有丢掉良心的中国人的话。无耻啊,无耻!这是反动派的无耻,恰是李先生的光荣。李先生的血不会白流,李先生赔上了一个生命,我们要讨回一个代价。正义是杀不完的,因为真理永远存在。

青年学生：要民主，反内战！要民主，反内战！

▼ 场景十：

学生：住手，为什么打人？

老者：姑娘……

国民党警察：谁在开枪？谁？谁？谁开枪？冯长官……市区里边不让开枪。

冯玉祥：倒许他们行凶打人？我不管你是哪家的王八蛋，回去给我冯玉祥带句话：有本事明着来，别那么下作。

古希腊圣哲亚里士多德曾说："人天生就是政治的动物"。每个公民都应拥有其政治权利，这些权利主要包括言论自由权和集会、游行、示威权等。"政治权利亦称为参政权。它是指依照宪法规定，公民参加政治生活的民主权利和在政治上享有的表达个人见解和意愿的自由权。"① 它包括选举权和被选举权，言论、出版、结社、集会游行示威等自由权，以及批评、建议、申诉、控告或检举权。由于宪法与政治之间的关系极为密切，因此政治权利是最能体现宪法特征的一项公民基本权利。上述片段描写的校场口事件和李公朴、闻一多被暗杀，都反映了在民国时代人们政治权利，主要是言论自由权的被践踏。

3.人身自由权

▼ 场景十一：

毛人凤：校长，张澜那边怎么办？他说打死都不去台湾，留着肯定是祸害。

---

① 焦洪昌：《宪法学》，北京：北京大学出版社2010年版，第388页。

蒋介石:那就成全他。

……

严锦文:报告!

毛人凤:去,把张澜干掉。

严锦文:局座,张澜可是有影响的人呐!

毛人凤:越是这样越要干掉。

严锦文:懂了。是公开的还是秘密的?

毛人凤:这种事怎么他们的能公开呢?还是那句老话,活不见人……

严锦文:死不见尸。

毛人凤:杀的一定要干净。

严锦文:是,懂了。

毛人凤:去吧……保重

▼ 场景十二:

字幕:国民党特务在商海连续杀害13位民主人士。

▼ 场景十三:

毛人凤:校长,照您的吩咐,南京、上海、香港行动小组的人都撒了下去。

蒋介石:张澜困居上海,要予以控制。

毛人凤:是!

蒋介石:李济深他在香港,那边不是我们的地盘,盯紧就是了。

毛人凤:是!

蒋介石:可是我的这位大哥冯玉祥,最近和中共走得很近,要防止他投共变节。

毛人凤：必要的时候，个别人我看能不能清理一下？

蒋介石：都是些有声望的人，你做的不干净，国际舆论对我们很不利。

毛人凤：卑职明白。

法国资产阶级启蒙思想家卢梭曾说："人生而自由，却无往不在枷锁之中。"人身自由权是公民参加各种社会活动、参加国家政治生活和享受其他权利自由的先决条件，是公民一切权利和自由的基础。而其中最重要的就是生命权，"生命权是人身自由权中最核心的部分"，离开它任何人权都是无稽之谈。① 上述片段反映了民国时代特务政治的黑暗，人们的生命权被国民党反动派任意剥夺，就连国民党副委员长冯玉祥和著名民主人士张澜都不例外。孙中山先生早就指出："十二年来，所以有民国之名，而无民国之实者，皆此役阶之厉也。"②而以"三民主义忠实信徒"自居的蒋介石，在其统治时期不仅未改变这一现状反而更变本加厉。

4. 社会经济权

▼ 场景十四：

刘少奇：从东北局的经验来看，占领农村、实行土地改革，效果是明显的。

毛泽东：让开大路、占领两厢，把土地分给农民。

任弼时：使耕者有其田，天下就是我们的。

---

① 张根大：《法律效力论》，北京：法律出版社1999年版，第187页。
② 孙中山：《中国之革命》，申报馆编《最近之五十年》第二编，1923年版。

上述片段讲的是中国共产党领导的土地改革,这有助于我们了解宪法所规定的社会经济权利。"社会经济权利是指公民依照宪法的规定享有的经济利益的权利,是公民实现其他权利的物质上的保障。"①实行土地改革就是为了保障人民的社会经济权利。宪法规定国家应进一步扩大社会经济权利的范围,满足公民实现经济利益的要求。民富才能国强,发展与保障民生是宪法之本。

三、宪法的基本制度

1. 国家基本经济制度

▼ 场景八:(前文已有描述)

▼ 场景十五:

蒋介石:天数啊,国民党败在自己的手里喽!

马克思主义认为经济基础决定上层建筑。在国家经济制度当中,产权制度即财产权和所有制制度,是宪法经济制度的核心。我国现行经济制度是建立在摧毁以四大家族官僚垄断资本为代表的旧中国经济制度(这也是导致国民党败亡的根本原因之一)的基础之上的,是以公有制为主体、多种所有制经济并存的基本经济制度。2004 年宪法修正案规定"公民的合法私有财产不受侵犯;国家依照法律规定保护公民的私有财产权",更加完善了我国的产权制度。

---

① 许崇德:《宪法学:中国部分》,北京:高等教育出版社 2005 年第 2 版,第 372 页。

2. 国家政治制度

▼ 场景十六:

毛泽东:蒋介石在南京当了总统,我毛泽东就在山沟沟里自封万岁,不好看也不好听。口号二十三条里那个万岁必须拿掉。蒋介石想当皇帝让他当,我们不凑那个热闹。另外,第五条只强调工人阶级作用的提法也不妥,我们一贯坚持政治协商联合政府,突然变了说法,不好!

周恩来:我同意主席对两点意见的修改。

毛泽东:那就表决吧,同意的举手。

……

新华广播电台工作人员:马上播报。

新华广播电台播音员:新华广播电台,新华广播电台,现在播报中共中央五一劳动节口号。一、今年的五一劳动节,是中国人民走向全国胜利的日子。二、今年的五一劳动节,是中国人民的死敌蒋介石走向灭亡的日子……五、各民主党派、各人民团体、各社会贤达迅速召开政治协商会议,讨论并实现召集人民代表大会,成立民主联合政府。

▼ 场景十七:

宋美龄:国大召开的日期能早一天确定,美国的援助也就能早一天落实。

蒋介石:开国大只有一个国民党是不成的。既然中共不来,那就算了;摆花瓶,有那些民主党派也就可以了。

宋美龄:中共和中间党派坚持重庆的政协会议决议,这事可怎么解决呀?

蒋介石:对于张澜呢安抚为主,对于中共就要一面打一面哄喽。什么时候毛泽东的军队打光了,也就不用再哄了。

我国是人民民主专政的社会主义国家,人民民主专政是我国的国体,与国体相适应的政权组织即政体是人民代表大会制度,这是我国的根本政治制度。同这种国体相适应的政党制度是中国共产党领导的多党合作和政治协商制度。从上述片段可以看出国共两党在对待民主党派的态度是完全不同的。前者一党独裁,最终自取灭亡。

▼ 场景一、场景二:(前文已有描述)

3. 选举制度

本片中多次提到选举这项重要的政治制度。选举是享有政治权利的本国公民,依照特定的法律程序通过投票等方式选出代议机关的代表及国家特定公职人员的制度。"政党制与议会制和选举制一起构成现代民主制度的三大支柱,政党的所作所为关涉议会制度和宪政民主制度的成败。"[1]宪法所规定的选举制度主要包括选举权的普遍性与平等性,直接选举和间接选举并用,秘密投票、选举权的物质保障和法律保障等。不过,民国时期的选举虽极力标榜其民主,但大多都是形同虚设的摆设。

4. 政治协商

▼ 场景十八:

毛泽东:转了两条街,没看见一个商店开门营业。成俊同志,你是县委书记,这可不行。

王成俊:进城后,传言说资本家和商人全是剥削阶级,要革他

---

[1] 秦前红:《新宪法学》,武汉:武汉大学出版社2009年版,第265页。

们的命。吓得这些商人买卖全不敢做了。

朱德:这不是个小问题。闹革命,我们天下第一;搞经济,我们可比不了他们。

毛泽东:没了商贩,连香烟都买不到,还谈什么市场繁荣?要把人家请回来。

刘少奇:现阶段还不能消灭资本家。生产关系的改变不是过家家,不能胡来。一旦搞出了问题,那比在战场上打了败仗还糟糕。

任弼时:要有自知之明,这些事我们需要从头学起。

周恩来:政治协商,协商的对象就是资产阶级政党和民主人士。我们是请人家来共同执政的,不是来消灭人家的。

毛泽东:这个问题必须明确。搞垮了人家,自己又不懂得经营生产。工厂倒闭、工人失业,这不是砸自己饭碗么?这个饭碗我们刚刚端上,砸不得。

▼ 场景十九:

周恩来:主席,有部分政协人士提出一个建议:由新政协代理全国人民代表大会,直接选举中央人民政府。

毛泽东:战争情况下很难做到公民普选,但是这件事情必须先征求各党派的意见。

……

张澜:三步并作两步走,先组成联合政府,再召开人民代表会议。是这个意思吧

罗隆基:正是。

▼ 场景二十:

毛泽东:诸位代表先生们,全国人民所渴望的政协会议现在

开幕了。现在的中国人民政治协商会议是在完全新的基础之上召开的,它具有代表全国人民的性质,它获得全国人民的信任和拥护。因此,中国人民政治协商会议宣布,自己执行全国人民代表大会的职权。

▼ 场景二十一:

字幕:在当选的五十六名中央人民政府委员当中,有二十七位是民主党派和无党派人士,占委员席位近半。

本片中还多次提到另一项重要的政治制度,即政治协商制度。"我国的政治协商制度是指参加人民政协的各民主党派、无党派爱国人士、人民团体、少数民族人士和各界爱国人士,在中国共产党的领导下,通过政治协商、民主监督和参政议政,以发挥自己在国家政治生活中的积极作用的各项制度的总称。"[①]它表明在涉及国家重大措施或重大国计民生问题时,中国共产党应同民主党派和无党派人士进行协商、取得共识后再形成决策;在人民政协中应充分发挥他们的作用;他们在国家权力机关应有一定比例的代表,参政、议政并发挥监督作用;他们还可以在各级政府机关和司法、检察机关担任领导职务。新中国成立时有六位国家副主席,其中就有三位属于民主党派,即宋庆龄(民革)、李济深(民革)和张澜(民盟);新中国政府中的民主党派领导人还有最高人民法院首任院长沈钧儒(民盟)、政务院第一任副总理黄炎培(民建)以及政务院第一届政务委员章伯钧(农工)、马叙伦(民进)、罗隆基(民盟)、王昆仑(民革)等。这也反映出了新中国政治协

---

① 许崇德:《宪法学:中国部分》,北京:高等教育出版社2005年第2版,第189页。

商的真实性和优越性。

四、国旗、国歌、国徽、首都

▼ 场景二十二：

字幕：会议决定，国家的名称为中华人民共和国；北平改名为北京，为共和国的国都；《义勇军进行曲》为代国歌，五星红旗为国旗。采用世界公元纪年，每年10月1日为国庆日。

国旗、国歌、国徽、首都是我国宪法的重要内容，以上内容都规定在我国宪法第四章即第136条、第137条和138条了。

五、国籍

这部主旋律影片自播放以来也受到了一些争议，这主要是该片中很多演员已经是外国籍了，据网友爆料竟有21位之多。那何为国籍呢？"国籍是指一个人属于某一个国家的国民或公民的法律资格"，[①]是国家实行外交保护的依据。大多数人的国籍都是生而取得（先天）的，也有些人的国籍是通过加入方式取得（后天）的。我国不承认中国公民具有双重国籍。因此，中国公民要取得外国国籍，必须放弃中国国籍；外国公民要取得中国国籍，也必须放弃他原来所属国家的国籍。有媒体称该片的演职员中有21名都已不是中国籍，国家广电总局回应：该片的编剧、导演以及主要演员均为中国国籍；那些观众喜爱的华裔演员不计报酬出演片中的历史人物，体现出祖国对炎黄子孙的强大感召力！

---

① 《宪法学》编写组：《宪法学》，北京：高等教育出版社2011年版，第200页。

因此本片是一部不折不扣的爱国主义教育大片。

六、结语

我国宪法在其序言中写道："本宪法以法律的形式确认了中国各族人民奋斗的成果,规定了国家的根本制度和根本任务,是国家的根本法,具有最高的法律效力。"因此,每个公民都应具有崇高的宪法意识,在现实生活中尊重并维护宪法。

参看影片：

1.《建党伟业》,刘烨、冯远征、张嘉译主演,展现了从1911年辛亥革命后到1921年中国共产党成立这段时间内的历史故事。政党是现代政治的核心,党在我国宪法的产生与发展中具有重要作用。

2.《辛亥革命》,赵文瑄、孙淳、成龙主演,展现了从1895年兴中会成立到1912年中华民国成立这段时间的历史故事,反映了近代中国从封建专制走向民主共和的历程。

第四章 从《秋菊打官司》看行政法与行政诉讼法

> 只有让人民来监督政府,政府才不敢松懈。
> ——毛泽东

片名:《秋菊打官司》
导演:张艺谋
主演:巩俐、雷恪生、刘佩琦
出品时间:1992 年

【影片简介】秋菊的丈夫万庆来与村长王善堂因为盖房子发生争执,庆来被村长踢中下体并造成肋骨骨折。秋菊怀着身孕去找村长说理,村长不以为意而不肯认错。秋菊不服,要讨个说法,前往乡里公安局上访。乡里的李公安与村民们都有交情,决定以调解矛盾并赔偿二百元结束。村长口头答应赔偿秋菊家的经济损失,心里则认为不应该赔钱,将钱甩在地上。受辱的秋菊没有捡钱,而是踏上了漫漫的路途到县公安局去上访,县里公安局复议书维持原判。秋菊还是不服,来到上级城市。初来乍到因为不熟悉环境被当地三轮车夫所骗。得到好心人建议后,来到一家价格低廉的旅店。旅店老板是个好心人,见秋菊千里迢迢上访不易,又有孕在身,便告诉她市公安局长的住址。市公安局长没要礼物,并亲自把秋菊送回旅店。市里的复议书仍然维持原判,只是要求多加五十元钱赔偿金。复议书同往常一样直接交到村长手里,村长仍然不以为意。男人从村长那里拿了钱,没想到倔强的秋菊又把钱还给了村长,重新去了市里。市公安局长建议他走法律程序,并推荐给他了一个律师,帮忙起诉村长。而法院则判决市公安局处理得当,维持原案裁决复议。秋菊不服,决心向市中级法院上诉。过年时,秋菊难产了,然而村里人都去相邻的王庄看戏了,庆来只好去求村长去请人回来抬秋菊去医院。孩子顺利出生了,秋菊一家都感谢村长鼎力相助。然而在孩子满月之时,中级法院判决拘留村长十五天,这让只想得到一句道歉的秋菊十分意外,便出门追赶警车……

本片描述了普通农村妇女秋菊"讨公道"的艰辛历程。就其故事的主要线索而言,它则讲述的是一起民告"官"的官司。"民告官"在我国是以行政诉讼为代表的一系列行政纠纷解决程序的俗称和统称。我们在此借本片来帮助大家了解行政法与行政诉讼法的有关内容。

一、行政法

▼ 场景一:

公安人员:上来了?找谁?

秋菊:找李公安。

公安人员:李公安?到那边。

李公安:你俩先坐那边,我在这办个事…啥事…万庆来…庆来怎么了?

秋菊:叫人踢了。

李公安:你就是庆来媳妇?庆来结婚那天我没去成,人家都说庆来媳妇漂亮得很,就是你?都快有娃了,坐……"右侧肋骨软组织挫伤;左侧半九轻度水肿,轻度。"庆来这么老实的人,怎么还跟人打架?跟谁?

秋菊:村长。

李公安:谁?王善堂?哦,骂啥?

秋菊:我家是种辣子的,你知道不?

李公安:知道。

秋菊:我家总想盖个辣子楼,砖瓦都备好了,村长他就是不批,没办法,我就在我承包的地里抬掇了一块地边边,想在那地方盖了就算了,村长还是不批,他说有啥文件,那我说,你有文件可以,你有文件,你就把那文件拿来给我看一下,他说不用给我看,他说他就是文件,不给我看。

李公安:这你别说,还真格有这文件。这承包地是让种庄稼的,都在里头动开土木了,那咱吃啥?

秋菊:那文件上也没写打人这一条。他是村长,打两下也没啥,他也不能随便往那要命的地方踢。

李公安:一个巴掌就拍不响,没个因由他就能随便打人?到底为啥?为啥?

妹子:我哥气不过,骂了他一句。

李公安:你哥骂人啥呢?

妹子:骂他下一辈子断子绝孙,还抱一窝母鸡。

李公安:这就是庆来的不是了。谁都知道,王善堂四个女子没儿么,这话是糟老汉心窝子,去年计划生育刚给老汉计划了,这事就不能提么。

秋菊:再怎么说,他打人就是不对,他是村长,不能随便往那要命的地方踢。我找他去寻个说法,他说他不管,说踢了就踢了,你踢了,你不管谁管,你是村长,你还打人,你就是不对么。

李公安:就这事,是吧?

秋菊:噢。

李公安:我跟你说,他打人肯定是不对的……

秋菊:就是不对么,往那要命的地方踢,踢坏了,他……

李公安:我刚不是给你说了么,肯定不对么……

▼ 场景二:

李公安:秋菊你看是这,他打人不对,我也把他批评了,可你庆来说的那话也不好听,双方要各自多做自我批评,调解结果是个这:医药费、误工费由王善堂负责,一共200元,你看咋样?

秋菊:我就不是图那个钱。我就是要个说法。

上述片段交代了秋菊打官司最初的原因:村民万庆来与村长王善堂发生口角,后者将前者打成轻伤。那么这到底属于什么性质的事件呢?有很多文章认为整部片子是宣传行政诉讼法的,因而将万、王两人之间的纠纷也说成是行政诉讼;甚至说村长是官,打伤村民所引起的官司当然是行政诉讼啦。这种说法实际上是错误的。我国《行政诉讼法》第2条规定:"公民、法人或者其他组织认为行政机关和行政机关工作人员的具体行政行为侵犯其合法权益,有权依照本法向人民法院提起诉讼。"这意味着行政诉讼的一方必须是国家行政机关工作人员。万庆来显然不属于此列,而王善堂虽然是村长但也不属于此列。按照我国宪法第111条之规定:"城市和农村按居民居住地区设立的居民委员会或者村民委员会是基层群众性自治组织。"这样看来村民委员会并非一级国家行政机关(我国农村最基层的国家行政机关为乡镇政府),因此村长(准确的说法应该是村委会主任)也不是国家行政机关工作人员。所以王善堂打伤万庆来并不属于行政诉讼的受案范围。王善堂既然不是国家行政机关工作人员而只是普通公民,那么他打伤万庆来的行为就属于普通公民之间的打架斗殴行为,属于治安管理(完整地说应是治安行政管理)范围内的民事纠纷。我国于1986年颁布了《治安管理处罚条例》。该条例第5条规定:"对于因民间纠纷引起的打架斗殴或者损毁他人财物等违反治安管理行为,情节轻微的,公安机关可以调解处理。"这种事情按照当时的规定应由公安机关处理,因此李公安据此进行调解并做出处理是正确的。《治安管理处罚条例》1994年经过修订,并在2006年《治安管理处罚法》颁布后被废止。但无论是原《治安管理处罚条例》还是新的《治安管理处罚法》在性质上都属于行政法的范畴。

所谓行政法是调整行政关系、规范和控制行政权的法律规范的总称。"近代意义的行政法,是资本主义经济发展和资产阶级国家强化其政府职能的产物,也是宪政制度、民主法治和权力分立的必然要求,更是不断追求权力与制约这对矛盾之相对平衡的结果。"①行政法是历史发展到资本主义社会阶段的产物,在此之前的封建专制时期下是不可能产生行政法的。因为封建君主具有至高无上且不受任何限制的行政权力,它可以任意剥夺公民的财产、人身甚至生命,所谓"君要臣死,臣不得不死"就是其写照。鉴于这个弊端,资产阶级革命胜利后普遍要求对国家权力进行限制。与此同时,由于国家行政权力又是直接指向公民的,其随着国家职能的日益扩大有可能侵害到公民合法权益,因此也必须对其做出限制。在具有悠久法治主义传统的西方国家,最好的解决办法就是立法,运用法律手段限制国家行政权力,行政法就这样产生了。这也似乎可以解释行政法在中国为何不发达的原因。中国历经了两千多年的封建社会,"官本位"的思想非常严重。为官者又被称为"父母官",因此甚至他们可以随意打骂老百姓,这也被当作是社会正常现象。所以在本片中,虽然读过高中但也不太懂法的秋菊也会说:"他是村长,打两下也没啥。"新中国建立后,我国行政法制历经了在曲折中的艰难发展,终于在改革开放后尤其是1982年现行宪法颁布后获得了快速发展,"可以毫不夸张地说,行政法是我国部门法中发展最快的一个领域。"②特别是新世纪我国在加入WTO后,根据有关国际条约规定又对原有

---

① 胡锦光、杨建顺、李元起:《行政法专题研究》,北京:中国人民大学出版社1998年版,第1页。

② 马怀德:《行政法与行政诉讼法》,北京:中国法制出版社2015年第5版,第18页。

的行政法律进行了大规模的修改、调整和补充。由于现代国家职能范围的不断扩展,因此行政法所涉及的领域也越来越广泛,例如教育、交通、卫生、社会管理等等。与此同时,行政法律体系自身也在不断完善。我国制定和施行了行政诉讼法、行政复议法、行政处罚法、行政许可法、行政强制法等方面的行政法,对于规范国家机关行政行为,尊重和保障公民权利起到了重要作用。

二、行政复议

▼ 场景三:

旅店老板:我看你这裁决书没啥毛病嘛!

秋菊:怎么没毛病,他们还是没给我个说法。

旅店老板:那你还想怎么样?

秋菊:我听他们说,要是不服裁决,可以到市公安局去复议。那我明天去复议一下。

▼ 场景四:

万庆来:村长。

王善堂:坐下吧。我叫你来,也没别的事。市公安局的复议书下来了,你带回去给秋菊看一下。人家认为,县里的裁决、乡里的调解,基本没错。让我再加五十元钱。这是经过认真研究决定的。我按复议书给你们准备了二百五十元。给,庆来。

▼ 场景五:

秋菊:村长,市上给我下的复议书怎么跑到你手里去了?怎么回事吗?

王善堂:一张复议书,谁给都一样。

秋菊:庆来刚才回去没说清楚。

王善堂：怎么了？

秋菊：他刚从你那儿拿的钱，是啥钱吗？

王善堂：是复议书断给你们的。

▼ 场景六：

严局长：哦，有这样的事？复议书应该直接送到你手里，不该让村长转手。回头这事情我了解一下。就在这吃吧。坐。

秋菊：椅子太低了，我身子沉，坐不下。

严局长：那咱站着吃。我忘了问你，你对复议书决定同意不同意？

▼ 场景七：

李公安：秋菊，你这事情越闹越大了，县上把我也批评了。复议书的事那是文书给马虎了，我给你道个歉。过去的事不提了。

在上述片段中都提到了复议这个概念。行政机关在行使职权时并不总是正确的，当事人若觉得其行为有误可以提请复议。"行政复议，是指行政相对人认为行政机关的具体行政行为侵犯其合法权益，依法向行政复议机关提出复查该具体行政行为的申请，行政复议机关依照法定程序对被申请的具体行政行为进行合法、适当性审查，并作出行政复议决定的一种法律制度。"[①]它与行政诉讼同为维护当事人权益的行政救济手段，但两者的区别在于前者是在行政系统内进行的纠错，而后者则是在行政系统外即司法系统中进行的纠错。

---

① 姜明安：《行政法与行政诉讼法》，北京：北京大学出版社 2011 年版，第 370 页。

复议的事项范围是有限的,并非所有事都可以进行复议。我国现行行政复议法第二章规定了行政复议的范围,当事人只能对行政机关的下列具体行政行为提请复议:①对行政机关做出的警告、罚款、没收违法所得、没收非法财物、责令停产停业、暂扣或者吊销许可证、暂扣或者吊销执照、行政拘留等行政处罚决定不服的;②对行政机关做出的限制人身自由或者查封、扣押、冻结财产等行政强制措施决定不服的;③对行政机关做出的有关许可证、执照、资质证、资格证等证书变更、中止、撤销的决定不服的;④对行政机关做出的关于确认土地、矿藏、水流、森林、山岭、草原、荒地、滩涂、海域等自然资源的所有权或者使用权的决定不服的;⑤认为行政机关侵犯合法的经营自主权的;⑥认为行政机关变更或者废止农业承包合同,侵犯其合法权益的;⑦认为行政机关违法集资、征收财物、摊派费用或者违法要求履行其他义务的;⑧认为符合法定条件,申请行政机关颁发许可证、执照、资质证、资格证等证书,或者申请行政机关审批、登记有关事项,行政机关没有依法办理的;⑨申请行政机关履行保护人身权利、财产权利、受教育权利的法定职责,行政机关没有依法履行的;⑩申请行政机关依法发放抚恤金、社会保险金或者最低生活保障费,行政机关没有依法发放的;⑪认为行政机关的其他具体行政行为侵犯其合法权益的。本片故事约发生在20世纪90年代初,依当时的《治安管理处罚条例》,受害人对公安机关的治安管理处理决定是可以提出复议申请的;但就现行行政复议法的受案范围来看,秋菊及其夫万庆来是不能对县公安局的处理决定提请复议,但可以依据该法第八条之规定依法申请仲裁或者向人民法院提起诉讼。如前所述,复议只能对具体行政行为提请而不能对抽象行政行为提请。例如本片中万庆来想在承包地里盖辣子楼,王善堂说上级有文件不允许,制定文件就是抽象行政行为。不过这里这个"文件"说的很模糊,如果属于国务院部、委员会及地方人民政府规章,按现行法律是不允许提请行政复议的;但如果属于国务院部门、县级以上地方各级人民政府及其工作部门或乡、镇人民政府的规定,按照现行行政复议法第7条规定,公民、法人或者其他组织认为行政机关的具体行政行为所依据的上述规定不合法,在对具体行政行为申请行政复议时,可以一并向行政复议机关提出对上述规定的审查申请。

本片中秋菊向市公安局申请复议是对的。对万、王两人的纠纷首先做出处理的是乡政府,但乡政府并非法定的治安管理单位,它这方面的权力实际上是来自于县公安局的委托。我国现行行政诉讼法第12条规定:"对县级以上地方各级人民政府工作部门的具体行政行为不服的,由申请人选择,可以向该部门的本级人民政府申请行政复议,也可以向上一级主管部门申请行政复议。"市公安局是县公安局的上级主管部门,秋菊对县公安局的处理决定不服可以向市公安局申请复议。当然她也可向县政府申请复议。

按照现行行政复议法第28条之规定,复议机关负责法制工作的机构应对被申请人做出的具体行政行为进行审查,提出意见,经复议机关的负责人同意或者集体讨论通过后,认为具体行政行为认定事实清楚,证据确凿,适用依据正确,程序合法,内容适当的,应维持原决定。本片中市公安局的复议决定原则上维持了乡政府的决定,只是判赔金额增加了五十块钱。

复议机关做出复议决定应制作复议决定书,且应由复议机关送达作为被申请人的行政机关和作为申请人的相对人。在本片中,秋菊依据当时法律以县公安局为被申请人提请行政复议,因此复议决定书应送达到其手上。复议决定书的送达有严格的法律规定,而不是像王善堂说的那样:"一张复议书,谁给都一样。"更何况是与本案具有利害关系的村长王善堂呢?当然秋菊也不是很懂法,她只知道在感觉上不对,却说不出法律上的依据。

三、行政诉讼

▼ 场景八:

秋菊:我就是不服,你看,这事情,我告到乡上、县上,又到你这里,结果都一样,都没有让村长给我认个错。我就不是图多给我五十块钱。我就是不明白,村长怎么就不能给我认个错呢?我是老百姓,你们都是公家人,谁知你们是不是在底下都商量好。

严局长:秋菊,你完全可以这样怀疑。我们的工作也不是没有差错,你要是不服,倒有个办法,可以向法院直接起诉。

▼ 场景九:

秋菊:我不去,我是跟村长打官司,怎么把人家严局长给扯上了呢?

吴律师:这是一回事情。你不是对市公安局的复议书不服嘛,那当然要从市公安局开始一步一步的来,最后它就落在村长头上了,这是法律程序嘛?

……

严局长:时间都到了,怎么还不进去?

秋菊:让我跟你打官司,我不去。

严局长:我不是跟你说过了嘛,你看,事情是这样的:村长打了你男人,按其行为应该由公安部门处理。县公安局作出裁决,你不服,请市公安局做出复议你还是不服,那现在只有结束调解,根据你的要求,转入法律程序,来法院打官司。是这,咱这打官司首先就要起诉市公安局,为啥呢?因为你对市公安局的复议书感到不公平,这是个法律程序嘛。我是公安局的法人当然应当出庭。

吴律师:秋菊,这民事诉讼法和行政诉讼法,被告都不一定是坏人。

▼ 场景十:

旅店老板:闺女,刚才开庭的样子我看对你很有利,等一会宣判,一定是你赢。

吴律师:你怎么知道这案子要赢?

旅店老板:吴律师,这法律上的事情你比我清楚得多,可是有些事情,我比你清楚。行政诉讼法刚颁布不久,总得找一个民告官的例子就把这个法给普及了,这肯定是人家上边的意思。要是秋菊输了,那以后谁还相信这法。

吴律师:你说的也有道理。

......

审判长:本案经本院公开审理,并经合议厅认真评议,认为市公安局对县公安局关于西北乡西沟村村长王善堂殴打本村村民万庆来一案,证据确实,适用法规正确,程序合法,应予支持。为维护正当的行政法律关系,保障行政诉讼当事人的合法权益,兹根据中国人民共和国行政诉讼法第52条一款、第54条一项之规定判决如下:维持市公安局对县公安局关于西北乡西沟子村村长王善堂殴打本村村民万庆来一案裁决的复议决定,如不服本判决可在判决书送达之日起十五日内向市中级人民法院提出上诉。闭庭。

在本片中，严局长为了帮秋菊讨个说法，不惜教她以自己为被告（当然也正如他所说"输了，丝毫对我没有甚么影响"，要是有影响就不知道他会不会这么做了）向法院提起行政诉讼。本片名为《秋菊打官司》，但是直到这，本片才真正进入"官司"阶段。我国行政诉讼法第2条规定，公民、法人或者其他组织认为行政机关和行政机关工作人员的具体行政行为侵犯其合法权益，有权依照本法向人民法院提起诉讼，即行政诉讼。如前所述，复议是行政系统内的纠错程序。既然是在行政系统内就有可能出现官官相护、上级包庇下级的可能，就有可能如秋菊所担心的那样"你们都是公家人，谁知你们是不是在底下都商量好。"为此，国家在行政系统外设置了行政诉讼程序，通过司法审判的方式为当事人提供救济，这就是行政诉讼。

行政诉讼，在我国俗称的"民告官"（其实复议也是"民告官"，只是方式不同而已），"是指行政相对人与行政主体在行政法律关系领域发生纠纷后，依法向人民法院提起诉讼，人民法院依法定程序审查行政主体的行政行为的合法性，并判断相对人的主张是否妥当，以作出裁判的一种活动。"[①]按照现行行政复议法中有规定，公民、法人或者其他组织对复议决定不服的，可以依照行政诉讼法的规定向人民法院提起行政诉讼。这意味着行政诉讼也是对复议的救济。本片中秋菊对市公安局的处理决定不服，就只能通过行政诉讼的方式来救济了；而且也只能复议决定做出后才能提起诉讼，因为现行行政复议法规定：公民、法人或其他组织申请行政复议，行政复议机关已经依法受理

[①] 姜明安：《行政法与行政诉讼法》，北京：北京大学出版社2011年版，第448页。

的，在法定行政复议期限内不得向人民法院提起行政诉讼；当然，公民、法人或其他组织向人民法院提起行政诉讼，人民法院已经依法受理的，不得申请行政复议。由此可见，诉讼与复议不能同时进行。

可以提起行政诉讼的事项范围也是有限的，并非所有事都可以进行诉讼。我国现行行政诉讼法第二章规定，人民法院受理公民、法人和其他组织不服具体行政行为提起诉讼的受案范围为：①对拘留、罚款、吊销许可证和执照、责令停产停业、没收财物等行政处罚不服的；②对限制人身自由或者对财产的查封、扣押、冻结等行政强制措施不服的；③认为行政机关侵犯法律规定的经营自主权的；④认为符合法定条件申请行政机关颁发许可证和执照，行政机关拒绝颁发或者不予答复的；⑤申请行政机关履行保护人身权、财产权的法定职责，行政机关拒绝履行或者不予答复的；⑥认为行政机关没有依法发给抚恤金的；⑦认为行政机关违法要求履行义务的；⑧认为行政机关侵犯其他人身权、财产权的；⑨其他法律、法规规定可以提起诉讼的其他行政案件。本片故事约发生在20世纪90年代初，依当时的《治安管理处罚条例》，当事人不服复议决定必须先向上一级公安机关申请复议，不服复议再向法院起诉。因此本片中秋菊及其夫万庆来只能先申请复议再起诉；但就现行行政诉讼法的受案范围看，他们可以依据2006年开始施行的《治安管理处罚法》选择申请复议或直接向人民法院起诉，其选择面更宽了。

在本片所反映的行政诉讼中，裁决本来是由县公安局做出的，其应当成为被告；但市公安局改变了县公安局做出裁决的原行政行为，所以它成为了被告。这也引起了法院管辖的变化：裁决本来是由县公安局做出的，按照现行行政诉讼法第17条"行政案件由最初做出具体行政行为的行政机关所在地人民法院管辖"的规定,应由县人民法院管辖;但市公安局改变了县公安局做出裁决的原行政行为,按照该条"经复议的案件,复议机关改变原具体行政行为的,也可以由复议机关所在地人民法院管辖"的规定,所以由区人民法院管辖。很多人会感到奇怪,市公安局所在地人民法院不应该是市中级人民法院嘛?这里就得看现行行政诉讼法的具体规定了。现行行政诉讼法第13条规定,基层人民法院管辖第一审行政案件;第14条规定,中级人民法院只管辖确认发明专利权的案件、海关处理的案件,对国务院各部门或者省、自治区、直辖市人民政府所作的具体行政行为提起诉讼的案件,以及本辖区内重大、复杂的案件。显然,本片所反映的行政诉讼不属于中级人民法院管辖行政诉讼案件的范围,因此只能由基层人民法院即市公安局所在区的人民法院管辖。所以后面才会有秋菊不服区人民法院上诉到市中级人民法院,市中级人民法院派法官到秋菊家进行调查取证的场景。如果按人们所想的由市公安局所在地人民法院是市中级人民法院作为第一审的话,那秋菊就应该向省高级人民法院提起上诉了。

在本片所反映的行政诉讼中,市中级人民法院在受理了秋菊的上诉后极为重视,并派两位法官到秋菊家进行调查取证,并要万庆来去拍了受伤情况的片子,这是扭转整个案子使秋菊转败为胜的关键。片子证明万庆来的肋骨骨折,使王善堂伤人行为的性质转变成为了轻度伤害罪。据此,市中级人民法院经过审理,认为市公安局做出的复议决定有误因而撤销了一审判决,至此秋菊所打的这场官司才真正赢了。

四、结语

本片故事发生的背景在 20 世纪 90 年代初,那时期也正是中国法制建设的初期,有很多法律还不完善,因此就出现了某些片中的情况与我们今天的法律不相符的地方。而本片也正如那时候的法制状况那样有很多不完善的地方,例如在本片结尾李公安说王善堂因为轻度伤害罪而被市中级人民法院行政拘留。稍微有法律常识的人都知道,行政拘留只能由公安机关做出而法院做出的只能是司法拘留,而且司法拘留主要是对妨害民事、行政诉讼程序的人所实施的强制措施。我们相信,片中李公安作为国家执法人员说出这样的话绝不只是口误。与此同时,本片还反映了中国国家法与民间法、国家秩序与乡土秩序之间的矛盾,因此也是很好的法社会学教材。苏力先生的《秋菊的困惑和山杠爷的悲剧》及其附录《从文学艺术作品来研究法律与社会》是这方面研究的经典。[①]

参看影片:

《家在东魁河畔》(又名《告状》),俞洛生、宗平主演,该片讲述了浙江省温州市苍南县巴艚镇农民包郑照因不服县政府拆除其房屋而起诉县政府的故事,这同时也是我国历史上第一起民告官即行政诉讼案件。

---

① 苏力:《法治及其本土资源》,北京:北京大学出版社 2015 年第 3 版,第 25 - 43 页。

第五章　从《肖申克的救赎》了解刑法

> 没有法律就没有犯罪,没有法律就没有刑罚。
> ——[意]贝卡利亚

片名:《肖申克的救赎》
导演:弗兰克·达拉·邦特
主演:蒂姆·罗宾斯、摩根·弗里曼、鲍勃·冈顿
出品时间:1994年

【影片简介】 1947年,银行家安迪因妻子有婚外情,酒醉后本想枪杀妻子和她的情人但他没有下手,巧合的是那晚有人枪杀了他妻子和她情人,于是他被指控谋杀,被判无期徒刑,这意味着他将在肖申克监狱度过余生。瑞德1927年因谋杀罪被判无期徒刑,数次假释都未获成功。他现在已经成为肖申克监狱中的"权威人物",只要你付得起钱,他几乎能有办法搞到任何你想要的东西。每当有新囚犯来时,大家会赌谁将在第一夜哭泣。瑞德认为弱不禁风的安迪一定会哭,结果安迪的沉默使他输掉了两包烟。

长时间以来,安迪几乎不和任何人接触。一个月后,安迪请瑞德帮他搞的第一件东西是一把石锤,想雕刻一些小东西以消磨时光,并说自己想办法逃过狱方的例行检查。之后,安迪又搞了一幅丽塔·海华丝的巨幅海报贴在了牢房的墙上。一次,安迪和另几个犯人外出劳动,他无意间听到监狱官在讲有关上税的事。安迪说他有办法可以使监狱官合法地免去这一大笔税金,作为交换,和他共同工作的犯人每人得到了三瓶啤酒。喝着啤酒,瑞德猜测安迪只是借用这个空闲享受短暂的自由。一次查房,典狱长拿过了安迪的圣经,却没有翻开便递还给他,并告诉他"救赎之道,就在其中",可是典狱长没想到,那"救赎之道"真的就在其中。随后,他被派去当监狱的图书馆管理员,为了争取图书馆的图书更新,他每周写一封信,为图书馆的扩大而努力着,六年后,他实现了愿望。之后,他开始帮助道貌岸然的典狱长洗黑钱。并且为监狱其他狱警处理其他事项所需文件。

汤米因盗窃入狱,他知道安迪妻子和她情人的死亡真相并告诉了安迪。兴奋的安迪找到了狱长,希望狱长能帮他翻案。虚伪的狱长表面上答应了安迪,暗中却用计杀死了汤米,因为他只想安迪一直留在监狱帮他做账。安迪知道真相后,决定通过自己的救赎去获得自由!行动之前,他给瑞德留下了神秘的留言。安迪通过努力成功"越狱",其工具就是那本圣经里面的"救赎之道",那把小小的石锤。他领走了典狱长那些没有任何污点的钱,并且将典狱长贪污与谋杀的证据寄给了报社,典狱长在案发后绝望自杀。

在瑞德获得假释后,他找到了安迪为他留下的礼物,并克服了假释后的心理危机,找到了安迪。两个朋友最终相遇⋯⋯

本片反映了我们生活中所不常触及,但却非常重要的法律部门——刑法。"刑法是规定犯罪、刑事责任和刑罚的法律,具体些说,也就是掌握政权的阶级即统治阶级,为了维护本阶级政治上的统治和经济上的利益,根据自己的意志,规定哪些行为是犯罪和应负刑事责任,并给犯罪人以何种刑罚处罚的法律。"[①]换而言之,刑法是规定犯罪和刑罚的法律,因此其核心问题就是犯罪行为构成和施以何种刑罚。中外法律电影中有很多体裁都与刑法有关,但它们多以犯罪为主题,本片主要以刑罚为主题(当然也涉及犯罪问题)。与此同时,本片还涉及到了司法正义等深层次的法理问题。

一、刑法与犯罪

说起刑法,人们总是自然想到监狱、铁镣和刑场。刑法是阶级统治中最为有力的工具,它给人们的印象总是严厉的。中国传

[①] 高铭暄、马克昌、赵秉志:《刑法学(第6版)》,北京:北京大学出版社2014年版,第7页。

统社会中以刑代法、刑法不分,建立了以五刑为其为代表的刑法制度,严刑峻罚是其主要特征。西方国家早期也是如此,但在近代以后因受资产阶级思想影响,其刑法开始走向文明与人性,最终建立起现代刑法制度。刑法中多为禁止性规定,是最具有强制性和处罚性的公法;其实施结果常常涉及人的自由甚至生命,因此也受到了严格限制。例如现代刑法就确立了罪刑法定、刑法平等及罪刑相应等三大原则,其目的就在于在惩罚犯罪的同时保障人权。在现代社会中,随着对犯罪问题认识的不断深化,人们在文明推动下不断地寻找更有效的制裁犯罪手段,刑法从本能的报复逐渐走向理性的惩罚演进,人性宽容日益成为刑法现代化的伦理精神。① 犯罪与刑罚是刑法的两大基本问题。从关系上看,前者是后者产生的前提。对犯罪的本质,马克思有句名言:"犯罪是孤立的个人反对统治关系的斗争"。② 从表面上看,犯罪就是严重违背人们日常行为规则,与大多数人行为格格不入的行为;而准确地说,犯罪是危害社会的行为,即具有一定的社会危害性;犯罪也是触犯刑律的行为,即具有刑事违法性违;犯罪还是应受刑事处罚的行为,即具有应受惩罚性。这也是罪与非最区分的界限。

二、犯罪构成

▼ 场景一:

律师:杜福雷先生,描述一下你太太被谋杀当晚,你曾和她谈

---

① 田宏杰:《宽容与平衡:中国刑法现代化的伦理思考》,《政法论坛》2006年第2期,第50页。
② 中共中央马克思、恩格斯、列宁、斯大林著作编译局译:《马克思恩格斯全集(第三卷)》,北京:人民出版社1960年版,第379页。

过些什么?

安迪:一些很糟糕的话。她说她很高兴我已知道,她不想再偷偷摸摸了,她说她想离婚。

律师:你当时有什么反应?

安迪:我对她说我不会同意的。

律师:"在我看见你在雷诺市前,下地狱吧!"你的邻居曾听你说过这些话吧?

安迪:随他们怎么说。我当时很不开心,什么都不记得了。

律师:你和太太争吵后发生了什么事?

安迪:她收拾好行李,到昆汀先生家里去了。

律师:格伦·昆汀,职业高尔夫教练。你知道他是你妻子的情人,你跟踪她了吗?

安迪:我先去了几间酒吧找。接着,我开车去了昆汀家,但他们不在家里。我把车停在街角,等在那里。

律师:有何企图吗?

安迪:我不太确定。我非常困惑,还有点醉。我觉得,我只是想吓一吓他们。

律师:他们到家后,你就进屋杀了他们。

安迪:没有,我控制了自己。我开车回家睡觉来忘记一切。在回家的路上,我把枪扔进了河里。我很肯定这一点。

律师:但我感到奇怪的是,第二天早上清洁女工发现,你太太和她的情人死在床上。致死的子弹是出自38口径的手枪。杜福雷先生,你和我一样都觉得那是巧合吗?

安迪:确实是巧合。

律师:你仍坚持说你在凶案发生前,已经把枪扔进河里了吗?这对你很有利。

安迪:这是事实。

律师:警察在河里找了三天,但他们没有找到你的枪…所以无法鉴定,死者身上的子弹是否出自你的枪。这对你来说也非常有利,不是吗,杜福雷先生?

安迪:因为我是无辜的…所以我发现找不到枪对我非常不利。

律师:各位先生女士,你们听到了所有的证据。我们有他犯罪的动机,我们找到他的脚印,留有他的指纹的子弹头,打碎的酒瓶上也留有他的指纹。最重要的是,我们知道他的妻子和她的情人,双双倒卧在血泊中。他们是犯了错,但他们所犯的错严重到需要用死来赎罪吗?当你们考虑时,请想想这个…一个弹匣只能装六颗子弹,而不是八颗。我肯定这不只是一时冲动而犯下的罪行,那至少是可以理解的,即使不能宽恕。

安迪:不!

律师:这是复仇,一个冷血者的复仇,看看这些…每个死者都身中四枪,总共是八枪而不是六枪。那表明子弹打完后,他还停下来装子弹,以便再次向他们开枪。每人多加一枪,就在头部。

▼ 场景二:

法官:杜福雷先生,我觉得你非常冷血,看着你都令我毛骨悚然。我以本州赋予我的权利,判处你两项终身监禁,分别为两位死者,退庭!

本片中安迪被判有罪而遭终身监禁。那么如何判定一个人是否有罪呢?这就涉及到犯罪构成的问题。"犯罪概念是从总体上划清罪与非罪的界限,而犯罪构成则是分清罪与非罪、此罪与彼罪界限的具体标准,犯罪构成,就是依照我国刑法的规定,决定某一具体行为的社会危害性及其程度而为该行为构成犯罪所必需的一切客观和主观要件的有机统一。"①它是使行为人承担刑事责任的根据。通常而言,它包括犯罪客体、犯罪主体、犯罪主观方面和犯罪客观方面等四个要件。也就是说只有当这四个要件具备时,才能认定行为人是否有罪。

在美国,通常犯有一级谋杀等重罪的罪犯才会被判终身监禁。"一级谋杀是指有预谋性质或犯罪过程严重(例如绑架)的重罪。"②本片中安迪显然是被判此罪而遭终身监禁的。下面我们就根据开头的这段法庭辩论,依照我国刑法有关故意杀人罪的规定,分析一下安迪是如何被判有罪的。首先,故意杀人罪侵犯的客体是他人的生命权。安迪的妻子及其情人被清洁女工发现时已死在床上,很显然他们的生命权被剥夺了;其次,故意杀人罪在客观方面表现为非法剥夺他人生命的行为。安迪的妻子及其情人尽管在道德上有过错但并未犯罪更罪不至死,就像律师所说的那样"他们是犯了错,但他们所犯的错严重到需要用死来赎罪吗?"所以他们的生命不能被人非法剥夺。再次,故意杀人罪的犯罪主体是具有刑事责任能力的人。在本片中安迪是精神正常的成年人,具备了刑事责任能力;他当时虽然喝酒已经喝醉了,但这并不能成为其免除刑事责任的理由;最后,故意杀人罪在主观方面是出于行为人的故意所为。在本片中,安迪的妻子及其情人每人都身中四枪,而且最后一枪都在头部,这显然是被故意杀死

---

① 高铭暄、马克昌、赵秉志:《刑法学》,北京:北京大学出版社2014年第6版,第49页。
② 美国不列颠百科全书公司:《不列颠简明百科全书(3卷)》,北京:中国百科全书出版社2011年修订版,第1447页。

的。陪审团最后认定命案为安迪所为,一方面认为他有作案动机,即他的妻子与他人有不正当关系被他查知,而且从他所说的可以看出他当时非常愤怒;另一方面还有很多不利于他的证据。现场找到了"他的脚印,留有他的指纹的子弹头,打碎的酒瓶上也留有他的指纹",还有邻居对他的不利证言;而且他的枪也找不到了,所以无法鉴定死者身上的子弹是否出自他的枪。不过这也是本片中案情最大的破绽之所在。安迪的妻子及其情人被枪杀,而作案用的枪却找不到,这个证明安迪有罪的证据链并不完整。在这种情况下,安迪被判有罪明显是冤案,这也为他今后自我救赎埋下了伏笔。

三、刑罚及其种类

对犯罪行为要予以刑事处罚,即施以刑罚。"刑罚是刑法规定的由国家审判机关依法对犯罪人适用的限制或剥夺其某种权益的最严厉的强制性制裁方法。"[1]从学理上看,刑罚包括生命刑、身体刑(肉刑)、自由刑(徒刑)、财产刑及资格刑等五种(后又产生了矫正刑)。现在肉刑已被大多数国家废止,死刑也被严格限制甚至废除。整个刑罚体系呈现出以自由刑为主,辅之以财产刑和资格刑,并未废除死刑的格局,我国刑罚亦如此。目前我国刑罚分主刑和附加刑两大类。主刑以生命刑和自由刑为主,包括死刑、无期徒刑、有期徒刑、拘役和管制等五类;附加刑则以财产刑和资格刑为主,包括罚金、剥夺政治权利、没收财产和对犯罪的外国人独立或附加适用驱逐出境等四类。

---

[1] 高铭暄、马克昌、赵秉志:《刑法学》,北京:北京大学出版社 2014 年第 6 版,第 216 页。

1. 死刑

死刑,顾名思义就是剥夺犯罪分子生命的刑罚方法,因此又称生命刑。死刑是刑罚中最严厉的。对那些罪大恶极的犯罪分子,消灭了其肉体也就彻底地消灭了其再犯的可能性,从而也消除了其对社会的危害性;与此同时,死刑也是刑罚中最具有威慑力的。"生命诚可贵",它具有最高的价值,人们对此也都非常慎重,一般不敢越雷池半步。目前世界上有些国家已经废除了死刑,在美国有些州也早就废除了死刑,例如本片故事的发生地缅因州;但目前我国刑法中仍保留了死刑,并为法定刑中的最高刑种。我国刑法中的死刑不仅包括死刑,还包括死刑缓期执行。本片借律师之口详细描述了安迪"谋杀"其妻子及其情人的情节,而且法官在宣判时也说安迪"我觉得你非常冷血,看着你都令我毛骨悚然"。据此我们推断如果本案发生在中国,安迪很有可能会被判死刑,或至少是死刑缓期执行。

2. 无期徒刑

▼ 场景二:(前文已有描述)

▼ 场景三:

假释官:坐下来。你因被判终身监禁已在此二十年?

瑞德:是的,先生。

▼ 场景四:

假释官:坐下。你因终身监禁在此三十年,觉得自己被改造了吗?

瑞德:是的,先生。

▼ 场景五：

假释官：请坐。瑞德，你因终身监禁已被关了四十年了，你觉得你已改过了吗？

瑞德：改过？让我想想，我不明白那是什么意思？

上述片段中都提到了终身监禁这个概念，所谓终身监禁是指终身剥夺犯罪人自由、关押于监狱的刑罚。由于终身监禁属于仅次于死刑的比较严厉的刑罚，因此一般只是适用于严重的犯罪或者具有严重情节的犯罪，在美国已经废除死刑的州则成为了最高等级的刑罚。这是英美法系国家刑法中的一个刑种，其在我国刑法中则被称为无期徒刑。"无期徒刑是剥夺犯罪分子的终身自由，强制其参加劳动并接受教育和改造的刑罚方法"。[①] 它介于有期徒刑和死刑之间，是自由刑当中最严厉的，主要适用于那些罪行严重需要与社会永久隔离，但又未达到判处死刑程度的罪犯。这种刑罚具有长期隔离罪犯的功能，可以更好地保护社会；但长期监禁给罪犯精神、肉体都带来较大损害，不利于其改过自新。

3. 有期徒刑

▼ 场景六：

旁白：汤米·威廉姆斯1965年到肖申克监狱服刑，因非法入室行窃，被判两年监禁。那是对私人的非法入侵。警察在彭尼家后门抓到他在电视旁鬼鬼祟祟的。年轻的朋克，"摇滚"先生，过

[①] 高铭暄、马克昌、赵秉志：《刑法学）》，北京：北京大学出版社2014年第6版，第235页。

于自大。

该片段中提到的两年监禁即有期监禁,所谓有期监禁是指剥夺犯罪人一定期限自由的刑罚。这也是英美法系国家刑法中的一个刑种,其在我国刑法中则被称为有期徒刑。"有期徒刑是剥夺犯罪分子一定期限的人身自由,强迫其劳动并接受教育和改造的刑罚方法。"①有期徒刑是剥夺自由刑中的最主要的刑罚,其幅度变化较大,从轻刑犯到重刑犯都可以适用。它在我国刑罚体系中居于中心地位。在我国,凡是刑法分则中规定法定刑的条文都规定了有期徒刑。

4. 拘役和管制

"拘役是短期剥夺犯罪分子的自由,就近执行并实行劳动改造的刑罚方法。"②它在人民法院判决后由公安机关就近执行。拘役会剥夺罪犯的人身自由,属短期自由刑,在主刑中介于管制与有期徒刑之间,具有一定惩罚性。它主要适用于对犯罪情节较轻、主观恶性不大的罪犯,这既能体现刑法罪刑相适应的原则,也有利于促使罪犯反省悔罪、重新做人、回归社会。"管制,是指对犯罪人依法实行社区矫正的一种刑罚方法。"③管制是我国根据国情建立和发展起来的独特措施,是其他国家所没有的,它主要适用于罪行较轻可不实行关押的犯罪分子。

---

① 高铭暄、马克昌、赵秉志:《刑法学》,北京:北京大学出版社 2014 年第 6 版,第 234 页。
② 高铭暄、马克昌、赵秉志:《刑法学》,北京:北京大学出版社 2014 年第 6 版,第 233 页。
③ 高铭暄、马克昌、赵秉志:《刑法学》,北京:北京大学出版社 2014 年第 6 版,第 233 页。

5. 附加刑

除五种主刑外,我国刑法还规定了四种附加刑。所谓附加刑,又称从刑,是补充主刑适用的刑罚方法。它既能独立适用又能附加适用。我国刑法规定的四种附加刑分别是:①罚金。这是人民法院判处犯罪分子或犯罪单位向国家缴纳一定数额金钱的刑罚方法。②剥夺政治权利。这是剥夺犯罪分子参加国家管理和政治活动权利的刑罚方法。③没收财产。这是将犯罪分子个人所有财产的一部分或者全部强制无偿收归国有的刑罚方法。④驱逐出境。这是强迫犯罪的外国人或无国籍人离开中国国(边)境的刑罚方法。[①]

四、前科

▼ 场景七:

布鲁克斯:外面的改变令我难以想像……我童年时只见过一次汽车,但现在到处都是。世界在一片巨大的忙碌之中。假释官们把我放到这座叫布鲁斯特的临时住所,还有一份在福德威超市装食品袋的工作。工作很辛苦,我很努力。但双手一直犯疼。

女人:一定要用两个袋子,上次你们就用了一个,底儿差点就破了。

经理:依照那位女士说的用双袋,明白了吗?

布鲁克斯:是的,先生。双袋,当然……我想那经理并不怎么喜欢我。

[①] 高铭暄、马克昌、赵秉志:《刑法学》,北京:北京大学出版社2014年第6版,第240-246页。

有时工作完后,我到公园里去喂那些鸽子。我一直希望,杰克会飞来和我打招呼,但它从未来过。我希望,不管在哪,它都过的很好,又交到新朋友。晚上我不能入睡,经常做恶梦,身体像一直往下掉。醒来时感到恐惧,要想一会儿才知道自己在哪儿。也许我该用枪打劫,让他们好送我回家;我可以打死那个店主,当作额外补助。但我已经太老了,再也干不了这种蠢事。我不喜欢这地方,它令我感到害怕,我决定…离开。我怀疑他们会争论,但不是为我这个老坏蛋。(字幕)"布鲁克斯到此"。

安迪:……"我怀疑他们会争论,但不是为我这种老坏蛋。另外,跟海伍德说,上次的事很对不起,别放在心上。不再有痛苦的感觉了,布鲁克斯。"

瑞德:他应该死在这儿

在上述片段中,布鲁克斯说:"我想那经理并不怎么喜欢我。"为什么人们会持着异样的眼光看他,主要是曾经他犯过罪、坐过牢。中国有句古话叫"一失足成千古恨"。刑罚虽然会因为执行而被消灭,但被定过罪或判过刑的人在以后的社会生活中仍会受到不利影响,即通常所说的"有前科"。所谓前科是指由于法院因行为人实施犯罪而对其判处刑罚且刑罚已经执行完毕或被赦免后在一定期间内的特殊法律地位,其构成主要包含以下要素:行为人曾经犯罪;行为人曾因该罪而实际被判处刑罚,且该刑罚已经执行完毕或被赦免;此种法律地位可能导致法定的诸多不利影响。我国刑法第100条规定,"依法受过刑事处罚的人,在入伍、就业的时候,应当如实向有关单位报告自己曾受过刑事处罚,不得隐瞒。"因此受过刑事处罚的人均有犯罪记录且终身不能消除。这有点像中国古代一种被称为"黥"的刑罚,即在犯罪者脸上刺字然后涂上墨炭,以此作为其罪犯的标志,而且永远无法抹掉。大家熟知的《水浒传》的宋江、林冲等都受过此刑。

不可否认,某些受过刑事处罚的人在回归社会后主观恶性仍然很深,仍有继续犯罪的可能。对有前科者进行适当约束也是对其行为的监督,这样可以降低其再犯错误的可能,同时也有利于维护社会稳定。但其弊端也非常明显,这会给当事人今后的学习、工作和生活、升学带来诸多负面影响。就像刻在他们身上永远不能磨灭的烙印。在我国,如有刑事前科者,不能成为公务员和司法人员甚至教师。他们将永久丧失从事某些特定职业的资格。在实际生活中,人们都不愿与有前科者接触,很多单位也不愿意雇佣他们。甚至在社会生活中,有前科者还经常受到人们的怀疑和歧视。世界上许多国家都建立了前科消灭制度。"综观各国的立法规定,前科消灭是指当曾受过有罪宣告或者被判处刑罚的人具备法定条件时,注销其有罪宣告或者罪及刑记录的制度。"①我国也正在积极进行这方面的思考,2011年刑法修正案就首次明确了未成年人免除前科报告义务的规定。

五、监狱

▼ 场景八:

哈德利:向右转,往前看。

诺顿:这是哈德利先生,他是这里的看守长。我是诺顿,这里的典狱长。你们都被判有罪了,因此被送到这里来。规则一:不得亵渎上帝。在我的监狱里不得有人亵渎上帝。其他的条例⋯

---

① 马克昌:《刑罚通论》,武汉:武汉大学出版社2002年第2版,第711页。

其他的条例,你们慢慢就会知道了。还有问题吗?

某犯人:何时吃饭?

哈德利:我们叫你吃的时候你就吃,叫你去厕所你就去厕所。明白吗?笨蛋!站好。

诺顿:我只相信两样东西——纪律和圣经。在这里,你们两样都有。把你们的思想交给上帝,把你们的身体交给我。欢迎来到肖申克监狱!

……

瑞德:毫无疑问,第一晚是最难熬的。赤裸裸的进囚笼,就像刚出生时那样,消毒药粉令皮肤像被火烧一样。他们把你丢进囚笼,关上铁门,那时你才感到这是真实的,瞬间过去的一切都离你而去,剩下的只有对过去的回忆。很多新来的人在第一晚都几乎发疯了,有些人甚至还痛哭流涕。

▼ 场景九:

瑞德:我很想说安迪打赢了,或者姐妹花放过了他。我希望能这么说,但是监狱不是童话世界。他从没提起是谁,但我们都很清楚……事情就这样持续了一段时间,监狱里的生活都是常规和更多的常规。安迪的脸上经常出现新的伤痕,姐妹花不断地骚扰他,有时候他能逃脱,但有时不能。对安迪来说,这已经成了他的常规,我相信最初的两年是最糟糕的;我也相信事情再继续这样下去,这个地方会使他发疯。

本片大多数都是以监狱为场景的。监狱是执行刑罚(主要是自由刑)的场所,"是依照法定程序在与社会隔离的专门设施中,以监禁的方式对在押罪犯执行刑罚,并予以矫正(改造)的国家特殊强制机关。"①监狱是人类社会进入阶级社会后的特有现象,是统治阶级实施阶级统治和阶级专政的工具。在马克思的语中,它和军队、警察和法庭共同被列为具有强制力的国家机器。监狱在中国古代曾有圜土等别称,成语"身陷囹圄"一词中的囹圄也是指的监狱。监狱亦是法律电影中的一大主题,其中大陆影片大多都是积极正面的,例如《女子监狱》等;而国外及港台影片中黑狱的成分较多,例如《旺角监狱》《监狱风云》《越狱》《火烧岛》等。

监狱作为惩罚工具,通常给人以痛苦和屈辱等感觉,因此具有惩罚、改造和防卫等功能。"惩罚是国家刑罚执行机关依据人民法院生效的刑事判决(裁定),通过依法剥夺或限制犯罪分子的某些权益而使其遭受一定痛苦或损失的司法活动……改造则是国家刑罚执行机关在依法执行刑罚的过程中,依据刑罚目的转变罪犯的犯罪思想和犯罪心理,矫治恶习,培养符合法律规范的守法公民的教育活动。"②防卫是指监狱通过对罪犯执行刑罚防止其再犯罪,同时警戒、威慑、教育其他社会上可能犯罪的人,使他们不至于再走上犯罪的道路的效应总和。

本片中大量地反映了狱中劳动的场景。世界各国都普遍确立了狱中强制且有酬劳动的制度。我国刑法规定,被判处有期徒刑、无期徒刑的犯罪分子,凡有劳动能力的,都应当参加劳动,接受教育和改造。这样做的目的在于,通过组织罪犯劳动,能够有效地转化罪犯的思想,使之树立起正确的人生观、价值观和道德观;可以矫正罪犯的恶习,在劳动中形成良好的行为习惯;使罪犯

---

① 王泰:《监狱学概论》,北京:中国政法大学出版社1996年版,第16页。
② 夏宗素:《监狱学基础理论》,北京:法律出版社2001年版,第31页。

学到劳动之长,为出狱后回归社会谋生就业创造条件。

监狱不是常人能进出之处,外表又总是高墙、电网及森严的守卫,因此常给人以神秘之感。再加上影视作品的渲染,例如对牢头狱霸的描写,常使人们认为罪犯在监狱里将遭遇类似本片主人公安迪般的欺凌。而实际上,随着各国法制的进步,罪犯生活条件逐渐改善,监狱管理也日益规范,他们的人权也将受到应有的保障,我国亦不例外。以"人权卫士"自居的美国经常攻击中国的人权问题,其中重要方面之一就是服刑人员的人权。实际上我国作为社会主义国家,服刑人员的待遇超过了世界上很多国家。倒是美国经常爆出监狱丑闻,美国关塔那摩军事监狱虐俘事件就是例证。

六、假释

▼ 场景十:

海伍德:他?那么我呢?这个愚蠢的疯子差点割断我的喉咙。

瑞德:你就连刮胡子也比这刮得厉害。究竟怎么会这样?

海伍德:没什么,我只是进来和他道别。难到你没听说?他获得假释。

……

瑞德:他在此已有五十年了,海伍德,五十年!这是他唯一认识的地方。在这儿,他是个重要的人,一个有教养的人;在外面,他什么都不是,只是一个假释出来的囚犯,申请张借书证都有困难。你明白我说的话吗?

▼ 场景十一：

瑞德：三十年，当你这样说时……

安迪：想过是怎样过的吗？我在想十年是怎样过去的。这儿，这是庆祝你假释被拒绝的礼物。

▼ 场景十二：

瑞德：你的，小姐。我可以去洗手间吗？

售货员：你不用每次都问我，去吧。

瑞德：四十年来我小便都要经过批准，不批准的话一滴都尿不出来。现实是很难面对的，我不习惯外面的生活，我总在想怎样才能违反假释条例，那样他们会把我再送进去。生活在恐惧中是很可怕的，布鲁克斯是知道的，他知道得太清楚了。我只想回到能适合我的地方，令我不用再担心受怕的地方，只有一件事阻止了我这么做，我对安迪做出的承诺。

▼ 场景十三：

瑞德："要么忙着去活，要么忙着去死"，这话一点都没错。"瑞德也来过"。我一生中第二次…犯了罪，违反了假释条例。当然，我怀疑他们会因此设下路障，尤其是像我这样的老人家。

上述片段都提到了假释这个概念，这是刑法中一项很重要的制度，在司法实践中应用广泛。"在我国，假释是指被判处有期徒刑、无期徒刑的犯罪分子，在执行了一定刑期之后，确有悔改表现，不致再危害社会，而予以提前释放接受监督考察的一种刑罚适用制度。"[1]其目的在于鼓励在押犯在劳动改造中积极表现，争

---

[1] 曲新久：《刑法学原理》，北京：高等教育出版社2009.年版，第255页。

取尽早出狱。按照我国刑法,犯罪分子要获得假释必须满足三个条件:一是还可以被改造。假释只适用于被判处徒刑的犯罪分子,但累犯及暴力犯罪除外,因此本片中的情况如果发生在中国,瑞德、安迪和汤米皆不得假释。因为前两者是因杀人罪入狱的,而后者则属于累犯。二是已服刑期达到标准。我国刑法规定为原判刑期二分之一以上且实际执行十年以上。本片中,瑞德每隔十年才获一次假释核准的机会,入狱四十年后才被假释;而布鲁克斯则在监狱中呆了五十年最终才获假释。三是确已经改造好了。犯罪分子在被执行刑罚期间,认真接受教育改造,确有悔改表现,不致再危害社会。所以每次司法人员在核准假释时都不厌其烦地问瑞德"你改过自新了吗?"

但是假释毕竟不是真正的释放。被假释的罪犯的行动和自由还要限制和约束。我国刑法规定,罪犯在假释期间要遵守法律、行政法规,服从监督;按照监督机关规定报告自己的活动情况;遵守监督机关的会客规定;离开所居住的市、县或者迁居,应当报经监督机关批准。本片中瑞德未经批准私自出海寻找安迪,违反了假释的有关规定,所以他说"这是我有生以来第二次做违法的事"。假释犯在假释考验期内若违反了上述规定,将会被依法撤销假释,收监执行剩余刑期;若又犯新罪的,也会被撤销假释就其新罪做出判决,再就新罪所判处的刑罚与前罪没有行完的刑罚,按数罪并罚原则,决定应执行的刑罚。片中布鲁克斯和瑞德出狱后,在面对社会的生活迷茫时,都曾产生过犯罪的念头,因为犯罪可以使他们重回监狱。

七、反思

▼ 场景七、场景十二：（前文已有描述）

这两段影片都反映了罪犯在出狱后生活上的种种不适。犯罪是具有社会危害性的行为，因此只有将其与社会隔离才能保证社会的安全，同时也有利于其反省其罪；但长期与世隔绝，孤立于社会生活之外，也使其对外界知之甚少，从而对社会生活产生的种种不适。为消除服刑后罪犯与社会间的藩篱，社区矫正日益受到关注，对帮助他们回归社会具有重要作用。

本片中还多处暴露了法律非正义的侧面：无辜的安迪被判入狱，最后通过越狱而获得自由；瑞德心怀虔诚申请假释却屡遭拒绝，当在他断绝了希望而对假释官冷嘲热讽时却意外换来了假释；为改造罪犯而设的监狱成为了不法者敛财之处……这些都在提醒我们，在执行法律的过程中并不总是正义的。当法律的阴影遮蔽了正义的光辉时，身处其中的我们该如何做呢？

纵观本片，始终贯穿着司法正义的问题。刑罚的最重要功能就是惩罚犯罪，这是司法公平与正义的体现。但这也有例外。片中主人公就是蒙冤入狱的。面对公平、正义司法中的不公时，特别是通过正当合法程序而无法实现正义时，是像片中主人公那样越狱逃脱，还是坚守自己对法律的信仰而继续服从法律，这对我们每个人来说都是个难题。

面对这个问题，古希腊圣哲苏格拉底以自己的死做了另一种解答，这就是著名的"苏格拉底之死"。公元前399年，苏格拉底被雅典城邦判处死刑。其朋友和学生想营救他并逃离雅典但却遭到了其拒绝。他认为自己必须遵守城邦的法律，即使它是不公正的。基于对城邦法律的信仰和服从,他最后接受了死刑而死去,从而做出与本片主人公安迪不同的选择。

参看影片:

1.《因父之名》,丹尼尔·刘易斯、皮特·波斯尔思韦特、艾玛·汤普森主演,讲述了盖瑞被诬陷为恐怖分子而判无期徒刑,最后在女律师帮助下洗刷了他和其父的污名的故事,反映了很多刑法与刑事审判的问题。

2.《铁案疑云》,凯文·斯贝西、凯特·温丝莱特主演,讲述了戈尔因被控谋杀了而被判死刑,记者布鲁姆在采访他后找出真相的故事,同样也涉及到很多有关犯罪认定以及死刑的问题。

第六章 从《一级恐惧》看刑事诉讼法

> 在法官判决之前,一个人是不能被称为罪犯的。
> ——[意]贝卡利亚

片名:一级恐惧
导演:格雷戈里·霍伯利特
主演:理查·基尔、劳拉·琳妮、爱德华·诺顿
出品时间:1996 年

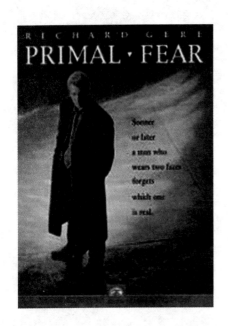

【影片简介】德高望重的老主教罗森被人谋杀,警察在现场抓到了满手鲜血的少年艾伦。著名律师威尔决定经办此案。他在拘留所看到了面色苍白、稚气未脱的艾伦,通过交谈他认为艾伦是无辜的,并决定免费为他辩护。在法庭上威尔的前女友、女检察官瑞纳提出了大量不利于艾伦的证据,但都被威尔一一驳回。为了唤起艾伦的记忆,威尔和心理医生对艾伦进行了询问。随着问题的深入和严厉,艾伦开始逐渐由温顺变得凶狠无理。

威尔终于找到了被罗森收养的另一个男孩,并发现主教收养艾伦是为了满足自己的窥淫癖。当他到拘留所就此质问艾伦时,艾伦突然像变了一个人。他自称"罗伊",承认是自己杀死了罗森,并且保护了"艾伦"。在发泄后,"罗伊"又变回了艾伦,并且对刚才的一切毫无记忆。心理医生在法庭上证明艾伦患有人格分裂症,在被虐待至极度痛苦时就会变成凶手罗伊,但是他们却无法证明这一点。瑞纳在对艾伦进行盘问时,步步紧逼,指出艾伦是因为在为罗森主教作色情表演时倍受虐待而杀死了主教。这时,艾伦跳出了被告席变成了罗伊。他卡住她的脖子,全法庭的人都被惊呆了。

法官决定取消陪审团,宣判艾伦入院观察 30 天,由医生进行治疗。审判结束后,威尔去探望已经恢复常态的艾伦。临别时,艾伦请他代向瑞纳道歉,问她的脖子有没有受伤,威尔随口答应之后才突然想到艾伦应该在发作后什么都无法记住。被识破的艾伦看着他狞笑起来。威尔终于明白,艾伦才是真正不存在的,他仓惶地离开了监狱……

本片与大多数以犯罪侦破为内容的刑事影片不同,其主要侧重诉讼程序。它以对艾伦的审判为主线,对美国刑事诉讼制度做了全面展示,为我们了解刑事诉讼法提供了很好的素材。与此同时,该片还揭示了美国刑事诉讼法中的某些特有问题,而这些对我国刑事诉讼法亦具有重要的启示。

一、刑事诉讼的目的与任务、法律援助及刑事律师的形象

▼ 场景一:

威尔:法学院第一天,教授就说过:"你老妈说她爱你,别轻易相信。"

记者:还有呢?

威尔:"想讨回公道就到妓院,想被人干掉就上法庭。"娜欧蜜……

记者:就算你的委托人有罪……

威尔:不,别那样打开话题,司法制度才不管,我也不在乎。不管怎样,每个被告都有权得到最好的辩护。

杰克:那么真相呢?

威尔:真相?哪种真相?娜欧蜜……

娜欧蜜:来了。

杰克:难道还有不同的真相吗?

威尔:难道只有一种?不行,你迟了……好了。哪种真相才对?我说的才对。

娜欧蜜:马提,请不要动。

威尔:我为陪审团员塑造的真相,你想说成"虚幻的真相"也行。

▼ 场景二:

威尔:你认识我吗?

艾伦:不认识。

威尔:我叫马丁·威尔,所谓的大律师。

艾伦:我没钱。

威尔:我猜也是。我愿意义务为你辩护,也就是说我为你免费服务。

你也能找年薪四万的公设律师,他会把你送进死牢,你的选择?

艾伦:不,先生,我会感激你的帮忙。

威尔:别客气。

▼ 场景三

威尔:你知道我最恨什么吗?告诉你,我最恨的是他们老骂辩护律师是婊子,是坏人。为什么?因为我们坐在坏人旁边,如果他们有罪,律师也有份。我们不过问也不在乎,委托人不是我们的知己好友。

▼ 场景四:

杰克:我不懂,威尔先生。

威尔:"你怎么能替罪人辩护?你怎么能那么做呢?你怎么能替那种坏蛋辩护?"不是吗?你们老爱拐弯抹角。重点是"我为什么这么做?"你觉得是为了钱。钱是挺多的,非常多,杰克。我都会先问委托人,有钱用来救命吗?猜怎么着?该救命了。你以为我是为了上杂志封面?或是上电视?这些都挺好玩的。不过猜怎么着?这都不是原因。你去过赌城吗?

杰克:去过。

威尔:我不爱去,知道原因吗?

杰克:时候不早,我们该走了。

威尔：可以赌人命何必去赌钱呢？开玩笑的，我就说吧。我相信被判有罪之前人皆无罪，因为我愿意相信人性本善；我也相信犯罪的不全是坏人，我想知道好人为何也会做坏事。我替萧纳西做事时，我做过一件坏事，非法的事。我当时是检察官，这件事破坏了我的信仰，所以我决定当辩护律师。既然大家都觉得我们是骗子，于是我对自己承诺：我把谎言留在公众生活之外。

如果说刑法是规定犯罪和刑罚的实体法，而刑事诉讼法则是具体确认犯罪嫌疑人是否犯罪及该不该处以刑罚的程序法。两者之间有着极为密切的关系，前者是后者的前提而后者则是实施前者的保证。从这个意义上来说，刑事诉讼的目的就是为了保障刑法的实施。这正如我国《刑事诉讼法》第1条所宣示的那样："为了保证刑法的正确实施，惩罚犯罪，保护人民，保障国家安全和社会公共安全，维护社会主义社会秩序，根据宪法，制定本法。"因此其第2条规定："中华人民共和国刑事诉讼法的任务，是保证准确、及时地查明犯罪事实，正确应用法律，惩罚犯罪分子，保障无罪的人不受刑事追究，教育公民自觉遵守法律，积极同犯罪行为作斗争，维护社会主义法制，尊重和保障人权，保护公民的人身权利、财产权利、民主权利和其他权利，保障社会主义建设事业的顺利进行。"就因而言，刑事诉讼法既要惩罚犯罪更要承担起保障人权的重要任务：不仅要通过惩罚犯罪保障被害人等合法公民的人权，也要保障犯罪嫌疑人、被告人的人权，比如说被告人的辩护权。就像场景一中威尔所说的那样："每个被告都有权得到最好的辩护。"被告人有权获得辩护，是指在人民法院审理案件的过程中，被告人对自己是否实施了犯罪行为和案件情节轻重、真伪以及对被告适用的法律是否恰当等，有权进行辩解，提出无罪、罪轻或者减轻、免除其刑事责任的证明材料和意见。其作为一项基本原则,已为我国刑事诉讼法所确认。我国《刑事诉讼法》第11条规定:"被告人有权获得辩护,人民法院有义务保证被告人获得辩护。"为保障犯罪嫌疑人、被告人辩护权的充分实现,我国《刑事诉讼法》从多个方面完善了辩护制度,这主要表现在将委托辩护扩展到侦查阶段、扩大法律援助的范围、会见权得到进一步保障、阅卷权规则的完善以及辩护律师发挥作用的范围被扩大等多方面。

在上述制度中法律援助制度非常重要。"我国的法律援助,是指由政府设立的法律援助机构组织法律援助人员或者社会团体、事业单位等社会组织利用自身资源,为经济困难或特殊案件的当事人免费或由当事人分担费用提供法律服务的法律保障制度"。[①] 我国《刑事诉讼法》第34条对此做出了规定:"犯罪嫌疑人、被告人因经济困难或者其他原因没有委托辩护人的,本人及其近亲属可以向法律援助机构提出申请。对符合法律援助条件的,法律援助机构应当指派律师为其提供辩护。犯罪嫌疑人、被告人是盲、聋、哑人,或者是尚未完全丧失辨认或者控制自己行为能力的精神病人,没有委托辩护人的,人民法院、人民检察院和公安机关应当通知法律援助机构指派律师为其提供辩护。犯罪嫌疑人、被告人可能被判处无期徒刑、死刑,没有委托辩护人的,人民法院、人民检察院和公安机关应当通知法律援助机构指派律师为其提供辩护。"本片中的案件若发生在我国也符合法律援助条件:一方面,艾伦系被罗曼主教收留的乞讨青年、经济困难,正如

[①] 沈红卫:《中国法律援助制度研究》,长沙:湖南人民出版社2006年版,第4页。

他自己所说的"我没钱";另一方面,他被控一级谋杀罪名而且可能被判死刑。本片中案件的发生地芝加哥市在美国的伊利诺伊州,该州并未废除死刑(这点我们可从片中的多处对话中得到印证)。不过在我国承担法律援助任务的律师不同于场景二中所说的公设律师。后者"指法庭专门为负担不起律师费的刑事被告而指派的律师",①在美国特指由政府聘用为被指控犯罪的人辩护的律师。1963年美国联邦最高法院规定贫困者在警察讯问、审理和上诉案件中,至少在重罪案件中获得律师帮助,之后公设律师就出现了。而在我国承担法律援助任务的不仅包括法律援助机构中的专职法律援助律师,也包括社会上的普通律师。就场景二而言,很难认为威尔为艾伦免费、义务的辩护就是法律援助。因为在我国法律援助是需要被告人申请的,而不能由律师特别是非法律援助律师主动提起。而本片中威尔为艾伦辩护的动机,到底是出于对艾伦的同情和维护正义,还是想通过这个有影响力的案件出名,我们就不得而知了。不过威尔说的"年薪四万的公设律师,他会把你送进死牢"肯定是一种偏见。

且不论律师在人们心目中的整体形象如何,单就刑事律师而言他们常常被人们所误解,就像在场景三中威尔所抱怨的那样,因为他们总是在为犯罪嫌疑人、刑事被告人辩护:"因为我们坐在坏人旁边,如果他们有罪,律师也有份。"但是事实并非如此,他们也并不是为了钱而这样做。根据我国《刑事诉讼法》第12条的规定:"未经人民法院依法判决,对任何人都不得确定有罪。"(当然这也是世界通行的规则)既然在判决前犯罪嫌疑人、

---

① 周雅荣:《美国法律辞典(汉英双解)》,上海:文汇出版社2014年版,第135页。

刑事被告人都未被确定有罪,那么刑事律师为其辩护又何罪之有呢?再者,我国《宪法》第125条规定"被告人有权获得辩护",因此刑事律师为犯罪嫌疑人、刑事被告人辩护,也是尊重和保障他们人权的重要法律工作,是无可厚非的。在场景四中威尔表达了其作为刑事律师的信念:"我相信被判有罪之前人皆无罪,因为我愿意相信人性本善;我也相信犯罪的不全是坏人,我想知道好人为何也会做坏事。"正是基于这样的信仰,在一件偶然的被他称之为"坏事"发生后,他辞去检察官工作转行成为了刑事辩护律师。顺便说下,法官、检察官、律师以及法学家被公认为法律职业共同体。这是指"建立在职业化和专门知识基础上,由具有共同的知识背景和法律理念的各类法律职业人员组成的职业群体。"[1]他们必须经过专门法律教育和职业训练,是具有统一的法律知识背景、模式化思维方式、共同法律语言的知识共同体;他们以从事法律事务为本,是有着共同的职业利益和范围,并努力维护职业共同利益的的利益共同体;其成员间通过长期对法治事业的参与和投入,达成了职业伦理共识,是精神上高度统一的信仰共同体。在这个共同体中,不同法律职业的转换和流动是国家法治昌明的表现,在这方面西方国家做得比较好而我国则还有待完善。

二、律师在侦查阶段会见犯罪嫌疑人

▼ 场景四:

记者:你将为他辩护吗?

---

[1] 北京大学法学百科全书编委会:《北京大学法学百科全书(法理学·立法学·法律社会学)》,北京:北京大学出版社2010年版,第323页。

威尔:抱歉,无可奉告,非常感谢。

记者:再透露点信息好吗?

威尔:州检察长走了?

狱警:走了。

威尔:他来过?

狱警:来过又走了。开闸!

威尔:替我向你兄弟致意。

狱警:没问题

威尔:我想单独见他。

狱警:我得把你关起来。

威尔:明白

▼ 场景五:

电视报道:警方在教堂后面逮捕躲在灌木丛里的史坦勒,他逃到铁路调度场,就在麦考米站北面,一列火车把他挡住,警方差点让他逃掉。接下来的进展,知名刑事辩护律师马丁·威尔据称曾前往警局会见嫌犯。警方在铁轨上和嫌犯展开追逐,随后在隧道中将他逮捕。

记者:你将为他辩护吗?

威尔:抱歉,我不能……非常感谢。

约翰:起诉程序已经展开,请发问。

犯罪嫌疑人在被羁押后不能会见其他人,但是律师除外。律师在侦查阶段会见犯罪嫌疑人非常重要,因为这时他们处于孤立无援的状态,急需律师通过向律师描述案件的实情而获得其法律帮助,更急需了解自己是否会被定罪及接受怎样的处罚,这些都只有通过与律师的会见才能实现。通常而言,在刑事案件中,律师有权直接会见犯罪嫌疑人而无须经侦查机关的批准或同意,会见的次数、时间也不受侦查机关的制约;律师与犯罪嫌疑人在羁押场所可以面对面地无障碍交谈,侦查机关不得阻碍或用录音、录像设备进行监控,侦查人员也不得在场(但可在看得见的范围监督律师会见);律师与犯罪嫌疑人的会谈内容不受限制,可以涉及到详细的案情。

律师在侦查阶段会见犯罪嫌疑人是国际通行的刑事司法准则,我国刑事诉讼法也不例外。我国《刑事诉讼法》第37条对此做出了具体规定:"辩护律师可以同在押的犯罪嫌疑人、被告人会见和通信。其他辩护人经人民法院、人民检察院许可,也可以同在押的犯罪嫌疑人、被告人会见和通信。辩护律师持律师执业证书、律师事务所证明和委托书或者法律援助公函要求会见在押的犯罪嫌疑人、被告人的,看守所应当及时安排会见,至迟不得超过四十八小时。危害国家安全犯罪、恐怖活动犯罪、特别重大贿赂犯罪案件,在侦查期间辩护律师会见在押的犯罪嫌疑人,应当经侦查机关许可。上述案件,侦查机关应当事先通知看守所。辩护律师会见在押的犯罪嫌疑人、被告人,可以了解案件有关情况,提供法律咨询等;自案件移送审查起诉之日起,可以向犯罪嫌疑人、被告人核实有关证据。辩护律师会见犯罪嫌疑人、被告人时不被监听。辩护律师同被监视居住的犯罪嫌疑人、被告人会见、通信,适用第一款、第二款、第四款的规定。"不过在我国司法实践中这方面还做得很不够,侦查人员侵犯律师会见权及犯罪嫌疑人被会见权的现象还时有发生,因此还需要我们在实践工作中进一步地完善。

三、"米兰达规则"

▼ 场景六：

威尔：你跟警方说过？

艾伦：是的，但是他们不信。

威尔：你尽管跟我说。

……

威尔：你不必说服我，只要回答我。

艾伦：不是我干的，你得相信。

威尔：我不必相信，我也不管。我是你的律师，就是你父母，也是你的好友和神父。除了我，不准跟别人谈，警方、记者、狱友，谁都不行，你明白吗？

艾伦：我明白。

▼ 场景七：

威尔：胡扯，萧纳西只是在利用你。你应该让他认罪，不判死刑。

瑞纳：才怪，我对这件案子很有把握。

威尔：有把握？没前科，没证人，他没认罪又没动机。

瑞纳：铁证如山。可惜你不会以精神失常辩护，我的心理医生会把他拆穿，你让他保持缄默很高明。

威尔：不错吧。

▼ 场景八：

法官：检察官……

瑞纳：控方起诉犯人一级谋杀罪名。

法官：你的委托人如何答辩？

威尔:庭上,在对他提出起诉前,我必须为他做心理评估。
瑞纳:控方有充足证据提出起诉。
法官:我同意,动议不准。史先生,你了解对你的控告吗?
艾伦:了解。
威尔:我指示他不予回答,他的回答可能对自己不利。
法官:被告不愿表明他是否了解控诉?
威尔:是的,在进行完整心理评估前,他将对所有的问题保持缄默。州政府控告艾波案有前例,请你参考。

在场景六当中,威尔对艾伦说"除了我,不准跟别人谈,警方、记者、狱友,谁都不行",这实际上是美国刑事诉讼中所特有的"米兰达规则"的体现。它起源于这样一个案例:亚利桑那州凤凰城有名女孩在下班回家途中被人强奸,警方根据她的描述逮捕了一名叫米兰达的男子。很快,受害人辨认出了该男子,他自己也供认不讳。然后,米兰达按照警方要求供认书并在上面签了名。这份供认书及米兰达的招供在审判中作为证据被采用,米兰达因此被判劫持罪和强奸罪。他不服判决一直上诉到联邦最高法院,联邦最高法院认为被告人应有拒绝强迫自侦其罪的权利,因此他被无罪释放。后来,联邦最高法院将被告人可拒绝强迫自侦其罪确认为一条规则,即"米兰达规则",并提出了很多旨在强化被告人这项权利的措施。

具体而言,这条规则的主要内容包括:除非被拘禁中的犯罪嫌疑人被告知享有沉默权与律师帮助权,警察不得侦讯,如有违反则犯罪嫌疑人的口供无效;犯罪嫌疑人在表示沉默时侦讯必须停止,否则所取得的口供不具有证据效力;当犯罪嫌疑人要求律师帮助时,在该律师到达之前或犯罪嫌疑人无能力选择指定律师到达前,讯问应当停止;如讯问时律师不在场而犯罪嫌疑人有所陈述,政府有责任证明被告人明知、明智且自愿地放弃了上述权利,并向其声明:"你有权保持沉默;如果你选择回答,那么你所说的一切都将被用作对你不利的证据;你有权要求律师在讯问时在场。"①

在刑事诉讼中,与"米兰达规则"相似的还有一项重要的权利,即沉默权。"沉默权,是指禁止强行要求对自己作不利的供述的权利。"②沉默权与"米兰达规则"对刑事诉讼而言都是把双刃剑。它既防止警察强迫讯问被告人非法取得口供,从而保障了被告人的权利;但同时又使警察很难取得有价值的口供,因而束缚了警察的手脚,也不利于打击犯罪。因此我国刑事诉讼立法对此持谨慎态度。我国《刑事诉讼法》第118条规定:"侦查人员在讯问犯罪嫌疑人的时候,应当首先讯问犯罪嫌疑人是否有犯罪行为,让他陈述有罪的情节或者无罪的辩解,然后向他提出问题。犯罪嫌疑人对侦查人员的提问,应当如实回答。但是对与本案无关的问题,有拒绝回答的权利。侦查人员在讯问犯罪嫌疑人的时候,应当告知犯罪嫌疑人如实供述自己罪行可以从宽处理的法律规定。"这也是中外刑事诉讼有所差异的重要方面。

为防止艾伦在法庭上说出不利于自己的言语,威尔甚至还要艾伦在庭审时也保持缄默,正如在场景七中瑞纳所说和在场景八中他自己所说的那样。被告人在美国不仅可以在侦查阶段行使缄默权,而且在审判阶段也可以行使缄默权。也就是说,他们与

---

① 廖中洪:《证据法精要与依据指引》,北京:北京大学出版社2011年版,第100页。

② 廖中洪:《证据法精要与依据指引》,北京:北京大学出版社2011年版,第99页。

整个诉讼程序是相脱离的,就像法庭内的"旁观者"一样。检察官对被告是否有罪承担举证责任。在审判开始时,检察官首先提出各种证据,向法官或陪审团证明被告的犯罪事实。在此举证过程中,检察官不得询问被告,因此事实上被告在此程序中已经始终保持缄默了。检察官证据提供完毕,则由辩护律师提出证据反驳检察官的指控。在这个程序中,被告人必须决定是否要为自己辩护或陈述意见。如果被告人不想为自己陈述意见,则可以坐在被告席上,"观赏"其辩护律师诘问其他证人。只要被告人没有坐在证人席上,任何人都不能对其提出任何诘问。因此被告人缄默权行使的效果,就像将自身置于整个审判程序以外。

四、疑罪从无

▼ 场景九:

威尔:这是我们的故事,开始干活吧。重要的是动机,而控方找不到嫌犯的杀人动机。我们只要证明可能有其他凶手,这就是合理的疑点。

▼ 场景十:

记者:你又找警方谈吗?

威尔:他们通常都大错特错。

记者:你怎么解释他满身都是血?

威尔:我不必解释,我刚受理此案,重要证据仍然有疑点。

在场景七和场景八中,威尔分别从动机和证据两个角度声明本片中案件有疑点,因此他对本片中的案件做的是无罪辩护,这也体现了刑事诉讼法的一条重要原则,即疑罪从无。"'疑罪从无'是指在案件足以证明被告人有罪的证据不足,对于被告人犯罪既不能证实也不能证伪时作有利于被告人的处理。"①该原则体现了刑事诉讼保障人权的目的,也有利于抑制国家权力并防止其滥用,它体现了国家在刑事诉讼中慎重定罪、避免错罚无辜的法治理念。现代法治国家大多实行无罪推定原则,控诉方对指控的犯罪事实必须承担证明责任,而且必须达到法定的证明标准;如果控方的证明达不到法定的证明标准的,被告人有权基于无罪推定的保护而得到无罪判决。

我国《刑事诉讼法》第195条第3款规定,对于案件"证据不足,不能认定被告人有罪的,应当作出证据不足、指控的犯罪不能成立的无罪判决。"所谓"证据不足"是指具有下列情形之一的情况:据以定罪的证据存在疑问,无法查证属实的;犯罪构成要件事实缺乏必要的证据予以证明;证据与证据之间存在矛盾,该矛盾不能被合理排除;根据现有的证据得出的结论不是唯一的,具有其他可能性。在本片中,威尔在案件开始时正是紧紧抓住无法排除作为凶手第三者在现场的可能性这个证据上的疑点而展开为艾伦的辩护。当然,在那卷录像带没被发现前,瑞纳作为控方也找不到艾伦杀人的动机,因此威尔最初是从证据和动机上为艾伦做无罪辩护的。

五、勘验与证据

▼ 场景十一:

威尔:我是马丁·威尔,史坦勒的律师,我得查看现场。

---

① 张保生:《证据法学》,北京:中国政法大学出版社2014年第2版,第336页。

警察:小杀手,对吧?

威尔:对,我也忘了他的名字。

▼ 场景十二:

值班警察:看是谁来了。

威尔:别起来,那是篇好文章。

值班警察:你知道规矩,别弄乱现场,否则我惨了。

威尔:我也是,我不会乱来。

▼ 场景十三:

威尔:我们承认这是谋杀,因此不需要展示照片。

瑞纳:这也是毁尸及虐尸。

威尔:检方想藉照片让人触目心惊。

瑞纳:照片显示这件命案惨绝人寰,并证明满身是血的被告在现场。

威尔:这是偏见,我不同意。

瑞纳:我管你。

法官:律师,别吵,照片可以用。魏先生,两位需要休息继续吵吗?

瑞纳:抱歉,但是他太过分了。我怕他连展示凶器都要抗议。

威尔:既然她都说了……

▼ 场景十四:

瑞纳:在看过所有的证据后,你将知道他有完美的暗杀条件。艾伦用利刃重覆刺向主教的胸口,他的下身及双眼。

▼ 场景十五:

威尔:必要时你肯作证吗?

乔伊:我？没有问题。换套名牌西装、戴上领带。

威尔:谢了,乔伊,不是你。

阿德:可以,我愿意作证。

▼ 场景十六:

女主持人:开场申辩后接着是控方证人库克郡证物组伍警探和万验尸官的有力证词。被告辩护律师马丁·威尔对两位证人提出尖锐的盘诘。

▼ 场景十七:

瑞纳:控方传讯汤米·古曼。

威尔:抗议！控方知道古曼先生是我的调查员,按规定他不能被迫作证。

瑞纳:请准许我到法官席。

法官:可以。

瑞纳:我的证物需要此人确认真假。

法官:如果魏先生不同意,古先生就不能作证,请你决定。

▼ 场景十八:

法官:魏先生,请你传讯第一名证人。

威尔:好的,辩方传讯约翰·萧纳西。

瑞纳:抗议,庭上,萧纳西先生不在证人名单上。

……

法官:萧纳西先生能确认吗？

威尔:美国宪法准许辩方传讯任何人证明被告清白,请看第六修正宪法以及布氏控告马州案例。

▼ 场景十九:

瑞纳:哪儿来的？案发现场偷来的？

威尔:我什么都不知道。

瑞纳:少骗人了,我想过。

威尔:想想看,我不会给你,这让你有动机。

瑞纳:你得给我,你不能拿上法庭。污蔑主教,令他被陪审团唾弃。让我用的话,我就变成坏人,可怜的受虐少年会受到同情。

▼ 场景二十:

瑞纳:威尔先生请你送东西给我?

汤米:是的。

瑞纳:什么东西?

汤米:一卷录影带。

瑞纳:这是你送去的带子吗?

汤米:我觉得应该是。

瑞纳:控方将这卷录影带列为证物。

法官:好的,请编号。

瑞纳:威尔先生从哪取得这卷带子?

汤米:从罗主教的衣柜里。

瑞纳:他偷来的?

汤米:是借来的,转拷后就会归还。

……

瑞纳:我不会问你这是不是行凶动机,我们看过录影带后自有决定,没有问题了。

法官:辩方希望盘诘吗?

威尔:不用,庭上。

法官:休庭,请安排放映。

在刑事诉讼中为查明案情应对现场进行勘验,我国《刑事诉讼法》第二编第四节也对勘验进行了详细规定。我国《刑事诉讼法》第126条规定勘验工作应由侦查人员或在侦查人员主持下指派或聘请具有专门知识的人进行。此外,该法第191条第2款也规定:"人民法院调查核实证据,可以进行勘验、检查、查封、扣押、鉴定和查询、冻结。"因此人民法院也可以对案件进行勘验。场景十一、十二反映了在美国律师可以对案件进行现场勘验,但在我国勘验则是国家机关的法定职权,律师是不能擅自对案件进行现场勘验的,他只能向人民检察院、人民法院申请收集、调取证据。

法律讲求"以事实为依据,以法律为准绳",这个事实依据在刑事诉讼法中主要指的就是证据,也就是可以用来证明案件事实的材料。我国《刑事诉讼法》第五章对刑事诉讼中的证据做出了专门规定。证据包括物证,书证,证人证言,被害人陈述,犯罪嫌疑人、被告人供述和辩解,鉴定意见,勘验、检查、辨认、侦查实验等笔录以及视听资料、电子数据等等。场景十四中所说的利刃和场景二十里提及的录像带都属于物证。物证是指以其外部特征、物质属性、存在状况等证明案件真实情况的一切物品和痕迹,它在刑事诉讼中具有重要的作用,是查明案件事实的重要手段。在场景十五至十八中,阿德、伍警探、万验尸官、汤米和约翰及他们所说的话都属于证人证言。证人证言是指当事人以外的了解有关案件情况的人,就其所了解的案件情况向公安司法机关所作的陈述。它与物证相比具有生动、形象、具体、丰富的优点,但是由于受到主观因素的影响较大,容易含有虚假成分。场景十三中所说的照片作为犯罪现场勘验的结果也是证据。

刑事诉讼中证据的取得必须合法。用非法手段或非经正当程序取得的证据,不能在法庭上作为证明被告有罪的证据或辩方辩护的证据应当予以排除。"非法证据排除规则,是指在刑事诉讼中,违法搜查、扣押的物证依法应予排除,不能作为证据采纳。"①我国《刑事诉讼法》第54条规定:"采用刑讯逼供等非法方法收集的犯罪嫌疑人、被告人供述和采用暴力、威胁等非法方法收集的证人证言、被害人陈述,应当予以排除。收集物证、书证不符合法定程序,可能严重影响司法公正的,应当予以补正或者作出合理解释;不能补正或者作出合理解释的,对该证据应当予以排除。在侦查、审查起诉、审判时发现有应当排除的证据的,应当依法予以排除,不得作为起诉意见、起诉决定和判决的依据。"在本片中,由于非法证据排除规则的存在,威尔偷偷到案发现场获取的录像带属于非法证据,在法庭上也不会被采用,但他很巧妙的运用了法律在程序上的漏洞,让其助手将它放到了瑞纳的门口。而这盘由"知情人士"提供的录像带,瑞纳就拿它作为呈堂证供,证明艾伦杀人的动机。

六、审判独立

▼ 场景二十一:

记者:你要发表声明吗?

威尔:不,我们要找出真相。

记者:面对巨大压力你如何辩护?

威尔:唯一的压力是寻求真相。他的手沾满主教的血。

---

① 樊崇义:《刑事诉讼法学》,北京:中国政法大学出版社2013年第3版,第369页。

▼ 场景二十二:

男主持人:芝加哥近年来最受瞩目的凶案,前州立检察官马丁·威尔将为艾伦史坦勒做开场申辩。控诉方交由珍娜代理,她是……

女主持人:理察·罗西曼是上帝之子,他为芝加哥人民付出一切,他是精神领袖也是优良市民。明天进行开场申辩。

……

威尔:艾伦在主教遇害后马上被捕,我们都在电视看到,为什么?因为他正好在场。警方受到压力要马上破案。

审判活动作为国家司法活动应独立进行,检察活动亦然。我国《刑事诉讼法》第5条规定:"人民法院依照法律规定独立行使审判权,人民检察院依照法律规定独立行使检察权,不受行政机关、社会团体和个人的干涉。"但实际上它却常常遇到许多制肘,例如媒体。刑事审判代表国家对犯罪进行主动而强制的干预,其运作过程和结果不仅涉及当事人的自由、财产甚至生命,也关涉到整个社会的秩序和道德规范的价值取向。对刑事审判进行新闻舆论监督的合理性和必要性是毋容置疑的,正当的舆论监督是必要且重要的,但是新闻媒体的监督应是有条件、有限度的监督,这个限度就是不能危及刑事审判的公正、不能干涉到刑事审判的独立。① 在本片中,罗西曼主教被媒体宣称为"上帝之子""是精神领袖也是优良市民。"他的被杀成为了"芝加哥近年来最受瞩目的凶案",因此也使警方、辩护律师威尔也包括法官都面对巨

---

① 朱宇航、杨端:《论媒体对刑事审判的舆论监督》,《理论学刊》2004年第7期。

大的压力。但这似乎并未影响到案件的公正审判,在审判过程中也没有出现明显的不公现象,因此艾伦最后也并未被判处死刑。

七、起诉与不起诉及其决定权

▼ 场景二十三:

威尔:你当州检察长的十五年间,库克郡所有起诉案都由你监督,尤其是涉及高官达贵的案件。

约翰:我手下有一千名最好的检察官。

威尔:但是身为州检察长,起诉的对象最终是由你决定。

约翰:没错。

……

威尔:有位叫欧迈可的年轻人曾向州检室刑案审查组报案。

约翰:我不知道有这件事,我被搞糊涂了。

威尔:根据我手上的芝加哥警局文件,欧迈可曾和审查组主任讨论长达两星期,并向他详细描述罗主教对他的性虐待。

法官:安静!

威尔:州检察长先生,当时你就决定不起诉你的好友罗主教。

"刑事诉讼中的起诉是指法定的机关或者个人,依照法律规定向有管辖权的法院提出控告,要求该法院对被指控的被告人进行审判并予以刑事制裁的一种诉讼活动或程序。以起诉的主体为标准,它分为公诉和自诉两种。"[1]其中前者在刑事诉讼中占据主要地位。检察部门要对案件进行审查起诉。经过审查,检察机

---

[1] 陈光中:《刑事诉讼法》,北京:北京大学出版社 2009 年第 3 版,第 302 页。

关认为犯罪事实已查清,证据确实、充分,依法应追究刑事责任的,应作出起诉决定;如果认为犯罪嫌疑人没有犯罪事实,或有刑事诉讼法规定的情形,应作出不起诉决定。另外对犯罪情节轻微,依照刑法规定不需要判处刑罚或免除刑罚的,也可以作出不起诉决定。"不起诉,是指人民检察院对公安机关等侦查终结移送起诉的案件和自行侦查终结的案件进行审查后,依法作出不将犯罪嫌疑人交付人民法院审判的一种诉讼活动。"① 由此可见,无论是起诉还是不起诉都是由检察部门决定的。在实行检察长负责制的检察机关中,起诉与否实际上最终都是由检察长决定的。就像上述片段中威尔对约翰所说"但是身为州检察长,起诉的对象最终是由你决定。"但是约翰却滥用其职权,对欧迈可向州检室刑案审查组报的案决定不予起诉。

八、陪审团

▼ 场景二十四:

威尔:你不能插嘴,你最好要习惯让我说话,你什么都别说。你只要装作无辜。

艾伦:我是无辜的。

威尔:没错,这样就对了。

▼ 场景二十五:

威尔:败诉你会倒霉,不是萧纳西。跟我合作。

瑞纳:我们要上法庭。

---

① 卞建林:《刑事诉讼法学》,北京:中国政法大学出版社 2014 年第 3 版,第 183 页。

威尔:好吧,总有陪审团员会同情他,特别是有孩子的陪审员,只要看到这孩子的脸。

瑞纳:我得承认他装得很像。

▼ 场景二十六:

威尔:艾伦是无辜的,洛伊才是凶手。

汤米:我看这小子不需要律师,需要法师。

威尔:胡说!你没亲眼看见他。他病得很重,他一生受虐,被父亲和神父虐待。他不该被处死,我们得说服陪审团。

▼ 场景二十七:

娜欧蜜:好吧,该怎么着手?

威尔:揭发他被虐待的事实。那卷带子,怎么样?

娜欧蜜:不行,那是行凶动机。

威尔:看起来是如此,但是其实会把矛头转向受害人。证明罗主教对这孩子施虐。

▼ 场景二十八:

瑞纳:控方无法再审理此案,至少我没有办法。我保证其他的检察官也没办法。

法官:这是你的决定。

瑞纳:我要解散陪审团,由法官判决。被告以精神失常为由申辩无罪,可以吗?

威尔:可以。

场景二十四至二十六反映的是,威尔最初在为艾伦辩护时采用了装无辜以博取陪审团同情的策略(当然后来他发现了那卷录像带转而采取了揭露罗西曼主教丑闻这个更有利的策略,正如场景二十七所描述的那样)。这是因为在美国无论是民事诉讼还是刑事诉讼,最终对案件做出判决的是陪审团,而法官在整个诉讼活动中只是起引导整个诉讼程序的作用(当然在特殊的情况下,例如在场景二十七中控方最后无法再审理时,才解散陪审团改由法官判决)。这一点和我国是根本不同的。众所周知,在我国某些案件的审判中虽然也有人民陪审员,但最终对案件做出裁判还是法官。陪审团由符合法定条件的普通公民组成,他们并不具备专业的法律知识,诉讼过程中始终处于冷眼旁观的地位。美国奉行当事人主义的诉讼模式,在诉讼中当事人双方居于主导地位,可以独立地决定传唤证人,询问和反诘证人,法官只是消极地按规定主持庭审活动的进行,而陪审团的作用比法官更为消极,在整个庭审活动中,除了最后进行裁决外,陪审团的全部职责就是静坐一旁听审。在庭审结束后,由陪审团秘密、独立评议案件(连法官都无权参与)并最终独立作出裁决。正因为在美国最终对案件做出裁决是陪审团,因此威尔起初才采用了让艾伦装无辜以博得其同情的诉讼策略。

值得一提的是,陪审团也是西方法律电影中的重要主题,仅以其为题的就有《乌龙陪审团》《失控的陪审团》《陪审团的女人》等。还有一部名为《十二怒汉》也属于此列,因为在美国典型的陪审团是由12人组成的。

九、法庭秩序

▼ 场景二十九:

法官:你该找新工作了。如果你想用法庭来公报私仇,你就大错特错了。萧纳西的证词将列为无效,我告你藐视公堂,罚款一万。

　　威尔：你是说我得不到公正的审判。

　　法官：小心点，你的立场很偏差。

　　威尔：支票抬头写你名字？

　　法官：我会禁止你接办此案，我不能让你藐视我的法庭。你最好为委托人着想，不要只顾着自己。

　　法庭审判是严肃而神圣的国家活动，因此在诉讼活动中任何人都要遵守法庭秩序，这对当事人及其辩护人而言尤其重要。我国《刑事诉讼法》第 194 条规定："在法庭审判过程中，如果诉讼参与人或者旁听人员违反法庭秩序，审判长应当警告制止。对不听制止的，可以强行带出法庭；情节严重的，处以一千元以下的罚款或者十五日以下的拘留。罚款、拘留必须经院长批准。被处罚人对罚款、拘留的决定不服的，可以向上一级人民法院申请复议。复议期间不停止执行。对聚众哄闹、冲击法庭或者侮辱、诽谤、威胁、殴打司法工作人员或者诉讼参与人，严重扰乱法庭秩序，构成犯罪的，依法追究刑事责任。"在本片中，辩护律师威尔作为诉讼参与人用"用法庭来公报私仇"的计谋被法官识破，因此法官不仅将约翰证词列为无效，而且还告威尔藐视法庭并予以罚款处罚。辩护人在诉讼活动中尤其要注意自己的言行，因为其言行甚至将影响审判结果和其当事人的利益。

十、拒绝代理

▼ 场景三十：

　　威尔：你信任我吗？

艾伦：当然，当然信任。

威尔：很好，因为我不信任你。让我说明白点，我快败诉了，为什么？因为我的委托人欺骗了我。

艾伦：我没……没有。

威尔：放屁！别再跟我玩游戏，每个人都认为你是凶手。只有我相信你，现在我不确定，所以马上给我说实话。

在刑事诉讼中，辩护人应维护被告人（即委托人）的利益，竭力地为被告人进行辩护。我国《刑事诉讼法》第35条规定："辩护人的责任是根据事实和法律，提出犯罪嫌疑人、被告人无罪、罪轻或者减轻、免除其刑事责任的材料和意见，维护犯罪嫌疑人、被告人的诉讼权利和其他合法权益。"但如果辩护人发现委托人隐瞒实情、弄虚作假，可拒绝继续代理。我国《律师法》第32条第2款规定："律师接受委托后，无正当理由的，不得拒绝辩护或者代理。但是，委托事项违法、委托人利用律师提供的服务从事违法活动或者委托人故意隐瞒与案件有关的重要事实的，律师有权拒绝辩护或者代理。"在场景三十中，艾伦向威尔隐瞒了案件的真实情况，威尔是有权拒绝继续为其提供辩护的。但如果律师在刑事诉讼活动中弄虚作假，实施与委托人串通作伪证等不法行为，扰乱刑事诉讼的正常进行的也将受到法律追究，其中情节严重的甚至被判处以刑罚。我国《刑事诉讼法》第42条规定："辩护人或者其他任何人，不得帮助犯罪嫌疑人、被告人隐匿、毁灭、伪造证据或者串供，不得威胁、引诱证人作伪证以及进行其他干扰司法机关诉讼活动的行为。违反前款规定的，应当依法追究法律责任。"

十一、对不负刑事责任的精神病人的强制措施

▼ 场景三十一：

威尔：是他杀的，他是凶手。

女心理医生：我怎么没看出来？需要缝吗？

威尔：不用。

女心理医生：不是他，他不知道发生什么事。他的病症很明显，儿时受虐、经常昏倒、失忆症。他有双重性格，你今晚来过以后我就一直想说。

威尔：你可能很兴奋，我却完了，没办法辩护。

……

女心理医生：好吧，我的专业意见是他不是罪犯，他是病人，不该让他待在牢房里。

▼ 场景三十二：

法官：把被告送至医院评估三十天，让院方决定他该住多久？你们有意见吗？

瑞纳：他一个月后会出院，向州议会申诉。

精神病人因意识及意志方面的缺陷，不能正确辨别或控制自己行为的后果，法律出于人道主义的考虑，对他们通常不予以刑事处罚。因此止如女心理医生所说的那样"他不是罪犯，他是病人，不该让他待在牢房里。"法律虽然对精神病人不处罚，但并不代表不能采取其他措施，例如强制医疗措施，否则将引起严重的社会后果。在这方面各国法律都有相似的规定。我国《刑事诉讼法》第五编第四章就以专章的形式规定了依法不负刑事责任

的精神病人的强制医疗程序。比如其中第 284 条就规定:"实施暴力行为,危害公共安全或者严重危害公民人身安全,经法定程序鉴定依法不负刑事责任的精神病人,有继续危害社会可能的,可以予以强制医疗。"像本案中的艾伦就被认定为属于这种情况。对精神病人的强制医疗决定应由法院做出。比如其中第 285 条规定:"根据本章规定对精神病人强制医疗的,由人民法院决定。"在本片中,对艾伦的强制医疗决定就是法院做出的。

十二、辩诉交易与刑事和解

▼ 场景三十三:

检察官:控方绝对不能忍受,给作恶多端的混蛋这么多钱。你的委托人潘·乔伊是亡命之徒,贩毒、敲诈、洗钱……

威尔:你没说他只是"涉嫌"。他有说吗?潘先生没犯过罪,他被警察打到差点没命,能活下来已经是奇迹了。虽然如此,我不反对庭外和解。

约翰:一百五十万,他得离开本州。

威尔:你无法限制公民的行动自由,就算这只是个君子协定。

约翰:不管这是否君子协定,潘先生会了解。

威尔:看来你找到答案了。我没时间再闲聊,幸会。

约翰:你比那些坏人还可恶。够了,别闹了。

威尔:我得先问他。

约翰:你能从中分四成,我相信你能说服他。

威尔:谢谢你,约翰。

该片段反映了美国所特有的一种司法制度,即辩诉交易。

"在美国,辩诉交易是指检察官与辩方就如何处理案件达成协议,且须获得法官同意的程序机制。"[1]辩诉交易的目的是为了提高办案的效率,减轻司法压力,节约办案成本。就像上述场景所描述的那样,威尔作为黑社会分子潘·乔伊的代理律师与检察官讨价还价。辩诉交易不同于我国刑事诉讼法中所规定的刑事和解。"刑事和解是一种以协商合作形式恢复原有秩序的案件解决方式,它是指在刑事诉讼中,被害人以认罪、赔偿、道歉等形式与被害人达成和解后,国家专门机关对被害人不追究刑事责任、免除刑罚或者从轻处罚的一种制度。"[2]我国《刑事诉讼法》第277条规定:"下列公诉案件,犯罪嫌疑人、被告人真诚悔罪,通过向被害人赔偿损失、赔礼道歉等方式获得被害人谅解,被害人自愿和解的,双方当事人可以和解:(一)因民间纠纷引起,涉嫌刑法分则第四章、第五章规定的犯罪案件,可能判处三年有期徒刑以下刑罚的;(二)除渎职犯罪以外的可能判处七年有期徒刑以下刑罚的过失犯罪案件。"由此可见,我国刑事和解所适用的范围是极为有限的,大多为轻刑犯;而在美国辩诉交易的适用范围则更广些。再者,辩诉交易是基于满足国家及被告人利益的和节约司法成本为目的的刑事司法制度,其中仅有国家和被告人的参与并排斥了被害人对诉讼结果的影响力;而刑事和解是以个人即被害人为本位的,其要点在于被害恢复。

---

[1] 张智辉:《辨诉交易制度比较研究》,北京:中国方正出版社2009年版,第284页。
[2] 陈光中:《刑事和解初探》,《中国法学》2006年第5期,第3页。

十三、法律措辞

▼ 场景三十四:

汤米:砍死主教的小子是新委托人?

威尔:汤米,你得试着加"涉嫌"两个字,如果你还想当律师。

……

威尔:他去还书给主教,睡房有声音,他进去看到影子。有人在尸体上方,他失去知觉。醒来时警笛在响,他满身是血。警察在他口袋发现主教的戒指。

汤米:他偷走主教的戒指?

威尔:我只说戒指在他口袋。

法律上的措辞是极为严谨的。例如在上述场景中,威尔就提醒汤米不要忘记使用"涉嫌"两个字。我国《刑事诉讼法》第12条规定:"未经人民法院依法判决,对任何人都不得确定有罪。"世界上大多数国家都有类似的规定。因此在谈论被告人行为时必须使用"涉嫌"两个字,否则实际上就是承认了其有罪。另外,当汤米说艾伦"偷走主教的戒指"时,威尔却说他"只说戒指在他口袋。"前者说的是行为,而后者则描述的是状态,两者在法律上的定性也是截然不同的。由此可见,法律上的措辞是极为严谨的,这对辩护律师尤为重要,在这方面稍不留神就会被别人钻了空子。

十四、其他看点

本片在刑事诉讼方面还有一些其他看点。比如刑事审判中的辩论制。在本片中,威尔作为艾伦的辩护律师其前女友检控官瑞纳在法庭上针锋相对,这恰是英美法系国家在诉讼中采用辩论式诉讼规则的体现。又如交叉询问制度。在本片中,控辩双方对女心理医师、办案警察等证人的询问都体现了这点。除此之外还有些细节应当引起大家的注意,比如对于审判前律师提起的辩护意见在庭审过程中无法改变等,都反映了刑事诉讼的特点。

十五、结语

刑事诉讼法是国家法制体系中的重要组成部分。它涉及国家法制的威严及当事人的基本权利,具有极为重要的作用。了解刑事诉讼法的有关知识对于公民保障其自身合法权益,与违法犯罪行为作斗争都具有重要作用。

参看影片:

1.《破绽》,安东尼·霍普金斯、瑞恩·高斯林主演,讲述了特德被控杀妻而自己应诉,他充分利用法律漏洞几乎逃脱制裁,年轻律师威利抓住其破绽最终将其绳之以法的故事,其中涉及刑事证据、无罪推定等问题。

2.《好人寥寥》,汤姆·克鲁斯、戴米·摩尔、杰克·尼科尔森主演,讲述了军中律师丹尼尔为被控谋杀的士兵辩护,发现主使者竟是上校杰塞普并最终使其认罪的故事,体现了律师与检察官在刑事诉讼中的不同角色。

第七章 从《雨人》看民法

> 在民法慈母般的眼里,每一个人都被看作是国家本身。
> ——[法]孟德斯鸠

片名:《雨人》
导演:巴里·莱文森
主演:达斯汀·霍夫曼、汤姆·克鲁斯
出品时间:1988 年

【影片简介】查理·巴比特在洛杉矶经营着一家小型汽车行,凭着精明的头脑和灵活的手腕,也算事业小成。查利在做成一笔生意后高兴之余,决定带着其女友苏珊去棕榈泉渡周末。在路上,他接到助手伦尼的电话,通知他说他的父亲刚刚去世了。查理表现得很漠然,不过他还是决定去辛辛那提参加父亲的葬礼。

原来查理的母亲在他两岁时去世,而父亲对他管教甚严。查利十六岁时,有次不顾父亲的禁令,擅自将父亲最喜爱的1949年产别克白色敞蓬轿车开出去带同学兜风,不料父亲竟然报警说车子被盗,以至查理及其同学被警察拘留。他的同学很快被各自父母保释,而查理的父亲为了给他一个教训,故意让查理在警察局关了两天。从此父子俩反目成仇,查理愤而离家出走,之后拒绝以任何形式与他父亲联系。最后他父亲在遗嘱中给他只留下了那辆白色别克轿车及他获奖的嫁接玫瑰花丛,而将其房产及其他共值三百万美元的遗产列为信托资金,由被委托人为这笔遗产的受益人托管。

查理大失所望,极其愤怒。他原以为自己是父亲唯一的财产继承人,谁想竟横生枝节。不过,性格强硬头脑精明的查理绝不打算就此罢手,他决定把父亲留下的巨额遗产的去向查清,准备打一场捍卫自己天赋权利的遗产争夺战。查理和苏珊娜顺藤摸瓜,找到一家名为沃尔布鲁克的疗养院,并弄清了原来三百万美元遗产的托管人是院长布鲁诺。他是查理父亲多年的老朋友并受命管理其遗产,而遗产受益人则是长期住在该疗养院的雷蒙·巴比特——查理的亲哥哥。雷蒙患有自闭症,他不能以正常的方式与人交往,不能适应通常意义上的社会生活。

面对这个"对金钱没概念"却继承了三百万美元遗产的哥哥,查理出其愤怒。他觉得父亲在故意愚弄他、惩罚他,于是将对父亲的怨恨迁怒于眼前这个突然冒出来的哥哥,对这个智力有问题的傻哥哥,查理又嫉妒又轻蔑。不过他看起来倒是挺容易摆布的,查理决定利用他夺回本该属于自己的一半遗产。查理未经布鲁诺的同意,私自将雷蒙带离疗养院。他认为只要争取到对雷蒙的监护权,也就争回了父亲本应留给他的遗产,况且他还要赶回洛杉矶打理生意上的事。苏珊娜对查理利用雷蒙的做法很不满,愤然离开了他。

于是查理只得独自带着雷蒙踏上旅程。然而跟这个心理有问题的哥哥相处绝非易事,雷蒙的生活恪守固定的仪式,他要在固定时间做固定的事——因为雷蒙是自闭症患者,他总是在某些事情上表现得重复、刻板。另外,他还拒绝乘飞机,拒绝在高速公路行驶,这些都源于他的恐惧心理。旅途中,查利被雷蒙这许多古怪的生活习惯和因不谙世事而出的洋相弄得筋疲力尽。不过,查利也很快发现这个低能的哥哥的高度才能:雷蒙记忆力惊人而且具有惊人的计算能力。查理灵机一动,带着他来到赌城拉斯维加斯一家赌场,雷蒙凭着惊人的记忆力靠赌牌赢了八万六千美元。

而对于雷蒙来说,这也是一次不寻常的旅行,离开了疗养院一成不变的生活,改变了他习惯的固定不变的生活仪式,这一切让他感到不安,但也是一次全新的体验。也就是这充满连串的磨擦争执和别扭的旅程,使兄弟俩逐渐萌生出手足情,一向对亲情观念冷淡的查理被深深触动了。查理虽然最终也没赢得雷蒙的监护权,但这回查理在乎的不是那笔遗产了,他担心的是不能再次见到雷蒙……

本片讲述的虽是手足情深的故事,但其中却贯穿着大量的民法(当然有些地方也涉及商法)元素。民法是生活中最常见的法律部门,人们几乎随处都可以看到其影子。也许正是它总在生活中的细微处,因此人们在平时对其关注地很少。那就让我们通过本片,帮助大家发掘身边的民法吧。

一、无处不在的民法

▼ 场景一:

查理:我叫你今早准备好的。

伦尼:我还抱着四辆兰博基尼跑车,这些车不符合烟雾排放标准。

查理:你被环保署退了几次件?

伦尼:是,他们总算要通过环保署检查了,再过一、两天。

查理:三次?四辆车,每辆退件三次,总共十二次?你是汽车修理工还是航空太空总署的工程师啊?我告诉过你我从来没碰过兰博基尼,但你跟我保证你可以准时交件,别跟我说这套,因为我根本没在听。

伦尼:先生,我认为这完全没必要。

查理:我会跟我的短期放款人说的,我相信他一定会表达同情。我欠他二十万,那是二十万大元啊。我所有钱都砸进这些车里了。如果我不把钱弄出来,我就完了,我就死了,你了解吗?

伦尼:你得了解我们这里的情况。

查理:我管不了妈的这么多,放高利贷的人正在咬我的脚跟呢。他们十一天前就可以把我的车拿走,把我的生意收了。看在老天的份上,我是有附带担保的。

伦尼:我了解这一点,我知道车子送到的时间也很迟了。

查理:他妈的环保署,全世界都要被烟雾呛死了,他们却设法不让我那四辆车上路。

伦尼:呃,当然!

苏珊:巴比特精品收藏店。

查理:你试过现金吗?环保署那些家伙周薪多少?

苏珊:查理,是怀尔特先生。

查理:怀尔特?

苏珊:是,有关短期贷款的事。如果他今天五点半拿不到钱,他就会把车拿走了。

查理:我回头给你打电话。

伦尼:你应该跟巴比特先生说。

查理:告诉他说,你看到我星期二签了一张支票,然后你拿给了收发小姐。拜托,我需要你帮我这次忙!

查理:拜托啦!

伦尼:你得跟巴比特先生亲自谈话,不然我不这么做。请他留个电话好吗?他刚刚上路。

苏珊:他要你马上打电话。

查理:告诉他我凌晨一点半到,可否请他留个电话?

伦尼:查理……

查理:怎样,伦尼?我站在这里,讲话啊。

伦尼:贝特曼先生不想要他那辆车了,韦伯先生也跟他同进退。他们要回他们的订金,他们在山谷汽车找到车了,要去那里买车。

查理:跟他说我在另一条线上。这些车通过烟雾检查了,环保署的文件随时就会到。你在注意听吗?

伦尼：我在听。

查理：再告诉他们，我愿意降价五千元。因为他们一直很耐心等待。了解吗？

伦尼：我知道了。贝特曼先生，巴比特先生在另外一线上。事情有进展，这些车还在进行烟雾……我是说，这些车已经通过烟雾排放检查了，我们正在等环保署的文件，但很快就会拿到。因为您无比的耐心，我们愿意每一辆车降价五千元。呃，是的，您真是耐心到家了。我们真心感激你的耐心。呃，谢谢你，谢谢你。

查理：准备去棕榈泉了吗？

苏珊：问题这么多，你还要去吗？

查理：我们马上就可以成交，净赚七万五千元了。几通电话就办到了，不坏吧？

伦尼：一点都不坏。

查理：你知道到哪里找我们，对吧？

伦尼：对。一切都在掌控之中。

本片以有关查理工作情景的描述拉开序幕，然而就在这小段场景中就包含了很多民法（也有些商法）的元素，例如贷款和买卖等两种债权合同（其中包含留置和订金等行为）。它向我们表明民法与人们日常生活中最密切相关的法律部门。那何为民法呢？根据我国《民法通则》第 2 条的界定，民法是调整平等主体的公民间、法人间及其他非法人组织之间的财产关系（主要是物权和债权）和人身关系（即人身权）的法律规范的总称。民法历史悠久，它最早起源于古罗马的市民法，1804 年《法国民法典》和 1900 年《德国民法典》的先后颁布确立近代民法的基本框架。我国至今也没有民法典，只制定了《民法通则》《物权法》《合同法》

等民事法律，其中起准则作用的是前者，而后两者则分别是物权和债权领域的基本规定。①

首先，本片段中提到贝特曼和韦伯向查理购买汽车，这就是最常见、最普遍的民事行为即买卖，它属于合同行为即买卖合同。我国合同法第 130 条规定，买卖合同是出卖人转移标的物的所有权于买受人，买受人支付价款的合同，即俗话说的"一手交钱、一手交货"。贝特曼和韦伯买车时还向查理交付了订金。订金是为保障合同订立所付的金钱，只具有预付款的作用而不具有担保甚至惩罚的作用，具有担保甚至惩罚作用的是定金。在本片段中，查理出售的车没有及时通过烟雾检查而无法交货，因此贝特曼和韦伯理有权要查理返还订金；但如果买卖合同中写的是定金，那么按照我国合同法第 115 条的规定，查理则要双倍返还定金，这就体现了其惩罚性。

其次，本片段中也提到查理向怀尔特贷了款，这是另一种民事行为即借贷，它也属于合同行为即借款合同。我国合同法第 196 条规定，借款合同是借款人向贷款人借款，到期返还借款并支付利息的合同，所谓"好借好还、再借不难"。借款人应按约定的期限支付利息。正常的借贷利息受法律保护，但超出国家规定利息范围的，即本片中查理所借的高利贷则不受法律保护。在借款时，贷款人可以要求借款人提供担保。担保的方式有保证、抵押、质押、留置和定金等，在本片中运用的是抵押。按我国担保法第 33 条的界定，抵押是指债务人或第三人不转移财产的占有，将

---

① 就在本书修订到此处时，2017 年 3 月 15 日，第十二届全国人民代表大会第五次会议表决通过了《中华人民共和国民法总则（草案）》，这是我国民法发展史上又一个重要里程碑。

该财产作为债权的担保。债务人不履行债务时,债权人有权以该财产折价或者以拍卖、变卖该财产的价款优先受偿。在本片中,查理贷款时用在自己的车做担保,应视为抵押。当他到期不还款时,怀尔特等贷款人有权拿走他的车。

再次,本片段中又提到查理说他还签了一张支票。支票等票据行为本应属于商法的范畴,但民商法有时区分的并不明显,因此也可以将其作为特殊的民事行为。法律上的票据是指"出票人依票据法发行的、无条件支付一定金额或委托他人无条件支付一定金额给收款人或持票人的有价证券。"①我国票据法规定票据包括汇票、本票和支票等三类。其中本片中所提到的支票,是出票人签发的,委托办理支票存款业务的银行或者其他金融机构在见票时无条件支付确定的金额给收款人或者持票人的票据。本片段中,查理签发了一张支票,怀尔特在收到这张支票后可以拿到银行或者其他金融机构去取款或转账,这样查理也就完成了他的还款义务。

最后,本片段中还提到查理出售的车要经过环保署的检验,这属于环境保护法的范畴,我们将在后面有关的章节中讲到。

二、遗嘱和遗产,动产和不动产以及信托

▼ 场景二:

律师:(转述雷蒙和查理的父亲的遗嘱)"我也记得你离家的那一天,充满了痛苦和浮夸的想法,完全自我。因为你母亲早逝,

---

① 范健:《商法》,北京:高等教育出版社 2011 第 4 版,第 395 页。

你内心的刚硬是也可以理解的。你甚至拒绝假装你爱我或尊敬我,这一切我都原谅你了。但是你不写信、不打电话,不用任何方式跟我重修关系,让我失去了一个儿子,我对你的祝福依然不变。我祝你心想事成!我在此遗留给我的儿子查理·巴比特那一辆别克敞篷车。不幸的,就是这辆车为我们俩的关系带来终结。同时,我也将我得奖的混种玫瑰园完全所有权遗留给他,希望这些花苗提醒他美德的价值,以及至善至美的可能性。至于我的家园和所有其他财产,不论是不动产以及动产,都将根据在此同时执行的某份正式法律文件的条款,被列为信托财产。"

查理:最后一部分是什么意思?

律师:意思是三百多万美元的财产,扣除费用和税以后将存入信托基金之中,属于这份法律文件中将指名的受益人。

查理:那是谁?

律师:我恐怕不能跟你说。

查理:谁控制这笔钱?你吗?

律师:是所谓的信托人。

律师:那是什么?是怎么运作的?

律师:原谅我,但我不能再多说了。现在我很抱歉。孩子,我看得出你很失望。

查理:我为什么该失望呢?我得到了玫瑰园,不是吗?我得到了二手车,不是吗?他叫什么名字?你怎么称呼他?

律师:受益人。

查理:对,他拿到了三百万美元,但他没得到玫瑰园。我铁定得到了玫瑰苗

律师:查理……

查理:我铁定得到了玫瑰园。

律师：不要这样……

查理：怎么样？生气？生气？先生，如果有地狱，我父亲正在其中，而且他现在正在往上看，笑得死去活来。你能忍受当巴比特的儿子吗？你知道他在说什么吗？

律师：我知道，你呢？

查理：不，你能不能重念一次？因为我不敢相信我他妈的耳朵。

▼ 场景三：

查理：我一星期前问你，为什么没人告诉我我有个哥哥。你没给我答案。我不知道，很滑稽，我刚刚才明白。我不该因为父亲把我在遗嘱上除名就感到恼火。你是他的朋友，你知道他过去几年，好几次想要联络我。我从没回电话。我是个混球。如果他是我儿子，不回我电话，我也不会把他写进遗嘱里。他妈的，但这不再跟钱有关了。这是有关于，我就是不明白，为什么他不告诉我我有个哥哥？为什么你不告诉我我有个哥哥？为什么没人告诉我我有个哥哥？我的意思是……因为，若能早认识他，该有多好，而不是只有过去短短的六天。

▼ 场景四：

字幕："辛辛那提信托"

女职员：需要帮忙吗？

查理：是，我想你能帮忙我。我对于一个私人信托有一点疑问。

女职员：西装很帅。

查理：谢谢。

上述片段中提到了民法中的很多概念，例如遗嘱和遗产，动产和不动产以及信托等。首先来谈谈遗嘱和遗产。有句俗语叫"生不带来、死不带去"，人死之后其财产就变成了遗产，而遗嘱就是他处分其遗产的法律文件。我国继承法第3条将其界定为"遗产是公民死亡时遗留的个人合法财产"，例如本片中查理的父亲留给查理的别克敞篷车和玫瑰园就属于遗产的范畴；"遗嘱是指自然人生前按照法律的规定处分自己的财产及安排与此有关事务并于死亡后发生法律效力的单方民事行为"。[1] 死者死亡后按常理，其财产应按法定顺序分配。但民法是以意思自治为原则的，死者生前也可以在法定范围内通过遗嘱形式分配遗产。在本片中，查理和雷蒙的父亲死后其遗产按照法律的规定，本来应该由两兄弟均分；但查理在其父眼中是个不肖子，而雷蒙又是无民事行为能力人。因此他们的父亲通过遗嘱的形式，将大部分财产通过信托的形式实际上给了雷蒙。

其次就提到信托了。信托其实是很复杂也很专业的民商法律观念。信托在西方因为出现得比较早而较为发达，而在我国则是最近几年随着证券行业的发展才兴起的。我国2001年颁布的信托法第2条对信托进行了界定，信托是指委托人基于对受托人的信任，将其财产权委托给受托人，由受托人按委托人的意愿以自己的名义，为受益人的利益或者特定目的，进行管理或者处分的行为。信托通常可以分为民事信托、营业信托和公益信托等不同种类，本片中所反映的就是民事信托。雷蒙的父亲为保证患自闭症而生活无法自理的雷蒙今后的生活，通过委托遗嘱将其个人财产设立成为信托财产。那么他的父亲为什么不直接将其财产

---

[1] 魏振瀛、郭明瑞：《民法》，北京：北京大学出版社2013年第5版，第600页。

作为遗产让雷蒙继承呢?原因在于雷蒙因患自闭症而属于无民事行为能力人,他自己是无力来运用这笔财产的。因此只能将其设定为信托财产,让别人来管理这笔财产而雷蒙受益。

最后是动产和不动产。这是民法上对有形财产的分类,"动产和不动产的划分标准是按照物移动后是否损害或减损物本身的价值来划分。不动产是那些不能移动或移动后即损坏其完整性、损害其使用价值和价值的物;而动产是那些可以容易地移动、转移而不损害其价值的物。"[1]通常而言,不动产包括土地、建筑物及其附属设施等;而除此之外,大部分有形财产都属于动产。法律上对动产和不动产的保护方式有所不同,对动产主要采用所有权人实际占有的方式来保护,对不动产则主要采用登记的方式来保护。交通工具虽是动产移动后价值不发生变化,但由于其特殊性主要还是以登记方式来管理的。

三、监护

▼ 场景五:

查理:别说这些废话了,我有资格得到我父亲财产的一半。如果你不要谈这笔交易,我就要把他用飞机带回洛杉矶,把他放在那里的某个医院。我们可以为他打一场监护官司。

▼ 场景六:

查理:史都、史都,从法律来看,布鲁诺从未建立雷蒙的信托?他没想到有人会争夺他的权力?如果情况是这样,我绝对可以得到监护权,以及那三百万元,是吗?你去为监护听证安排个日期。

---

[1] 高富平:《物权法》,北京:清华大学出版社2007年版,第28页。

▼ 场景七:

布鲁诺:你父亲请我负责那笔钱,对吗?不论你赢得雷蒙的监护权与否,我都不需要付你一分钱。这是我的判断,不是法庭的。

上述片段中提到了与监护相关的几个概念,如监护权、监护争议与诉讼等。监护最早起源于古罗马法中的监护和保佐制度。现代的监护"是监护人对未成年人和需要保护的成年人的人身、财产和其他合法权益依法实行的监督和保护。"[①]该制度是为了保护他们的合法权益,防止其合法权益受到非法侵害,并且保障其正常生活。

"监护权是指监护人根据法律规定,在监护法律关系中,对无民事行为能力人或限制民事行为能力人的人身和财产权益所负载的监督和保护的权利。"[②]它在性质上是一种准身份权,即监护人对被监护人的身份权;而这种权利的主体也较为宽泛,包括亲属、其他自然人和有关团体、组织和机关等。在本片中,实际上查理和华布鲁克都可以取得对雷蒙的监护权,只不过两者取得依据不相同:前者是基于兄弟关系而后者则是基于雷蒙父亲的委托;这项权利的中心内容是义务。监护权虽然名为权利,但实际上是以义务为中心的,即我国《民法通则》中所说的监护职责。另外,监护权的取得方式也因监护的种类不同而有所不同。

监护依其设立的方式,可分为法定监护、指定监护和委托(意定)监护三种。前者主要依据亲友关系和属地关系,由法律直接规定监护人的范围和顺序;中者是有法定监护资格的人之间

---

① 彭万林:《民法学》,北京:中国政法大学出版社2011年版,第68页。
② 李霞:《监护制度比较研究》,济南:山东大学出版社2004年版,第6页。

对于监护有争议时,由监护权利机关指定;后者则是由合同设立监护人。本片中若按中国法,雷蒙的法定监护人应是其弟查理,但他们的父亲却通过委托的形式将雷蒙的监护权将给了华布鲁克疗养院,便引起了监护权争议。

四、代理

▼ 场景八:

秘书:律师事务所,米歇尔与米歇尔。

查理:请接史都,我是查尔斯·巴比特。

秘书:很抱歉,他不在。

查理:他在哪里？我有个法律问题。

秘书:他出城了,要明天下午才回来。

查理:好,我明天再打电话。

▼ 场景九:

查理:你瞧,我们之间已经心灵相通了。

医生:那非常了不起,但本次会议的目的是决定什么才是对雷蒙最有利的安排。不论他是不是能在这个社区里面正常生活和事实上,他要什么,如果这可以得到决断的话。

查理:我完全同意。

布鲁诺:雷蒙不能做这类决定的。查理,他不能为自己做决定的。

查理:你错了,他能做的事情远超过你知道的。

医生:让我们来问雷蒙,或许可以找到一些答案。

人的精力总是有限的,不可能事必躬亲;而凡事都亲经亲为,既不可能更不经济。于是代理制度就应运而生了。法律上的代理是指"代理是指一人在法定或者约定的权限内,以他人的名义为法律行为,而法律行为的结果却归属该他人的行为。"①代理人在代理权限内,以被代理人的名义实施民事法律行为;被代理人对代理人的代理行为,承担民事责任。据此,我们认为代理具有如下法律特征:代理人应在代理权限范围内实施代理行为;代理人需以被代理人的名义进行代理行为;代理设立的目的主要是为被代理人设立、变更、消灭民事法律关系;代理行为的后果直接由被代理人承担。大多数民事行为都可以代理,但与人身有关的则不行,例如演出行为等。

代理依其产生方式可以分为法定代理、委托代理和指定代理。前者是指基于亲属关系等原因,依据法律规定而产生的代理关系;中者是指基于委托代理合同等契约,依据委托人和被委托人之间的约定而产生的代理关系;后者是指根据人民法院或有关单位的依法指定而发生的代理。在本片中,查理虽然心智健全但是并不熟悉法律,因此需要委托律师代理其法律事务,即与华布鲁克疗养院争夺其兄雷蒙的监护权。他如果获胜就将成为雷蒙的监护人,从而获得处分其财产的法定代理权。

五、民事权利能力和行为能力

▼ 场景二:(前文已有描述)

▼ 场景十:

查理:嗨,我在跟你讲话呀!布鲁诺,这家伙是谁?

---

① 江平:《民法学》,北京:中国政法大学出版社2011年版,第162页。

布鲁诺:雷蒙是你哥哥。

查理:我哥哥？我没有哥哥。

……

查理:他疯了吗？

布鲁诺:没有。

查理:他智障吗？

布鲁诺:不完全是。

查理:他既不疯,又不智障,但他却在这里？

布鲁诺:他是自闭者。

查理:我不懂这是什么意思。

布鲁诺:过去这样的人被称为白痴者,他们有一些缺陷也有某些能力。他智障、自闭,事实上是高功能的。

查理:那是什么意思？

布鲁诺:我的意思是他有某种残障,影响到他的感觉的刺激输入以及资讯的处理。

查理:请用白话解释,你讲得我一头雾水。

布鲁诺:雷蒙在沟通和学习方面有问题。他没法表达他自己,或没法以传统的方式了解他自己的情绪……对雷蒙来说处处都有危险。惯例常规和仪式,这些都是他唯一能保护自己的方式。

查理:仪式？这倒是很不错。

布鲁诺:这就是他行动、睡觉、吃饭的方式。他用盥洗室,他走路、说话,所有行为的方式这些惯例常规若出现任何偏离,他会觉得十分恐怖。

……

查理:他知道他继承了多少钱吗？

布鲁诺：他不了解金钱的观念。

查理：他不了解金钱的观念？他刚继承了三百万元，而他却不了解金钱的观念？真是太妙了，你不觉得吗？老爸真太好了。

上述片段在观众心中形成了强烈的对比：弟弟查理是汽车行的小老板，业务虽然繁忙但他凭借灵活的头脑也总算应付自如，就像他自己所说的那样"净赚七万五大元了。几通电话就办到了，不坏吧？"其助手伦尼也说他的生意"一切都在掌控之中。"哥哥雷蒙则是自闭症患者，时刻需要他人来照顾自己的生活。他尽管在某些方面上能力过人，但却无法像正常人那样生活。例如他的数字计算能力超强，但却不会简单的货币换算，甚至认为棒棒糖和小汽车同价。他们两人的生活状态迥然不同，这在民法上主要表现为民事行为能力的差别：前者是完全民事行为能力人，而后者则是限制民事行为能力人，情况严重的甚至是无民事行为能力人。不过在谈及民事行为能力前，我们得先了解另一个概念，即民事权利能力。

天赋人权是资产阶级革命的口号，其实这既指政治权利也指民事权利。其中后者是指"民事主体实现其特定利益的法律手段"，①即使法律赋予民事主体为实现某种利益，能够为一定行为和要求他人为或不为一定行为的可能性。每个人都有民事权利，但并非都有行使这种权利的能力。"民事权利能力，指据以充当民事主体，享受民事权利和承担民事义务的法律地位或法律资格。"②它是民事主体参加民事法律关系，取得民事权利、承担民

---

① 魏振瀛、郭明瑞：《民法》，北京：北京大学出版社2013年第5版，第35页。
② 梁慧星：《民法总论》，北京：法律出版社2011年第4版，第65页。

事义务的法律依据,也是其享有民事主体资格的标志。民事权利能力和民事权利并不能等同:前者是取得后者的资格和前提条件;而后者则是利用这种资格和前提条件获得的结果;前者是包括民事主体享有民事权利和承担民事义务两方面的资格,而后者并不包括民事义务,它是与民事义务相对称的;前者是一种持续的状态,它伴随着自然人和法人存在或存续的全过程);而后者只存续在具体的民事法律关系中;前者与民事主体的人身不可分离,是民事主体存在的必要条件;而后者除人身权外,可以与民事主体分离、转让或者抛弃。

自然人民事权利能力的取得始于出生,终于死亡(法人民事权利能力的取得始于成立,终于消灭)。人们只要生而为人,不论其出生后心智是否健全、肢体是否残损,他都应享有作为人应享有的民事权利。所有人的民事权利能力都是平等的。在本片中,雷蒙虽然是自闭症患者,心智不健全,但这并不影响他的民事权利能力。他拥有与生俱来的民事权利能力,只要他活着他的权利就不能轻易被他人剥夺。例如本片中继承其父亲遗产的权利,尽管他并没有管理这些财产的能力,但并不能因此剥夺他的权利。

每个人的民事权利能力都相同,但民事行为能力却不同。"民事行为能力,指民事主体据以独立参加民事法律关系,以自己的法律行为取得民事权利或承担民事义务的法律资格。"[1]如前所述,本片中雷蒙拥有民事权利能力,但他并不一定拥有民事行为能力,至少是完全的民事行为能力。前者主要为主体享有民事权利、承担民事义务提供了可能性,后者主要为主体享有民事

---

[1] 梁慧星:《民法总论》,北京:法律出版社2011年第4版,第67页。

权利和承担民事义务提供了现实性；前者是民事主体享有权利负担义务的前提，后者是民事主体实现权利承担义务的条件；前者主要表明人们作为民事主体的资格，后者主要表明了民事主体依自己行为为民事行为的资格。因此后者比前者更重要些。

　　人们在民事行为能力上的差别主要受到其年龄、心智及认知能力的影响。实际上，民法上民事行为能力制度的设立就是为保护那些年龄幼小、心智和认识能力有缺陷的人。因为如果让他们进行与自己年龄和心智不相适应的民事行为，这不但会损害他们自己的利益，甚至还可能会损害到他人的利益。我国民法规定了三类民事行为能力人：一是完全民事行为能力人。年满十八周岁且心智正常的公民，他们可独立进行民事活动。本片中的查理就是完全民事行为能力人。与此同时，我国民法还规定，年满十六周岁而不满十八周岁，以自己劳动收入为主要生活来源者可视为完全民事行为能力人。本片中的查理在十六岁时与父亲吵翻，离家出走自谋生路。如果按照我国民法规定，他从那时开始起就可视为完全民事行为能力人了。中国有句老话叫"穷人的孩子早当家"，其中也有这样的意思。二是限制民事行为能力人。年满十周岁的公民或不能完全辨认自己行为的精神病人，他们可以进行与其年龄、智力或精神健康状况相适应的民事活动，其他民事活动须由其法定代理人代理，或者征得他的法定代理人的同意。三是无民事行为能力人。不满十周岁的未成年人或不能辨认自己行为的精神病人，他们的民事活动由其法定代理人代理，或须征得其法定代理人的同意。本片中的雷蒙就是无民事行为能力人，其代理权在华布鲁克疗养院手上。

六、结语

民法是与人们最为密切相关的法律部门,它几乎渗透在人们日常生活的每个细节中,对人们而言非常地重要。因此了解些民法的常识,不仅有利于维护自己的民事权利,而且也有利于自己更好的生活。

参看影片：

1.《我是山姆》,西恩·潘、达科塔·范宁主演,讲述了一位只有七岁孩童智商的父亲,与有关当局争夺女儿抚养权以及期间发生的故事,反映了有关监护权的问题。

2.《楚门的世界》,金·凯瑞、劳拉·琳妮主演,讲述了一个小人物在不知情情况下被制造成闻名的明星,却完全被剥夺了隐私乃至尊严的故事,其中涉及到有关隐私权的问题。

第八章 从《马背上的法庭》看民事诉讼法

> 讼也者,事势之所必趋,人情之所断不能免者也。
> ——[清]崔述

片名:《马背上的法庭》
导演:刘杰
主演:李保田、吕聿来、杨亚宁
出品时间:2006年

【影片简介】云南西北部的山区,崇山峻岭、层峦叠嶂,十多个少数民族零星散落于大山中,过着平静而质朴的生活。在蜿蜒的红土路上,缓缓地走过来这样一支队伍:五十几岁的法官老冯,即将因政策变动而离开工作岗位的摩梭族书记员杨姨,即将接替杨姨工作、第一次下乡参加马背法庭的彝族法律专业大学生阿洛。队伍的最后,是他们的特殊成员:一匹老马。为了解决山区村民之间的纠纷,他们每隔一段时间就牵着马匹、驮着国徽穿行于寨子之间,组成了一个奇特而又庄严的流动法庭。

这一行中他们处理了几桩民事纠纷:第一桩案子是两妯娌在分家产时因一个泡菜坛子告上法庭。杨姨动之以情、晓之以理地劝说两妯娌互相让步化解纠纷无果,老冯将坛子摔碎然后自掏五块钱让两妯娌买两个新坛子,一人一个这才将问题解决。第二桩案子是一个村民的猪在村边拱了另个村民家的祖坟。后者认为祖宗因此受辱并带给家里晦气,要求前者赔两头猪和一场法事消灾,但前者不干。两个家族的人互不让步形成打斗之势,关键时刻老冯亲临现场用将心比心的策略化解这场武斗之前的纠纷。让人意外的是,猪主人不让其他的村民牵猪,只能等外出办事的老祖宗回来才能牵猪,无奈之下老冯以法官的身份将猪牵到另一家,官司才算告结。第三桩案子是一个妇女告另外一个妇女欠一百五十元钱不还,后者愿意让前者随意拿她家中的东西作为赔偿,但家里最值钱的小猪都远不值一百五十元,双方陷入僵局。怎么判决?老冯再一次自掏腰包花150元买下欠债妇女的小猪崽子,以此钱还债了结纠纷。第四桩案子是一对要离婚夫妇的问题。妻子占了丈夫家的房子使得丈夫流落街头无处为家,村民作证妻子理亏应当让出房屋,怎奈她以自己没有住所为由死活也不让出房子,哭天抢地不听任何的劝说与判决,折腾得老冯一行三人毫无办法。最后,丈夫看着痛哭流涕嚎叫的妻子决定不离婚了。最后一个案子是邻村的羊因越界吃了阿洛的岳父老葛担任村长的那个村子的谷物而被宰杀了,邻村的人来闹事讨回公道。老葛认为那是他们村规规定的,只要其他村的羊越界吃谷就可随意处置。老冯认为村规有违法律民主,并当场让阿洛以法官的身份指明老葛的做法不合法。老葛认为女婿胳膊往外拐,遂把女儿关在家里不让与阿洛举行结婚仪式。阿洛在这个问题上与老冯产生了分歧,当夜带着新娘子逃跑了,背叛了这条在他看来没有前途和希望的路。但此举破坏了当地的风俗,邻村村民也认为公家的法律人员不讲习俗,因此而不再认法庭不打官司了。

  退休的杨姨留在寨子里了。失去了相濡以沫的伙伴,忽然间衰老的老冯一个人走上了那条孤独的路,最终却因意外跌落山崖而亡。

  本片是根据我国云南省宁蒗彝族自治县人民法院及其派出法庭法官办案的真实故事拍摄的,它真实地记录了我国基层司法人员的工作场景。在本片中除了那匹老马被盗属刑事案件外,其余案件都是涉及民事纠纷的。因此影片中马背上法庭的司法人员处理这些案件的场景,就成为了我们了解民事诉讼法律程序和我国民事诉讼法在现实中存在的问题的好素材。

一、马背法庭与巡回办案

  本片实际上展现的是人民法院巡回办案的故事。我国《民事诉讼法》第 135 条规定:"人民法院审理民事案件,根据需要进行巡回审理,就地办案。"巡回审理、就地办案是指人民法院派出法庭和审判人员,在辖区内定期或不定期地巡回流动,选择案件发生地、当事人所在地或其他方便群众的地点开庭,审理民事案件的法律制度。这项制度作为人民司法工作的优良传统之一,起源于抗日战争时期的陕甘宁边区政府司法机关。由于这种审判方式的创始人是马锡五,因此其又被称为"马锡五审判方式"。"马锡五审判方式的主要内容是巡回审判、就地办案,并实行调解与审判相结合。"①在民事审判中实行巡回审理、就地办案具有重要意义。首先,它方便了民事主体起诉和应诉,使审判行为的空间出法院移向社会,为民事主体"打官司"提供了极大的便利。特别是在本片的发生地——有十多个少数民族散居且到处崇山峻岭、层峦叠嶂、交通极为不便的云南西北部山区,巡回审理,就地办案的马背法庭就更重要了。其次,它有利于审判人员深入实际,调查案情,避免主观臆断,更为准确地认定事实,适用法律。再次,它还可以扩大公开审判的影响,增加人民群众对法律知识、法院审判工作的理解,密切法院同广大人民群众之间的关系。特别是像在本片的发生地那样有多个少数民族散居的地方,每个民族的习惯、风俗和禁忌都不相同,他们的法律意识也不太强,巡回审理,就地办案的马背法庭能够很好地深入群众、解决问题,同时也能够起到向广大少数民族群众宣传法制的重要作用。"组成巡回法庭,到案件发生地或当事人的住所地开庭,就成了各级法院办理少数民族地区案件的主要审理方式。"②

---

① 蒲坚:《中国法制史大辞典》,北京:北京大学出版社2015年版,第741页。
② 康耀坤、马洪雨、梁亚民:《中国民族自治地方立法研究》,北京:民族出版社2007年版,第289页。

二、法院调解

▼ 场景一:

老冯:人民法庭现在开庭,坐下。你们两个的事情是法庭解决,还是下面商量商量。你们妯娌俩就为分家的事,也闹了有半年了。为了一个泡菜坛子还闹上法庭,值不值得?怎么就不能让一让?

▼ 场景二:

杨姨:你们住在一个村子上,早不见晚见。可是你不可能说是哦,今天不见面吵架了,或者是今后几十年都不会碰面吧?所以呢,不要为了这么一点儿小事可是喽天天这种吵架。这种以后心里面会结起疙瘩的。

老冯:老杨,说好了嘎?

杨姨:所以呐,我看你们还是算了啊。可是了,还是你们两个自己好好嘞,发扬点儿高风格,把自己的心放宽一点儿。还是我看你们两个还是这种握手言和算了,要得不啊?真嘞,要听人劝嘞。你们啊,要发扬点儿高风格真嘞。

上述场景反映的是民事诉讼法中的调解制度,我国《民事诉讼法》第八章中对调解的有关问题做出了专门的规定。"法院调解,又称诉讼调解,是指在人民法院审判人员的主持下,双方当事人就民事权益争议自愿、平等地进行协商,以达成协议,解决纠纷的诉讼活动。"[1]尽管解决民事纠纷的方式有协商、调解、仲裁和

---

[1] 江伟:《民事诉讼法》,北京:中国人民大学出版社 2011 年第 5 版,第 190 页。

诉讼等多种，但是在具有"以和为贵"传统的中国，调解仍然是解决纠纷最主要的方式之一。法院调解也是人民法院解决民事纠纷的重要方式，它的实施有利于彻底解决当事人之间的纠纷，有利于减少诉讼程序和及时化解矛盾，也有利于宣传法制和预防纠纷。

从程序上来看，法院调解可以因当事人一方或双方共同提出调解申请而引起，也可以由人民法院依职权主动征求当事人的意见，取得当事人同意后而开始，对于法律规定的特殊案件法院还可以无须征得当事人的同意而依职权主动进行调解。当然在实践中，大多数案件的调解都属于第二种，上述场景中也属于这种情况。从程序上来看，法院调解可以在庭审前进行也可以在庭审中进行。庭前调解开始于审前的准备阶段，庭中调解可以在开庭审理的各个诉讼阶段进行。与前者相比较，后者是法院调解的主要方式。上述场景中的调解显然是庭中调解，因为在调解前老冯已经宣布开庭了。不过对于上述场景中所反映的案件，杨姨的调解因双方都不肯让步而没有成功，还是老冯用很"另类"的方法才最终得以解决。

三、立案与驳回诉讼请求

▼ 场景三：

老冯：猪的案了处理完了？

阿洛：哦。

老冯：你是咋个处理嘞啊？

阿洛：这事情太荒唐了，我们根本没有办法管的，根本不符合立案的条件。

老冯：那你是咋个处理的吗？

阿洛：我以中华人民共和国法律不支持封建迷信诉讼为理由驳回了他的诉讼请求。

老冯：说了半天你是没处理嘎。

阿洛：不是没处理，是没的办法处理。

▼ 场景四：

老冯：听懂了没有，就这么定了，赔一头猪、一场法事。

阿洛：等一下，第二项赔偿要求法庭不能够支持。

老冯：哦、对、对、对，法庭不能够支持。

上述场景所反映的案件其实并不像阿洛所说的"我们根本没有办法管的，根本不符合立案的条件"，这个案子实际上属于民事侵权案件，是可以向人民法院提起诉讼的。我国《民事诉讼法》第119条规定："起诉必须符合下列条件：（一）原告是与本案有直接利害关系的公民、法人和其他组织；（二）有明确的被告；（三）有具体的诉讼请求和事实、理由；（四）属于人民法院受理民事诉讼的范围和受诉人民法院管辖。"在上述场景所反映的案件中，原告祖先的骨灰罐被被告所放养的猪拱坏，因此他无疑系与本案有直接利害关系的公民；而被告也非常明确，即猪的主人张龙；原告有具体的诉讼请求即赔偿两只猪和做一场法事，同时他的事实和理由也都是非常充分的；如前所述，本案属于民事侵权之诉，属于人民法院受理民事诉讼的范围；本案中的侵权行为就发生在原、被告双方所在的当地，也属于"马背法庭"管辖的范围。很显然"马背法庭"应当受理此案，而大学法律专业毕业的阿洛说本案"根本不符合立案的条件"是错误的。

虽然"马背法庭"应当受理此案,但原告方所提出的的诉讼请求却不能完全获得支持。我国《民事诉讼法》第56条第3款中规定:"人民法院经审理,诉讼请求成立的,应当改变或者撤销原判决、裁定、调解书;诉讼请求不成立的,驳回诉讼请求。"在原告提出的两个具体的诉讼请求中,前者为正当的侵权损害赔偿请求,"马背上的法庭"应予以支持,至于赔偿额则由法庭根据具体案情判定;后者确实如阿洛所说属于封建迷信,"马背上的法庭"不应予以支持。法院在这种情况下,可以做出只支持前者而不支持后者的判决,而像阿洛那样对原告的诉讼请求都予以驳回也是错误的。

四、证据

▼ 场景五:

彝族村民:他们我们的羊子跑到他们地里,被他们杀掉了。冯法官,你看可有这个道理。

老冯:你说,你说羊被他们杀掉了,有、有、有、有证据嘎?

彝族村民:有就是你们现在速起的羊肉就是我们的,你手上就有证据。

老冯:这是证据?

彝族村民:你吃的就是我们的羊。

法院裁判须"以事实为依据,以法律为准绳"。诉讼中的事实应当是被证据所证明的事实,离开了证据便无从认定案件的事实,因而证据在民事诉讼中具有极其重要的地位。我国《民事诉讼法》在第六章对证据做出了专章规定。"民事诉讼证据是指能够证明民事案件真实情况的各种事实材料。"①通常而言,它应该具备客观性、关联性、合法性等三个基本特征。我国《民事诉讼法》第63条规定:"证据包括:(一)当事人的陈述;(二)书证;(三)物证;(四)视听资料;(五)电子数据;(六)证人证言;(七)鉴定意见;(八)勘验笔录。证据必须查证属实,才能作为认定事实的根据。"在上述场景中,老冯手中的羊肉就属于物证的范畴。

在民事诉讼中实行的是"谁主张,谁举证"的原则。我国《民事诉讼法》第64条规定:"当事人对自己提出的主张,有责任提供证据。"在本片中的这个案件中,邻村村民要求老葛所在村的村民赔羊,因此前者应对自己的主张承担举证责任。不过碰巧的是,老葛将羊做成了婚宴上的菜,而邻村村民一眼就看到了老冯手中的羊肉。这个证据可真是"踏破铁鞋无觅处,得来全不费工夫。"自己也省了收集证据时要花的功夫和在法庭上示证。

五、执行

▼ 场景六:

普米族村民:张龙家的猪不让我牵了。

老冯:看看,我就知道要出事情嘎。

老冯:刚才都说好了,怎么又变卦了嘎?

普米族妇女:老祖宗说了,猪可以赔,但是他们不能牵。

老冯:为什么不能牵?

---

① 江伟:《民事诉讼法》,北京:中国人民大学出版社2011年第5版,第143页。

普米族妇女：就是不能牵。

……

老冯：嗯，那你们都说听法官的,听法院的,那我老冯牵行了吧？

▼ 场景七：

杨姨：原告说被告欠她一百五十块钱,被告说她没有一百五十块钱还原告,她家有东西,叫原告想拿什么拿什么。原告说她家东西太少了,不值一百五十块钱。被告说她家有一头小猪,原告说她家小猪太小,不值一百五十块钱。

老冯：不要吵,不准吵,法庭纪律,法庭纪律。被告,你那小猪子我买了,一百五十块钱。

上述场景所反映的是民事案件在执行中的有关问题。执行是民事诉讼过程中的重要环节,我国《民事诉讼法》第三篇就是有关执行的专门规定。狭义上的民事执行又称民事强制执行,"是指人民法院的执行机构依申请或职权,按照法律规定的程序,运用国家的强制力量,迫使负有履行义务的一方当事人履行义务,进而使具有给付内容的生效法律文书得以有效实现的一种专门性活动。"[①]具体而言,民事执行由国家机关进行,以执行依据为前提,须经申请人的申请；同时它也是执行机构使用公权力的强制行为,是实现已确定的私权的程序。而广义上的民事执行也包括义务人自觉地履行人民法院所做出的民事判决和裁定,这也是现代法治社会公民重要的义务之一。人民法院应尽可能通

---

① 汤维建：《民事诉讼法学》,北京：北京大学出版社2014年第2版,第393页。

过说服教育促使义务人自动履行生效的判决和裁定确定的义务；在说服教育无效的情况下可以依法采取强制执行措施并实施处罚。我国《民事诉讼法》第111条规定："诉讼参与人或者其他人有下列行为之一的，人民法院可以根据情节轻重予以罚款、拘留；构成犯罪的，依法追究刑事责任：……（六）拒不履行人民法院已经发生法律效力的判决、裁定的。"在场景六中，义务人张龙家基于当地民俗，说猪可以赔但不能由申请人牵而只能由老爷爷牵，这实际上也是在拒绝履行义务。不过老冯出于对当地民俗的尊重，并未采取强制的执行方式而是自己去牵。他说的那句"那你们都说听法官的，听法院的，那我老冯牵行了吧"，实际上是在隐喻运用国家的权威来执行本案。

民事案件在执行过程中常常会遇到很多问题，场景七中反映的就是其中的被执行人没有偿付能力问题。被执行人具有偿付能力是执行的前提条件。如果在执行时遇上被执行人除了其生活所需外没有任何财产的情形，当申请人的债权和义务人的生存权发生冲突时，只能"两利相权取其重"、保障后者。在执行中，义务人确有困难暂时没有偿付能力时，在提供担保或保证后并经申请人同意，人民法院可以暂缓执行。我国《民事诉讼法》第257条还规定："有下列情形之一的，人民法院裁定终结执行：……（五）作为被执行人的公民因生活困难无力偿还借款，无收入来源，又丧失劳动能力的。"就场景七中的描述而言，被告虽生活困难但还不符合上述规定的情形，因此还是需要执行的。只不过原、被告双方对执行标的即那只小猪的价值尚有争议，在此处老冯又用很"另类"的方法解决她们间的争议。

六、妨害民事诉讼的行为

▼ 场景八:

字幕:被告、原告。

杨姨:全体起立!

……

普米族村民:你看我几十年的全部都完了,抄干净了,我老祖宗的都已经抄完了。

老冯:这个事情等一会儿再说好不好?

普米族村民:不行,马上处理处理好。你们不处理我就不走,我不走。

老冯:你说的我都全都明白了,先把……等、等、等一会儿再说。

普米族村民:不行,把这个猪,我的历史的全部抄完抄完的。

老冯:阿洛、阿洛,你处理一下。

阿洛:咱们先走、先走、先走。

老冯:这个法庭是要有纪律的。

阿洛:先走、先走,待会儿、待会儿再说。

老冯:把猪子抬出去。

普米族村民:你们处理不好我就不走。

上述场景中那位普米族村民的行为实际上已经妨害到了民事诉讼。人民法庭审判是行使国家审判权的严肃的法律行为,也是民事诉讼的重要环节。当事人和其他诉讼参与人,甚至旁听群众都要维护法庭的尊严,不得违反法庭秩序,以保证审判工作的顺利进行。因此人民法院对违反法庭秩序,妨害民事诉讼正常进行的有权采取强制措施。"对妨害民事诉讼行为的强制措施,是指人民法院在民事诉讼中,为了排除干扰,维护正常诉讼秩序,保障民事审判和执行活动的顺利进行,对有妨害民事诉讼秩序行为的人,所采取的有制裁性质的强制手段。"[①]这项措施在民事诉讼中具有重要的意义,它能保障人民法院正常行使审判权;保障当事人及诉讼参与人行使诉讼权利,迫使妨害民事诉讼的行为人履行诉讼义务;还有利于教育公民自觉遵守法律,维护诉讼秩序。我国《民事诉讼法》第十章对此做了专门规定。其中第110条规定:"诉讼参与人和其他人应当遵守法庭规则。人民法院对违反法庭规则的人,可以予以训诫,责令退出法庭或者予以罚款、拘留。人民法院对哄闹、冲击法庭,侮辱、诽谤、威胁、殴打审判人员,严重扰乱法庭秩序的人,依法追究刑事责任;情节较轻的,予以罚款、拘留。"在场景八中,在杨姨宣布全体起立即开庭之后,那位普米族村民擅自闯入审判现场大吼大叫,并赖在那不走还说"你们不处理我就不走",实际上已经妨害到法庭工作人员审理民事案件。按照我国民事诉讼法的有关规定,老冯完全可以对其采取强制措施。不过他可能是考虑到马背法庭的特殊性,和对那位普米族村民当时义愤填膺的心情,并没有对其采取强制措施。

七、结语

当前我国正在努力建设社会主义和谐社会,但再和谐的社会也不可能没有人们之间的矛盾,民事纠纷就是这种矛盾最常见的情形。民事诉讼是运用国家司法手段解决民事纠纷的主要手段。

---

① 田平安:《民事诉讼法》,北京:清华大学出版社2005年版,第175页。

就此而言,它对构建社会主义和谐社会也具有极为重要的作用,因此我们应加强对其的学习和宣传。

参看影片:

1.《克莱默夫妇》,达斯汀·霍夫曼、梅丽尔·斯特里普主演,讲述了原为夫妇的泰德和乔安娜夫争夺儿子比利的监护权,双方律师在法庭上唇枪舌战、咄咄逼人,乔安娜虽获胜但却被泰德感动而最后放弃的故事,其中展现了民事诉讼案件的庭审过程。

2.《法网雄心》,吉恩·哈克曼、玛丽·伊丽莎白·马斯特兰托尼主演,讲述了一对道不同不相为谋的父女律师为一桩控告汽车公司故意出产危害乘客安全车辆而对簿公堂的故事,其中也展现了民事诉讼案件的庭审过程。

第九章　从《天才灵光》看知识产权法

> 专利制度为天才之火添加了利益之油。
> ——[美]林肯

片名:《天才灵光》
导演:马克·亚伯拉罕
主演:格雷戈·金尼尔、劳拉·格拉汉姆、德蒙特·莫罗尼
出品时间:2008年

【影片简介】科恩斯是底特律的一位大学教授,他知识渊博、风趣幽默,深得同学们的喜爱;而他对机械制造也情有独钟,经常利用业余时间搞点小发明,是一个业余的发明家。某天,他突发灵感,设计出了精巧的间歇性雨刷改进装置。他坚信这个装置拥有广泛的应用前景,也将为他的生活带来巨大的改变。他自信地与底特律的汽车制造商进行了沟通,可事情也在这个时候发生了转折。在之后的汽车博览会上,尽管雨刷的改进发明被广泛使用,但是这项发明似乎已经和科恩斯没有任何关系——汽车制造商"剽窃"了科恩斯的专利!愤怒的科恩斯对汽车制造商的行为提出诉讼,他希望用法律的手段为自己赢回尊重和财富。所有人都认为这是不可能的。因为在美国,科恩斯个人的力量根本无法与财力雄厚的汽车制造商抗衡。

科恩斯的坚持使他走上了漫漫无期的诉讼之路。由于他把大量的精力都投到了对法律的研究上,致使事业停滞不前,而他长时间的个人压抑、以及对家人的关爱不足也使往日的温馨家庭蒙上了厚厚的阴云。在美国,大公司视个人的权利如粪土。他们窃取别人的专利,到后来实在不行就拿一点钱做补偿。科恩斯的朋友、同事和他妻子都劝他不要再闹了,他的儿女也不理解他,对他这种固执的做法有意见。他们认为既然福特给钱了,那就拿上钱,没必要非要福特道歉,毕竟胳膊扭不过大腿。

家人的不理解让科恩斯更加孤立无援,夺回专利权的努力似乎只能让目标变得遥远和空虚。在这艰苦的日子中,苍老替代了活力,愤懑替代了愉快,固执替代了毅力,而科恩斯却还在坚持着,为了捍卫头脑中出现的那一次"灵光",也为了维护心中永恒不变的正义。

最后,他坚持了十几年,自己研究浩繁的法律条文,自己当自己的律师打官司,通过自己的努力终于赢得这场官司,获得了一千万美元的赔偿。

本片大部分是围绕专利及诉讼而展开的,而专利是最典型也是最成熟的知识产权。知识产权是人类智力活动的成果,也是推动社会经济发展的动力。它既能为权利所有人带来巨大利益,但也很容易被他人剽窃而受到侵犯。通过对本片的赏析,大家可以了解到知识产权这个较为特殊的领域。

一、发明、专利及知识产权

综观本片,其中提到最多的两个词就是"发明"和"专利"了,其出现次数之多令我们无法通过台词文本逐一展示。那什么是发明而什么又是专利呢?总的来说,发明在法律上实际上是专利中的一种。按照我国专利法第2条的界定,发明是指对产品、方法或者其改进所提出的新的技术方案。它与另外两类发明创造,即实用新型和外观设计,共同构成了专利的主要内容。前者是指对产品的形状、构造或者其结合所提出的适于实用的新的技术方案;后者是指对产品的形状、图案或者其结合以及色彩与形状、图案的结合所做出的富有美感并适于工业应用的新设计。三者共同构成了我国法律上专利的范围。那何为专利呢?"专利制度为天才之火添加了利益之油",美国总统林肯曾这样揭示专利的内涵,这句话至今仍镌刻在美国商务部的大门上。专利就是创造者对其创造的专有权及获利权,即专利权。

专利权、商标权和著作权及相关权利共同构成了知识产权的基本范畴。知识产权是基于创造性智力成果和工商业标记依法产生的权利的统称。它属于民事权利的范畴,但又因具有国家授予性、无形性、专有性、经济性、地域性和时间性等有别于普通民事权利的特征,而成为了一类特殊的民事权利。"知识产权制度的创立,则以荣誉、社会地位和财富为杠杆,充分发掘每个人生命中的创造潜能,激励人们创造和奉献出更多、更好的精神产品,促进社会生产力的发展。所以,知识产权法的产生,是人类文明进步的制度典范。"①

二、专利权及专利权人

▼ 场景一:

科恩斯:皮维克车行,法律事件。让他们知道不同的车厂,考虑使用电动间歇性雨刷……我还不知怎么写。考虑使用电动间歇性雨刷控制……

菲莉斯:你要指名吗?

科恩斯:要。那直接侵犯到由皮维克及科恩斯公司联合共有的专利权。身为间歇性雨刷的发明人,我请求,不……我要求他们立即采取法律行动。

▼ 场景二:

吉尔:亲爱的科恩斯博士,皮维克车行收到你的要求信件。事关科恩斯眨眼雨刷,虽然皮维克依据我们的合约条款行事,为了避免争讼,我们决定将我们已注册的专利权利让渡给你。你将会是专利的唯一所有权人。吉尔·皮维克敬上。

▼ 场景三:

法官:陪审团决定了吗?

---

① 齐爱民:《现代知识产权法学》,苏州:苏州大学出版社2005年版,第34页。

陪审团成员:是的,法官大人。

法官:请念出来。

陪审团成员:鲍勃·科恩斯对福特公司的诉讼,我们判定福特公司侵犯了…鲍勃·科恩斯所拥有的专利权。考虑到这些无肆意侵犯,我们判给起诉人一千万元。

上述片段中都提到了专利权。"专利权,是指公民、法人或者其他组织依法对其获得专利的发明创造在一定期限内享有的专有权利。"①其具有以下特点:一是独占性和时效性。相同内容的发明或设计只能授予一项专利且只能授予申请在先者,发明或设计人获得专利后即在法律许可的范围内享有垄断权。但这种垄断权是有期限的。我国专利法规定发明专利的保护期为20年,实用新型和外观设计专利的保护期为10年。二是公开性。专利授予的目的是为了实施而不只是让专利权人独断,实施专利的前提是专利要公开以便于公众了解。三是授予性。专利权须经政府授予而非自动产生,这与在作者完成作品后自动取得的著作权显著不同。

拥有专利权者即为专利权人。通常而言,发明、实用新型和外观设计的发明人和设计人是最原始的专利权人。按我国专利法的规定,发明创造的申请专利的权利属于发明人或者设计人,申请被批准后该发明人或者设计人为专利权人,但职务发明创造除外。例如本片中的科恩斯就是间歇性雨刷最原始的专利权人,而这还需要以他向专利部门申请并获授权为前提。在本片中正如科恩斯在法庭上所说,专利办公室在发给他专利时先后五次出

---

① 吴汉东:《知识产权法学》,北京:北京大学出版社2000年版,第174页。

错,这才使福特公司有机可乘,剽窃了本应该属于他的专利权。

专利权人有权实施专利的权利。本片中科恩斯在发明间歇性雨刷后,就想成立以自己名字命名的公司,自己生产这种产品并为此做了很多准备。专利权人还有禁止他人擅自实施专利的权利。依我国专利法规定,专利权人在获得授权后任何人未经其许可都不得实施其专利,即不得为生产经营目的制造、使用、许诺销售、销售、进口其专利产品;任何人实施他人专利需取得专利权人的许可并向其支付专利使用费。在本片中,福特公司未经科恩斯许可甚至说就是剽窃其发明创造,制造、销售由科恩斯发明创造的间歇性雨刷,并在获得巨大经济利润后未向科恩斯支付任何专利使用费,这显然是侵犯其专利权的行为。当然专利权人也负担有缴纳专利年费等义务。

专利权也存在着共有的情形。专利权共有是指获得专利权的发明创造由两个以上的单位、个人或者单位与个人共同所有。实际上,基于两个以上的人合作共同完成一项发明创造,为他人发明创造提供研究经费以及协商、继承、转让等原因都有可能产生专利权的共有。在本片中,科恩斯的原好友吉尔因为间歇性雨刷的研发和推广提供了资金,获得了该专利的共有权并也成为了该专利的专利权人。只是到后来他由于不愿卷入到与福特公司的专利诉讼中,正如吉尔在片中对科恩斯所说的"当你在告福特时不要提到我的名字。我们不会对他们作不利的证明,我们不会出庭的。"所以他最后以声明的形式放弃了其专利权,科恩斯因此也就成为了该专利唯一的专利权人,也是法律上唯一的原告。至此科恩斯只能与庞大的福特公司孤军奋战。但幸好"他不是一个人在战斗",他还有发明家协会等的支持。

三、专利权授予的条件

▼ 场景四：

科恩斯：你看，我把雨刷关掉，十秒钟后，我什么也看不到。

菲莉斯：我也看不到。

科恩斯：所以你开雨刷。现在挡风玻璃干净了，但雨刷却开始起摩擦。听到没，那刺耳声音？

菲莉斯：是啊，我听到了。超讨厌的。

科恩斯：好，虽然在下雨，我还是把雨刷关掉了，但现在我几乎什么都看不到。

菲莉斯：我看不见，甜心，我也是。

科恩斯：甜心，打开啦，现在我什么都看不见。如果现在不把雨刷打开，会撞到人。

▼ 场景五：

保罗：鲍伯，我们测试眨眼雨刷，有很好的试探反应。

吉尔：是啊，结果这构想不像我们初期想像的那么独特。三大车厂都有自己的雨刷小组研发间歇性雨刷。那是他们的说法，间歇性雨刷。

科恩斯：间歇性雨刷？真不敢相信。

吉尔：不，没问题。最重要的是我们现在知道是有市场需求。目前为止，你雨刷算是巧妙的机件；而他们想要，更更重要的是，他们还没研发成功。水星车厂已花超过一年时间研发，仍然还没成功。

▼ 场景六：

吉尔：会整天像那样动，不管有没有引擎。

法兰克:那……很好。

吉尔:我们称这为"变速"。

法兰克:变速?

吉尔:"不同间隔"。

法兰克:令人钦佩。

……

法兰克:他不是用手操纵的吧,是吗?

吉尔:鲍伯,鲍伯。你能下车吗?他们认为是你在控制的。

科恩斯:我是啊。

法兰克:这非常好,鲍伯。非常、非常好。

▼ 场景七:

科恩斯:还是一样在动,快看。我还能调整速度,我能。看。

菲莉斯:对。

科恩斯:太完美了。

孩子们:太棒了。

科恩斯:嘿、嘿!看到对街的那辆车吗?

孩子们:有。

科恩斯:看那驾驶员,他正盯着我们看。他想是我将雨刷打开和关起来。他能区别吗?看,没有!看。看,先生,没手!他一定在想怎么回事!是怎么办到的……没有。嗨。他们是怎么做到的?我想我们成功了。

……

泰勒:情况如何?

法兰克:他设计成功,运作似乎没问题。

有人会问汽车雨刷早已有之,本片中科恩斯的间歇性雨刷怎么算发明呢？这就要从发明认定的条件入手分析了。通常而言,要获得发明专利授权需具备新颖性、创造性和实用性。我国专利法规定,新颖性是指该发明不属于现有技术,也没有任何单位或者个人就同样的发明在申请日以前向专利行政部门提出过申请,并记载在申请日以后公布的专利申请文件或者公告的专利文件中;创造性是指与现有技术相比该发明具有突出的实质性特点和显著的进步;实用性是指该发明能够制造或者使用并能产生积极效果。就本片中的情况而言,间歇性雨刷是由科恩斯创造的(如同场景五中所描述的,尽管当时有很多车厂也在研究但都没有成功,而是被科恩斯领先了一步,福特公司的人也承认这一点)并且之前没有人申请专利;它与当时不能间歇性工作以致影响驾驶人工作的传统雨刷(场景四中已有描述)相比具有实质不同和显著进步,并经过现场展示(场景六)和雨天实用(场景七)证明是成功的。福特等侵权者后来广泛将其使用在汽车上,更加方便了驾驶人并大量减少了雨天的交通事故。这也证明了其实用性。因此它毫无疑问是一项发明。

四、专利侵权

▼ 场景八:

吉尔:他们要退出,鲍伯。

科恩斯:谁要退出?

吉尔:福特。

科恩斯:什么?

……

吉尔：像我说的，他们要退出。

科恩斯：退出？

吉尔：他们还没准备好，在没准备好前是不会用雨刷的。他们的理由是"那不是福特的风格"。

科恩斯：他们有样本。

……

科恩斯：好，但他们诱导我们，还看了我的设计。

▼ 场景九：

麦克斯：各位先生女士，福特家庭的成员现在为你们介绍福特公司

历史上最新、重新设计、最杰出的福特野马，比以前更多的选择，音响、后窗除霜，还有全新的间歇性雨刷。让我们鼓掌！

▼ 场景十：

吉尔：他们的说词是他们用了另一个设计，在我们之前研发的。

科恩斯：那或你的，就是那样，是说词，是天杀的谎言。

吉尔：别这样。

科恩斯：不，我拆开他们的一个引擎。吉尔，你知道我找到什么吗？电晶体、电容器及变量电阻器，那是我的设计！

在上述片段中，科恩斯认为福特公司侵犯了其专利权。根据我国专利法规定，专利侵权是指在专利权的有效期限内，任何他人在未经专利权人许可，也没有其他法定事由的情况下，擅自以营利为目的实施专利的行为。我国专利法规定，未经权利人许可为生产经营目的制造、使用、许诺销售、销售、进口其专利产品，或

使用其专利方法以及使用、许诺销售、销售、进口依照该专利方法直接获得产品的,以及假冒他人专利或冒充专利的都将构成专利侵权行为。在涉及专利的生产经营合作中最容易出现专利侵权,就像本片中科恩斯与福特那样。福特公司为取得在汽车行业的领先地位,在科恩斯发明了眨眼式雨刷后借与其合作为名要求其提供样本和了解设计原理(这恰是专利保护的范围,我国专利法规定"发明或者实用新型专利权的保护范围以其权利要求的内容为准,说明书及附图可以用于解释权利要求的内容。")在此期间尽管科恩斯曾多次拒绝,但最终抵不过实力强大的福特公司。福特公司在得到样本后以不符合其风格为由多方面终止了与科恩斯的合作。不久之后福特公司在其新产品"野马福特"汽车上使用了科恩斯的发明,甚至将其更名为"间歇式雨刷"。当然科恩斯在此之前已向专利办公室提交了专利申请并取得了专利权。这样福特公司未经科恩斯许可,以营利为目的使用其专利,其行为就构成了专利侵权。更严重的是,其他汽车公司也竞相效仿,使专利侵权的范围进一步扩大,科恩斯的发明变得一文不值。

通常而言,可以从以下几方面来判断是否构成专利侵权:首先要分析被指控侵权的方案的技术特征,并将其与专利方案中独立权利要求中的特征进行比较,查验独立权利要求中的全部技术特征是否被包含在侵权物中。其次要比较前述所有与独立权利要求相同的技术特征是否都与专利独立权利要求所述方案具有相同的功能或形式,所有特征间的相互关系是否相同。最后要判断所有特征按这种关系的组合所产生的效果是否相同。[1] 在本

---

[1] 刘春田:《知识产权法》,北京:中国人民大学出版社2009年第4版,第242－243页。

片中,这场专利诉讼以福特公司败诉而告终,从而也证明了其符合上述侵权要件。

五、专利诉讼

▼ 场景十一:

丹尼斯:"除此之外,新的法庭,是为了解决联邦法庭因专利案件堵塞而设计的……"

科恩斯:你知道那代表什么吗?我们可以上法庭了。福特一直在等我放弃,等我的专利过期。如果能尽快上法庭,他们就会失去优势。

▼ 场景十二:

法官:芬里先生及科恩斯博士,请向前站。民事诉讼鲍勃·科恩斯对福特公司的诉讼将于 8 月 14 日开庭,美国密西根东区地方法院。科恩斯博士,你看来像是个理智的人。我不确定为何,但据我了解你将自我辩护。

科恩斯:是的,法官,我儿子丹尼斯会帮我。

……

法官:你在这件审理案中大部分听到的将会是专业上的作证,虽然你会注意到比较不专业的证据以半个车子的形体出现。原告是鲍勃·科恩斯博士,科恩斯博士指控福特公司侵犯到他所拥有的五个专利。如果你们决定是科恩斯博士赢,也要决定付给科恩斯博士赔偿的金额。科恩斯博士自愿在这场诉讼中自我代表,你们不能受到科恩斯博士正或反面的影响。

……

法官:请注意不要跟人讨论在法庭内所听到的,不能自我讨论,不能在陪审团房或走道。

……

芬里:这一系列的电子零件及电路组合自50年代就被美国汽车业使用。明显地自从福特工程师设计出来后,他们早在跟科恩斯博士初次见面前就已得知。

……

芬里:泰勒先生,请你说明你是否告诉过科恩斯博士,说他是"雨刷竞赛的赢家"?

泰勒:不像是我会说的话,不,真的不太记得有说过。我肯定试着鼓励科恩斯先生,我很尊敬他。现在还是,但说有竞赛一事我想有点夸张。我必须指出科恩斯博士的目的是自己生产雨刷。对我们而言是不可能的事。所以再次说明,福特不可能鼓励科恩斯博士为福特生产他自己的雨刷。不可能让福特将声誉交给没经验的供应商,会是很大的错误。

……

芬里:现在,当你先前说科恩斯先生并没有创新发明,能解释一下你的意思?

查普曼:可以,如你所见。科恩斯博士的基本样本是电容器、变量电阻器及电晶体组成的,那是电子学里最基础的,能在任何项目里找到。科恩斯先生所做的是重新组装罢了,那跟新发明是不一样的。

……

科恩斯:我这里有本狄更斯的书,叫《双城记》。你有读过吗?

……

查普曼:有,高中时读的,很棒的书。

科恩斯：对，很棒，如果可以的话我念前面的几个字："这是最好的时代，这是最坏的时代；这是智慧的时代，这是愚蠢的时代"。我们从第一个字"这"开始，这是狄更斯发明的字吗……听着，我这有字典。我还没检查，但我能猜得到。这本书里的每个字都能在字典里找到……所以你同意这本书里大概没有一个新字……狄更斯所做的就是重新组合，对吧……但狄更斯创造了新的东西，不是吗？利用文字，他唯一能用的工具，就像历史上所有的发明家必须用唯一能用的工具。电话、卫星，所有的东西都是从现有的东西变来的，对吧，教授？从目录上买的零件。

查普曼：基本上是对，但……

科恩斯：没问题了。

……

科恩斯（自问自答）：科恩斯博士，间歇性雨刷是否是你第一个发明？……不是，但是我最好的发明……科恩斯博士，请解释你雨刷的构想？……在1941年，最高法院提出在发明的过程中发明者必须有的经历，他们称之为"灵光一闪"，好授权予专利……从那天起，我就一直在想人类的眼睛。几年前，我从教堂跟我家人开车回来，外面下着毛毛雨。我就想了，为什么雨刷不能像人的眼皮？为何不能眨？那就是我的灵感

……

芬里：你后来因精神崩溃而被送去罗克维尔州立医疗中心作治疗？

科恩斯：对。

芬里：那是因为你的精神状况不稳，对吧？

科恩斯：我那时有做治疗。

芬里：但你确认白宫要你去华盛顿，不是吗？

科恩斯:是的。

芬里:就像你确认泰勒先生告诉过你,你赢了雨刷竞赛。

……

芬里:毫无疑问地,铁证如山,是谁在40年代研发、设计及测试自动归位的雨刷?福特公司。是谁设计、测试、生产及卖所谓的"隐藏式"雨刷?福特公司。……很不幸地,像之前所证明的他有时混淆了现实跟幻想。幸运的是,他有寻求专业治疗;但不幸是鲍勃·科恩斯,一个好人拖我们所有的人上法庭,为了被证实无效的专利。无效,这才是重点。

……

科恩斯:我们来的原因,不是因为任何。福特在40年代有或没有做的事,芬里先生很优雅地诉说了所有我没发明的东西,但芬里先生却很难去谈我发明过的东西。为什么呢?因为他不能,这就是原因。但我们来这是因为福特公司利用他们的影响力、他们的金钱及所有公司的力量,利用了当时的情况。各位先生女士,他们的行为完全错了。他们占用他人的设计为己用。现在在多年后,在被抓到之后,他们还有胆子坐在这里直直看着你们说:"不、不、不,福特没做错事。"他们心知肚明,他们有所有需要的材料制造这发明。他们已经知道怎么做,但我能告诉你,他们不是全都知道。他们不知道在一个炎热的夏天,我跟我的伙伴吉尔·皮维克去了他们的停车场,带了我取名为科恩斯眨眼马达的早期版本。现在,在场所有伟大令人印象深刻的律师们,他们试着说服你们我的专利过期了。但专利办公室出错了。不是一次,不是两次,而是五次,当他们发给我专利时。现在他们试着让你们相信专利不值钱,是无效的。我一生的杰作是废物,他们要你们如此想,因为他们也是这样想。我要你们知道一件事。当我走进法庭时,我这里戴着徽章,你们看不到上面写我是发明家,是社会的贡献者。我知道我进来时你们看不见,现在这法庭还有人看不到这个徽章。芬里先生,他看不到,在那桌的人也不能。但我想相信在你们听过证词后,在过去几星期所听到的,能让你看到徽章。

……

法官:陪审团决定了吗?

陪审团:是的,法官大人

法官:请念出来。

陪审团:鲍勃·科恩斯对福特公司的诉讼,我们判定福特公司侵犯了鲍勃·科恩斯所拥有的专利权。考虑到这些无肆意侵犯,我们判给起诉人一千万元。

专利诉讼是专利权人维权的重要武器。在本片中,科恩斯就是通过这种方式维护了自己对间歇式雨刷的专利权。"专利诉讼是指与专利相关的诉讼。即专利权人或利害相关人与公众之间,或者专利权人或利害关系人与国务院专利行政部门或专利复审委员会之间就专利发生纠纷,不能通过调解、调处解决时,权利人或其他当事人请求人民法院裁决而进行的诉讼活动。"[①]其主要包括专利民事诉讼、专利刑事诉讼和专利行政诉讼。本片中主要反映是前者中的专利侵权诉讼。这种诉讼与普通民事侵权诉讼有很多个同的地方。

专利侵权诉讼具有很强的技术性。专利是具有很强技术性

---

① 黄勤南:《知识产权法教程》,北京:中国政法大学出版社 2001 年版,第 231 页。

的工作，判断是否构成侵权需要丰富的专业知识。这就要求审案法官、原被告双方及代理律师都具有丰富的专业知识。如在本片中科恩斯选择在学习有关法律知识后自己为自己辩护，一方面是因为他支付不起昂贵的律师费（因为其对手是财大气粗的福特公司），另一方面则是因为他自己本身就具备相关方面的专业知识。当然，本片中查普曼教授出庭也是为了解决诉讼中的专业问题，但是很遗憾他似乎并不专业。为保障这类案件审判的专业性，我国有关司法解释规定，专利纠纷第一审案件，由各省、自治区、直辖市人民政府所在地的中级人民法院和最高人民法院指定的中级人民法院管辖。目前这些法院都设立了专门审理知识产权案件的审判庭。与此同时，由于这类案件涉及到技术等商业秘密，因此在审理过程也比较保密。例如在本片中，法官就要求"不要跟人讨论在法庭内所听到的，不能自我讨论。"

在本片中，福特公司为获胜诉在抗辩中采用四种方式：一是辩称科恩斯的发明创造不是专利。例如其诉讼代理人芬里就说组成间歇式雨刷的电子零件及电路组合早就被使用过，从而试图证明科恩斯的发明创造不具有新颖性。二是质疑科恩斯的民事行为能力。芬里指出科恩斯曾因精神问题而被送去治疗。一旦其主张被陪审团采信，科恩斯证词的效力就会大打折扣，甚至会被当做精神有问题的无民事行为能力人而丧失诉讼主体资格。三是作伪证。例如福特公司的主管泰勒就当庭否认他自己说过的话，而这些却都是事实（在法庭上作伪证是违法的）。最后科恩斯说出了他和吉尔曾向福特公司展示过其发明创造早期版本的事实，这也是其胜诉的关键。四是力图向陪审团说明科恩斯专利已经失效。包括专利在内的知识产权保护是有期限的。例如我国法律规定，发明专利权的期限为20年，实用新型专利权和外观设计专利权的期限为 10 年,期限届满就不受法律保护了;注册商标的有效期为 10 年,可以续展,每次续展注册的有效期为 10 年;著作权的保护期为作者终生及其死亡后 50 年。不仅如此,专利侵权诉讼也有时效的规定。例如我国专利法规定,侵犯专利权的诉讼时效为 2 年,自专利权人或者利害关系人得知或应当得知侵权行为之日起计算。

在本片中,科恩斯的几段法庭辩论充分展示了以专利为代表的知识产权的真谛和精义。例如他用《双城记》中的开篇文字证明了文字和原件的重新组合也是创造,这不仅简单、直观地说明专利的基本原理,甚至还涉及到了知识产权中了另一个重要组成部分——版权的基本原理。又如他再向陪审团做最后陈词时更是痛斥了当时美国不尊重专利、不尊重智力成果的现实。其中他引用狄更斯在《双城记》开篇的那句话:"这是最好的时代,这是最坏的时代;这是智慧的时代,这是愚蠢的时代。"这应该是有所指的。

六、知识产权中的伦理与法

▼ 场景十三:

科恩斯:大家早,我要欢迎你们来到第一学期应用电机工程系的第一节课。我是鲍勃·科恩斯博士。一开始,我想要跟你们聊聊道德标准。我想不出有任何工作或职业比工程师更需要了解道德标准的重要性。是谁发明人工主动脉瓣膜?是工程师发明的。是谁设计奥辛维兹集中营的毒气室?那也是工程师的杰作。一个救了成千上万的人,另一个则要为屠杀百万人而负责。现在,我不知道你们任何一个人的未来,但我能保证有一天你会面临抉择,不会像决定动脉瓣膜或毒气室一样容易。我们在这堂课里做的每件事,最终都会回到道德层面,懂吗?成绩也很重要。

▼ 场景十四:

吉尔:我做的是寻找其他方法,像任何明智的人会做的事。当然他们不会回应。你能期望什么?

科恩斯:那上法庭告他们!

吉尔:是这样吗?这是底特律,鲍伯。我去年赚了一千七百万的生意,你要猜我明年赚多少,如果我开始告我的客户。

科恩斯:这不是钱的问题,这是道德问题。你很清楚的。天啊,你是我的朋友!

吉尔:没错,我是。

科恩斯:你有要求参与吗?

吉尔:你需要换着角度想,你需要好好地看现实生活,了解我们对抗的是谁?这不是你唯一的好构想,你从十四岁就不断地发明。现在,我要回去吃我的晚餐,晚点再谈。

科恩斯:我会自己去告。

吉尔:不要,别去管了。鲍伯。

科恩斯:一切还没完,我不会退缩的。

▼ 场景十五:

罗森:鲍伯,费莉丝,我很高兴地向你们
报告,福特愿意以二十五万和解。

费莉丝:二十五万,天啊

科恩斯:和解?那事实上是什麽意思?因为我以为我们不会和解。

罗森:不会,我们的合约上有写。我们并没有要求和解,这是福特自己提议的。坦白说,我们有点吃惊。

伊恩:天杀的吃惊,原谅我的用词,但是是愉快的吃惊。

科恩斯:好,但在这个提议里他们有承认那是我的发明吗?还是他们撒谎了。

罗森:像这类的和解,按惯例,双方禁止发表意见。

伊恩:意思是他们不能说这不是你的发明。

罗森:不,绝对不行。不、不、不,绝对不准。

科恩斯:但他们不能说是他们偷的?

罗森:不会,但如果他们要以二十五万和解,我认为我们能得到三十五万甚至四十万。

费莉丝:太好了,我想我们会好好考虑。

罗森:当然,费莉丝说得没错,你该好好考虑,这是很漫长的诉讼。

科恩斯:不,没什么好考虑的,拒绝他们。

……

迪法欧:为了证明这点,他们授予我权力,提供你大笔金钱,外加你的法律费用。

科恩斯:我接受。

迪法欧:好极了。

科恩斯:有个条件,只要福特在《底特律报》上登广告,说他们偷了鲍勃·科恩斯的发明,并尽全力阻止我上法庭。

迪法欧:唯一的问题是,那是个谎言。说他们偷了你的发明,是对那公司里的每个工程师、股东及每个男女的侮辱。鲍伯,如果你觉得受到冤屈,福特真的感到抱歉。为了解决这件事,他们愿意先释出好意。老实说,很大的好意,一百万的好意。

科恩斯:我有事要做,你妨碍了我。

……

迪法欧：鲍伯，三千万。

丹尼斯：三千万？

迪法欧：是的。我今晚是来提供你父亲，特别是这全家那么多钱。案子结束，我们不需要陪审团，今晚就能和解。

科恩斯：那我发明的声明呢？或是我所花的时间、精力及我受损的名声。

……

凯西：不要拿，爸。

丹尼斯：去他的，爸。我们都奋斗这么久了。

科恩斯：迪法欧先生，你在这里没什么运气。

很多人看完本片后都为科恩斯维权的艰辛历程而叹惋，都在为他不为金钱所动"不为五斗米折腰"的精神———次次拒绝福特公司逐次增高的和解金（场景十五），福特公司最后提出的和解金（三千五）百万甚至超过了他在胜诉后法院判赔的金额而敬佩。人们都在思索他为什么如此执着？其实本片在场景十三中用科恩斯在课堂上对学生们所讲的那段话，以及在场景十四科恩斯与好友吉尔额的对话中已埋下了伏笔。其实包括专利在内的知识产权不仅是法律问题，同时也是伦理道德问题。知识产权不仅是受法律保护的财产制度，而且还是依据价值观与伦理观而制定的，其反映了主体的基本价值取向。"一定的知识产权价值观影响和制约着人们对一定知识产权制度的选择。一定的社会和主体决定是否建立知识产权制度，选择何种知识产权制度，除了受到生产力发展水平和利益机制的约束外，还要受到一定的价值观和伦理观的影响。"①就本片所反映的20世纪美国而言,是极不尊重知识产权的。像福特这样的大公司,正如科恩斯在本片中所说的"利用他们的影响力、他们的金钱及所有公司的力量,利用了当时的情况""占用他人的设计为己用。"甚至"在多年后,在被抓到之后,他们还有胆子坐在这里直直看着你们说:'不、不、不,福特没做错事。'""他们试着让你们相信专利不值钱,是无效的。我一生的杰作是废物,他们要你们如此想,因为他们也是这样想。"就此而言,这种案件发生在当时的美国就不难理解了。与此同时,"一定的知识产权伦理观和道德规范,是保护知识产权、协调知识产权关系的内在机制。"②不论是福特那样的大公司还是普通的公民都要具有知识产权意识。"法律是道德的底线",只有全社会树立了这种意识,人们才会主动自觉地遵守知识产权法,维护知识产权权利人的合法权益,才能从根本上遏制知识产权侵权现象。

七、结语

知识产权是促进人类发展进步的重要力量,是人们最闪亮的智慧之光,尽管它正如科恩斯在本片中所说的那样只是头脑中"灵光一闪"的灵感。正是因为这样它也很容易被侵犯,因此就更需要法律的保护,甚至伦理道德的规范。尊重知识产权、尊重知识,人类和社会才会发展进步。

---

① 彭立静:《伦理视野中的知识产权》,北京:知识产权出版社2010年版,第27页。
② 彭立静:《伦理视野中的知识产权》,北京:知识产权出版社2010年版,第28页。

参看影片:

《真水无香》,范志博、杨沫主演,通过几个知识产权法案例讲述了北京市海淀区人民法院知识产权庭庭长宋鱼水的先进事迹,其中涉及到知识产权法中的专利法、商标法等内容。

第十章　从《抢钱世界》看商法

> 那些踏入商业世界的人会发现他们要服从数不清的法律和政府规定。
> ——[美]米勒

片名:《抢钱世界》
导演:诺曼·杰威森
主演:丹尼·德维托、格利高里·派克、佩内洛普·安·米勒
出品时间:1991年

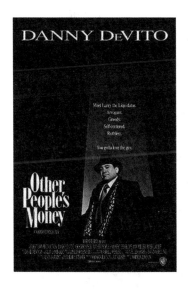

【影片简介】劳伦斯·加菲尔德是华尔街专门从事股票清算业务的企业大鳄,对"别人的钱"有很深的痴迷。通过调查,劳伦斯垂涎于新英格兰电线电缆公司雄厚的企业资产,于是想通过购买该公司股票控制该公司。但该公司是经营了八十多年的老企业,在这个小镇上它仍是当地人的骄傲,解决了很多人的就业,同时经历了两次世界大战、多次经济危机的冲击,现在虽面临环境污染法律诉讼但依然存在……但这家公司有个致命问题,就是不能盈利,十年前发行的每股十美元的股票,到现在依然未涨分文。

加菲尔德亲自登门与新英格兰电线电缆公司董事会主席安德烈·乔根森进行收购谈判但被乔根森拒绝。因为他不想出卖自己父子一起经营了八十多年的企业。虽然他对公司目前的运营没有更好的办法,但却对企业的未来胸有成竹。为了避免被收购,乔根森听从了妻子同时也是公司董事的建议,聘请自己女儿同时也是商业律师凯特·沙利文帮助,给公司出谋划策。

就在沙利文与加菲尔德相互谈判,并约定在一个月的期限内不得再次购买新英格兰电线电缆公司股票时,加菲尔德却连续增持新英格兰电线电缆公司的股票,成为了该企业的实际所有者。而生性自负且不了解华尔街运行规则的乔根森,不仅仅拒绝了沙利文将公司注册地转移至受反垄断收购法律保护的州,而且还自信满满以为持有公司20%的股份也是最大的股东,同时董事们凭自己的良心也会支持自己的企业未来发展。

最后经营管理方式落后的新英格兰电线电缆公司,终于被华尔街新兴的经营理念所打败,它最终倒闭成为一家日本企业生产空气囊的代工厂。而加菲尔德在本次收购中低进高出,继续在华尔街横行无忌。

本片是基于美国真实故事改编,以公司收购为其主题的影片。其中涉及商业规范、公司兼并及重组以及证券交易等诸多内容,从而也为我们了解以公司法为核心的商法提供了素材,同时本片也涉及到了证券法等内容。

一、股票与公司——兼论公司法与商法

▼ 场景一:

乔根森:照张漂亮的,埃尔顿,股票又上涨了一点五个点!

埃尔顿:有人在搞鬼,乔根森。

乔根森:股票上涨是好消息,别担心。

……

加菲尔德:上涨两个点。电线电缆涨了两个点,电线电缆涨了两个点。

▼ 场景二:

加菲尔德:安杰利。

安杰利:在这。

加菲尔德:东方汽车旅馆的流通股是多少?

安杰利:六百万,加菲尔德先生。我们有两百五十万股。

股票是现代人们生活中的常见事物。股票通常是指由股份有限公司发行的、表示其股东按其持有的股份享受权益和承担义务的可转让的书面凭证。我国公司法规定"股票是公司签发的证明股东所持股份的凭证",是股份的表现形式。它是股东为获利而购买的投资工具,是股东对股份公司投资的重要凭证;它也

是股份公司筹集资金的重要手段,在本质上是一种可流通和转让的有价证券;它更是股东法律地位的证明。"股东依其持有的股票行使股东权,所以,股票也是股东在公司中的法律地位的证明。"①鉴于股票投资具有很大的风险性,所以人们常说"股市有风险,投资须谨慎"。与此同时,并非所有组织都能发行股票,股票的发行者只能是公司,而且只能是股份有限公司。

公司是指由符合法定人数的股东出资组成的、从事营利性经济活动的企业法人。② 首先,它是以营利为目的的经营组织,营利性是其最重要的特征,设立公司的主要目的就是为了获利,场景一描述的股价上涨就意味着营利;其次,公司作为社团法人应为人的结合,社团性也是其重要特征,当然此外其也包括了投资的结合;最后,公司是典型的法人型企业,它必须有独立的财产、且依法设立并独立承担责任。尽管在历史和学理上,公司有有限责任公司、股份有限公司、无限公司、两合公司和股份两合公司等不同类别,但目前我国《公司法》只认可有限责任公司和股份有限公司两种形式,即公司在中国指的就是有限责任公司和股份有限公司。我国公司法第3条规定,"有限责任公司的股东以其认缴的出资额为限对公司承担责任;股份有限公司的股东以其认购的股份为限对公司承担责任。"此外,两者在股东人数、股东责任、公司组织等方面都有较大差别。只有后者才能发行股票,但并非所有股份有限公司都能发行股票。股票能在证券交易所上市交易的股份有限公司被称为上市公司。按照我国《证券法》第50条之规定,股份有限公司申请其股票上市应具备的条件有:股

---

① 范健:《商法》,北京:高等教育出版社2011年第4版,第149页。
② 范健:《商法》,北京:高等教育出版社2011年第4版,第102页。

票经国务院证券监督管理机构批准已公开发行;公司股本总额不少于人民币三千万元,公开发行的股份达到公司股份总数的百分之二十五以上,公司股本总额超过人民币四亿元的;公开发行股份的比例为百分之十以上;公司最近三年无重大违法行为,财务会计报告无虚假记载等。否则不能发行股票。

"市场经济就是法制经济。"为规范公司的组织和行为,保护公司、股东和债权人的合法权益,维护社会经济秩序,国家制定和颁布了公司立法。"公司法是调整公司在设立、组织、活动和解散的过程中所发生的社会关系的法律规范的总称。一言以蔽之,公司法是调整公司对内对外关系的法律。"[1]从性质上来说,它既是规范经济活动主体的组织法,又是规范主体经济活动的行为法;它虽在传统上被视为私法,但目前却表现出公法化的趋势,是"公法化了的私法";它既是国家管理公司的行为规范,又强调公司自我管理与治理的作用。这些特征都表现出公司法的商法特质。公司法在本质上属于商法的范畴,而且常常被认为是商法的核心。"商法是指调整商事交易主体在其商行为中所形成的法律关系,即商事关系的法律规范的总称。"[2]人们常说"市场经济是发达的商品经济",而商法就是规范商品经济之法。它与经济法同为调整经济关系之法,但只是有所侧重而已:前者主要调整平等主体间的商事交易,主要强调意思自治;而后者主要体现国家权力对经济活动的干预,主要强调国家统治。从其组成上看,商法主要包括公司法、破产法、票据法、证券法、保险法和海商法等。本片主要涉及公司法中的相关问题,同时也涉及证券法中的

---

[1] 范健:《商法》,北京:高等教育出版社2011年第4版,第104页。
[2] 范健:《商法》,北京:高等教育出版社2011年第4版,第7页。

有关内容。

二、股东权益

▼ 场景三：

加菲尔德：比尔，你是不是收购了一些其它公司？你有一个水暖，电器和一些胶类公司，没什么意思但都有像样的利润，卡门说它们值八千万美元。……唯一的坏消息是这电线电缆公司没有利润。所有其它部门都不得不支持你。现在，作为股东，我并不高兴。

▼ 场景四：

加菲尔德：查查看，你的支出是十年前的两倍，我们尽心尽力的员工在过去的三年中收入并没有增加，而只赚着十年前的两倍；我们的股价，十年前的价格就是十六美元每股……而且不要忘记，我们唯一的动机，你们中的任何一个在决定当股东的第一个念头，就是你想赚钱。你不在乎他们生产电线电缆还是炸鸡肉的或是种桔子，你只想赚钱！我是你唯一的朋友，我为你挣钱。拿着这些钱，投资到其它地方。

▼ 场景五：

加菲尔德：只有在华尔街，他们称它为股东价值最大化，他们称它是合法的。他们用美元钞票取代了良心的位置。该死！商业比其股票价格更具价值。

▼ 场景六：

加菲尔德：我问你：你有向我绿票讹诈的授权吗？当然没有，这是一个律师的方案，每个人都皆大欢喜。我得到回报，乔根森守住了他的公司,工人保住了他们的工作,律师得到一大笔佣金,皆大欢喜啊。

凯特:听上去对我非常好。

加菲尔德:除了股东。他们的股价跌到地板上了,还不知道是什么袭击了他们。

▼ 场景七:

凯特:输了什么?

加菲尔德:这个交易。我第一个来,我以成本价把我的股份卖还给你。你第一个来,你出价二十五美元买回它们。

▼ 场景八:

乔根森:我想在四周后的年会上进行投票决议,让公司的股东来表决。

凯特:不能那样做,太危险了,我们会失去一切的。

▼ 场景九:

比尔:我准备卖你权利,年会上的投票权。

加菲尔德:多少钱?

比尔:一百万。

加菲尔德:太多了。

比尔:你需要多一百万股。现在,只要一个交易你能得到这百分之十的份额。更好的是,他们只能依靠自己的股份投票。他们失去百分之十,你就获得百分之十。

加菲尔德:如果你到时变卦,或如果我没用到这十万的选票就赢了,你就挣了一百万了。另外,我不需要它们,我不会投票。

比尔:我不是卖给你一个选择,我是卖给你这些股票的投票权利上述片段谈论的核心话题就是股东权益。股东是向公司出资并就出资享有权利和承担义务的人。股东向公司出资最主要目的就是为了获取利润，就像场景四中所述"我们唯一的动机，你们中的任何一个在决定当股东的第一个念头，就是你想赚钱。"因此如果公司没有利润，就会像场景三中所述，股东们自然就不会高兴。因此公司存在最重要的目的，就是如场景五中所述的实现"股东价值最大化"。当然现今公司法在强调这点时，也强调公司的社会责任，但重点仍然是前者。众所周知，股价下跌将使股东财富受损。如果像场景六中所述，股东的"股价跌到地板上了"，他们自然不干。

公司是由股东出资组成的法人组织，股东将自己的财产交由公司进行经营，即按其出资份额对公司享有权利并承担义务，这就是股东权。通常而言，股东的权利主要包括：①出席或委托代理人出席股东会并行使表决权；②按照公司法及公司章程的规定转让出资或股份；③查阅公司章程、股东会会议纪要、会议记录和会计报告，监督公司的经营，提出建议或质询；④按其出资或所持股份取得股利；⑤公司终止后依法取得公司的剩余财产；⑥公司章程规定的其他权利。场景七和场景九主要反映了股东的第二项权利，即股东转让股份的权利；而场景八和场景九则主要反映了股东的第一项权利，即股东出席股东会并在会上投票表决的权利。其实这两种权利有着密切关联。股东权基于股东身份而取得，股东如果转让了其股份，也就转让了其包括出席股东会并在会上投票表决的权利在内的所有权利。所以才会出现上述场景中通过购买股份而获取表决权的情形。

不过股东的这些权利也并非不受任何限制。例如我国《公司法》就规定,公司发起人持有的本公司股份,自公司成立之日起1年内不得转让。当然股东也负有向公司缴纳股款、公司登记后不得抽回出资以及遵守公司章程、对公司债务以其出资额或认缴的股款为限承担责任等义务。

三、公司治理结构

▼ 场景十:

沙利文太太:你会清算新英格兰电线电缆公司吗?如果会,那工人怎么办?

加菲尔德:我只对股东负责,董事会做决定。

▼ 场景十一:

科尔斯:请大家安静一下,欢迎来到新英格兰电线电缆年度股东大会。我是威廉·科尔斯,你们的总经理。我肯定,我确信在这里的每个人都了解最重要的一项议程,是选举公司的董事。

公司具有不同于其他企业的组织形式和产权结构,形成了所谓的公司治理结构。它"是指为适应公司的产权结构,以出资者与经营者分离、分立和整合为基础,连接并规范股东会、董事会、监事会、经理相互间权利、利益、责任关系的制度安排。"①场景十和场景十一分别道出董事会和股东会的职权。

股东会是公司的最高权力机构。它指在各类公司中由全体股东组成的公司权力机构,即股份有限公司的股东大会和有限责

---

① 刘文华、肖乾刚:《经济法律通论》,北京:高等教育出版社2006年版,第173页。

任公司的股东会。其所决定的都是公司运营中的重大事项,主要包括:①决定公司的经营方针和投资计划;②选举和更换非由职工代表担任的董事、监事,决定有关董事、监事的报酬事项;③审议批准董事会的报告;④审议批准监事会或者监事的报告;⑤审议批准公司的年度财务预算方案、决算方案;⑥审议批准公司的利润分配方案和弥补亏损方案;⑦对公司增加或者减少注册资本作出决议;⑧对发行公司债券作出决议;⑨对公司合并、分立、解散、清算或者变更公司形式作出决议;⑩修改公司章程;⑪公司章程规定的其他职权。场景十一反映的是股东会的第二项权利。

董事会是公司的最重要的决策和领导机构,也是公司对外进行业务活动的全权代表。它是指由股东会选举产生的必设和常设的集体业务执行机关与经营意思决定机关。其享有以下职权:①召集股东会会议,并向股东会报告工作;②执行股东会的决议;③决定公司的经营计划和投资方案;④制订公司的年度财务预算方案、决算方案;⑤制订公司的利润分配方案和弥补亏损方案;⑥制订公司增加或减少注册资本的方案以及发行公司债券的方案;⑦制订公司合并、分立、解散或者变更公司形式的方案;⑧决定公司内部管理机构的设置;⑨决定聘任或者解聘公司经理及其报酬事项,并根据经理的提名决定聘任或者解聘公司副经理、财务负责人及其报酬事项;⑩制定公司的基本管理制度;⑪公司章程规定的其他职权。场景十二实际上反映的是董事会的第七项权利。

监事会是对公司的业务活动进行监督和检查的常设机构。作为公司的法定监督机构,其职权主要包括:①检查公司的财务;②对董事、高级管理人员执行公司职务的行为进行监督,对违反法律、行政法规、公司章程或者股东会决议的董事、高级管理人员提出罢免的建议;③当董事、高级管理人员的行为损害公司的利益时,要求董事、高级管理人员予以纠正;④提议召开临时股东会会议,在董事会不履行法定的召集和主持股东会会议职责时召集和主持股东会会议;⑤向股东会会议提出提案;⑥依法对董事、高级管理人员提起诉讼;⑦公司章程规定的其他职权。

公司治理结构的实质是公司内部决策权、执行权、监督权等三权的分立与制衡,从某种意义上说也是对西方"三权分立"政治模式的仿效。"公司内部同国家一样存在各集团力量和利益的不平衡,所以公司和宪法不仅要解决权利的分配问题,而且更需要解决权利的制衡问题……依'三权分立、相互制衡'的权利分配模式解决公司机关权力的分配,使公司内部权力达到平衡,从而促进公司的稳定发展。"①

四、公司收购与反收购

▼ 场景十二:

加菲尔德:我做了我的工作,现在到你了。摆脱这间电线电缆公司,它是金融肿瘤。

乔根森:你们能离开一下吗?我想单独跟加菲尔德先生谈谈。你觉得你在做什么?你个小混蛋。你不能来到我的镇,我的厂,拿走我的公司。你不能那样做。

加菲尔德:你是火星人吗,乔根森?这叫公司接管。

乔根森:我知道它叫什么,我不想让你这样做。

加菲尔德:这很简单,我一直在这么做。

---

① 屈振辉:《论宪法理论对完善公司法的借鉴作用》,《呼伦贝尔学院学报》2004年第4期,第85页。

▼ 场景十三:

凯特:假设某人想要入侵你,你除了保护自己别无选择。你有一些可选的方案。首先,我建议改变你的注册州,从罗得岛到特拉华州。

乔根森:为什么是特拉华州?

凯特:好主意!在特拉华州有很强的反接管法,这样我们不会玩死。

乔根森:到底是谁玩死?

凯特:你必须保护自己。

乔根森:所以离家出走到特拉华州?

凯特:乔根森,只是纸上而已。

乔根森:本公司成立在罗得岛,它将继续在罗得岛。

凯特:迁去特拉华又不是内罗毕。

我拥有百分之二十的股份

乔根森:董事会有百分之五,工人们也有百分之五,那就是百分之三十了,这样这个人怎么能得到控制权?

▼ 场景十四:

乔根森:好吧,你有什么意见?

凯特:让他自己离开。

乔根森:怎么做?怎么做?你的意思是?

凯特:给钱让他走,让他赚到钱。这是绿票讹诈,乔根森,而且还经常发生。

乔根森:这是恐怖主义,我不会妥协的!

▼ 场景十五:

玛西娅:波拉德法官不会根据这个细则而给你一个禁令的。

凯特:我们是一个法制国家,玛西娅。最终,对技术性细则的法律会出台的。

……

加菲尔德:禁制令,临时禁令,太谢谢你们了。我有好多员工,十七个律师,要我付聘金的,你们是不是要想些办法。

本片英文名直译过来为"别人的钱",其意是指收购家"用别人的钱收购公司让自己发财"的商战战术。场景十二中所说的公司接管,在我国公司法中还有其他含义,但它在西方指的就是公司收购——主要通过购买股份(票)实现,其主要目的是取得对公司的控制权。如前所述,股东利益最大化是公司存续最重要的目的,这意味着公司只有控制在精明强干的人手中才能最大限度的实现上述目的。但是对于公司的原控股股东而言,他们往往并不甘心失去对公司的控制权,总会想尽办法来阻止有意收购公司者,因此双方必然要为此进行一番争斗,而这些在本片中都有充分的反映。

我国《证券法》第四章以专章的形式对上市公司收购做出了规定。"上市公司收购是指投资者(收购人)旨在获得特定上市公司(目标公司)股份控制权或将该公司合并所进行的批量股份购买行为。"[①]其中被收购公司是股票公开上市的股份有限公司,而收购人也必须通过市场向多个投资者批量购买股份,其目的是要在控制股份的基础上控制目标公司的经营管理权。我国《证券法》上市公司收购主要有三种形式:一是要约收购。"要约收购是指收购人为取得或强化对目标公司的控制权,通过向目标公

---

① 范健:《商法》,北京:高等教育出版社 2011 年第 4 版,第 304 页。

司全体股东公开发出购买该上市公司股份的要约方式。"二是协议收购。"协议收购是指收购人与目标公司的股票持有人约定收购股份的价格及其他条件,由股票持有人向收购人转让目标公司股份的收购方式。"①三是竞价收购。竞价收购是指收购人通过证券交易所以集中竞价交易方式依法连续收购上市公司股份并取得相对控股权的行为。此外还包括其他的程序性和限制性规定。

正当的公司收购行为有利于促进股东利益最大化,有利于经济社会发展,因此也受法律的保护。但在现实中也存在恶意的公司收购行为。"恶意收购,是指收购人的收购行动虽遭到目标公司经营者的抵抗,但仍强行实施,或者没有事先与目标公司经营者商议而提出收购要约。"②它通过如幕后交易、联手操纵、欺诈行为、散布谣言等不正当的手段,事先未作充分信息披露和声明而采取突然袭击的形式收购其他公司的股份。它损害有关当事人和广大投资者和社会公众的利益,因此必须受到法律的规制。世界上很多国家都制定了反收购法律制度,其中以美国特别是特拉华州的反收购法最为成熟和发达。在美国有联邦法和州法两套法律体系,反收购法属于后者,因此是否适用该法主要取决于公司注册地。"特拉华州反收购法可能是所有州立反收购法中最重要的一个……该州最具吸引力的是1988年通过的反收购法案。"③所以本片中才会出现凯特建议乔根森将公司注册地址迁往特拉华州的一幕。

---

① 顾功耘:《经济法》,北京:高等教育出版社2008年版,第275。
② 韩长印:《商法教程》,北京:高等教育出版社2007年版,第238页。
③ 陶启智:《兼并与收购》,北京:北京大学出版社2014年版,第101页。

五、证券交易法

▼ 场景十六：

加菲尔德：理查森，我想买光新英格兰电线电缆公司的所有股票，买所有能买的。起草一个他妈的13D（受益所有权报告）。我要这个赶紧弄完。

理查森：我们已经在做了。

……

凯特：嗯，这是正式的。加菲尔德意图接管公司，他起草了13D给证券交易委员会。他现在拥有我们百分之十二的股份。

▼ 场景十七：

玛西娅：你怎么了？

凯特：两年前，他试图接管韦斯特里奇公司，他被起诉因为没有披露他的13D。这是什么？

理查德：圣诞节名单

玛西娅：他们当时做了什么？

凯特：没什么，撤销了控诉。

玛西娅：投资者受损了？

凯特：不，指控撤销了，是因为技术性细则。他被要求披露。

本片主要反映了商法中公司法的有关内容，但这往往也涉及到证券法的有关内容。实际上证券法是非常专业性、技术性的法律，要掌握和了解它具有相当大的难度，还需要具备证券方面的基本知识。上述片段中所说的13D即受益所有权报告就属于证券法的范畴。这是美国证券法中的特有概念。"1934年的《证券交易法》在第 13 条(d)中规定,持股比例超过百分之五的股东必须披露所有权。特别地,如果收购者买进了某公司任何一种股票的百分之五以上的直接或间接受益所有权,必须在十天内与证券交易委员会、有关的交易所及这家公司签订 13D 计划书。"①实际上我国证券立法也有类似更为详尽的规定,即《上市公司收购管理办法》。

证券交易委员会是美国负责执行联邦政府有关证券交易各项法律的管理机构,相当于我国的中国证券监督管理委员会。它是美国政府中的独立机构。凡在国内各大交易所上市的公司,必须先向证券交易委员会注册登记并向投资者提出说明书。凡在场外进行交易的公司,必须定期汇报有关公司财务情况及其他有关情况。证券交易所以及从事场外交易的经纪人和买卖人,必须向委员会注册登记,其交易活动必须遵守为维护投资者利益而规定的各项原则,禁止证券交易中的欺骗、操纵和其他恶劣作风。委员会有权对违反证券交易规则的控告和其他违法行为进行调查并采取制裁措施,直至停止其从事证券交易或提出刑事诉讼。委员会有权负责管理共同基金和其他控股公司的活动,以及对证券交易发布行政命令、决议或规则。②

六、结语

在包括公司法在内的很多商法规则中,体现出的不仅仅是公平正义的法律智慧,而且还反映了很多有关经营管理的商道智

---

① 布鲁斯·瓦瑟斯坦著、吴全昊译:《大交易》,海口:海南出版社 2000 年版,第 543 页。
② 解景林:《国际金融大辞典》,哈尔滨:黑龙江人民出版社 1990 年版,第 415 页。

慧。虽然商法在传统上曾是作为商人阶层的特别法,其适用范围并不广;但随着现代市场经济的发展,商业活动的日益增多和范围扩大,它越来越深入到人们的生活中。

参看影片:

1.《华尔街》,迈克尔·道格拉斯、查理·辛主演,讲述了青年巴德原为股市大亨盖柯的合伙人,后盖柯想要卖掉巴德父亲所工作的公司,他利用盖柯教他的战术拯救该公司的故事,反映了公司法、证券交易法等内容。

2.《门口的野蛮人》,乔纳森·普莱斯、詹姆斯·加纳主演,讲述了 RJR 纳贝斯克公司成型、壮大、最终走向刚刚收购,以及由此在华尔街掀起竞标狂潮和混乱的过程,反映了公司法、证券交易法等内容。

第十一章　从《反托拉斯行动》看经济法

> 竞争可以是建设性的,也可以是破坏性的。
> ——[美]马歇尔

片名:《反托拉斯行动》
导演:彼德·豪维特
主演:瑞安·菲力浦、蒂姆·罗宾斯、克莱尔·弗兰妮
出品时间:2000年

【影片简介】麦洛是斯坦福大学的高材生,对数字传媒具有天生的嗅觉,拥有光明的前途。正当他着手和朋友泰迪创办自己的公司时,却意外地被硅谷一间拥有数亿美金资产的大公司——NURV相中,这间公司的持有者,正是电脑业的顶尖人物——加里·温斯顿。NURV拥有一个雄心勃勃的商业计划,就是希望通过Synapes系统,改变人们的交流方式,全世界能够使用声音、视频和文字,在任何一种媒体上接受或者发送任何信息,从而将整个地球村完全地统一起来。为了这项工程,NURV花费了六年的时间,收购、吞并了很多传媒巨头,并在太空有十二个轨道共计二百四十颗卫星。这个"伟大"的构思,但却因为Synapes后台的接口程序,无法超越无线通信的带宽限制,而使用户体验大打折扣。

一切都是那么的顺其自然,温斯顿需要麦洛的技术,麦洛需要NURV这个更大的"舞台"发挥自己的天分,于是,两个天才一拍即合。麦洛最终放弃了与朋友泰迪一起创业的梦想,加入了NURV。麦洛和新搭档丽莎合作得非常出色,Synapes项目也在按计划逐步推进,这让温斯顿非常满意。在麦洛眼中,温斯顿无疑是个精明强悍无往不利的传奇式人物。但是,形势不久就出现了变化,自己的好友泰迪被温斯顿派人谋杀,原因是因为泰迪早于NURV攻破了无线传输的技术壁垒;与此同时,公司一连串的事件使麦洛开始怀疑起这个公司的底细。原来,他的老板温斯顿有着不可告人的秘密,而且处理起那些对公司的垄断地位构成威胁的问题一向是不择手段,泰迪就是最好的例证。更让麦洛不寒而栗的是,他发现,自己的女朋友乃至身边的同事没有任何人可以信任,他简直就是在和这个庞大的垄断组织孤军作战。经过几番斗智斗勇,麦洛最终将文斯顿送上法庭……

本片讲述了一个具有鲜明时代和全球意义的反垄断故事,常常被认为是影射世界闻名的微软公司垄断案,片中的大型软件公司及其老板被认为就是以微软公司及其老板比尔·盖茨为原型的。该片也为我们了解经济法这个法律部门提供了很好的素材。"从现代经济法的历史来看,它的确以竞争法为契机而产生,并在相当长时间内以竞争法为核心发展起来的。在一些市场经济国家,竞争法被称为'经济宪法''自由企业的大宪章'。"①

一、竞争、垄断、反垄断法与经济法的源起

▼ 场景一:

温斯顿:这种产业是个活着的生命体,在预言家的围绕下不停地扩张繁殖。这里没有等待的规则和考虑两次的时间,每个小时都会有新的发现,新的观点时刻都在准备被改变。这个产业是二进制的,要么你是一,要么你就是零,生存或者毁灭。

女主持人:议会和媒体认为,你违反了反托拉斯法案,并且威胁了公平竞争。

议员:温士顿先生,你能对你在这一领域内的垄断做一个合理的解释吗?

温斯顿:嗯,我们唯一的垄断就是我们有 NURV,他垄断了所有的优秀。现在仍然是一个自由的市场。

议员:但是自由的市场是鼓励竞争的,你却阻止了它。

温斯顿:竞争的本质一直都非常简单。世界上任何一个在汽车修理厂工作的小子,如果有一个好的点子就可以让我和我的公

---

① 杨紫烜:《经济法》,北京:北京大学出版社 2014 年版第 5 版,第 156 页。

司陷于困境。

……

女主持人:你真的把自己陷入了一个圈套,加里。你所有的竞争对手都不顾一切的想使用类似的技术进入这个市场。很多人甚至建议你不要这么确定的敲定这个雄心勃勃计划的启动日期。

温斯顿:我们将会准时启动的,我们可以打赌。

女主持人:你为什么这么肯定呢?

温斯顿:我们会不惜一切代价去努力的。

▼ 场景二:

布莱恩:我简直不敢相信你居然不要那张飞机票。你不去我去!

泰迪:你不会喜欢在那里工作的,布赖恩。为了自己的壮大,他们设法把每个对手都挤走。

布莱恩:这就是我想去的原因。你确定他没有要我的电话号码吗?

泰迪:麦洛,你不能去那里。他们甚至连"开放源代码"的含义都不知道。你是知道的,我们原来曾经讨论过的。他们只是想要拥有所有的东西。他们抄袭别人然后规模生产。

麦洛:我知道,我知道。

泰迪:每个人都受他们的低级的个人版本限制。以基督的名义,他们正在被司法部门调查。告诉他你的看法,拉里。

拉里:我想如果他很好奇的话,去那里看一下也没有什么不对。

麦洛:这是你的看法?

拉里:当然,我是说,这是你的人生。

泰迪:我要另外一瓶啤酒……

▼ 场景三:

NURV 职员甲:我们付出了大量的金钱,加里,销售还是不好。

NURV 职员乙:我们能够通过股票来收购他们公司的吗,这样是不是会引起司法部的注意?

NURV 职员甲:他们没有股票,兰迪,他们甚至没有公司。

达尔文进化论认为"物竞天择、适者生存"是自然法则,但实际上人类社会也是如此。特别是在现代,每个经营者都时刻处于激烈的市场竞争中。经济法中的竞争是指"具有不同经济利益的两个以上经营者,为争取受益最大化,以其他利害关系人为对手,采用能够争取交易机会的商业策略去争取市场的行为。"[1]它的激烈和残酷程度正如片中温斯顿所说:"这个产业是二进制的,要么你是一要么你就是零,生存或者毁灭。"也正是因为市场竞争的激烈和残酷,就必然会有人想破坏竞争。破坏竞争的方式主要有三种,一种是不正当竞争,另一种是限制竞争,还有一种就是垄断。

本片叫《反托拉斯行动》,那么什么是"托拉斯"呢? 实际上"托拉斯"是垄断的一种形式,因此本片有时又被译为《反垄断行动》(当然这并不很准确)。"法律上关于垄断的基本含义是指各国反垄断法律中规定的,垄断主体对市场运行过程进行排他性控制

---

[1] 杨紫烜:《经济法》,北京:北京大学出版社 2014 年版第 5 版,第 152 页。

或对市场竞争进行实质性的限制、妨碍公平竞争秩序的行为或状态。"①正如片中所说"自由的市场是鼓励竞争的",但垄断者"只是想要拥有所有的东西""为了自己的壮大,他们设法把每个对手都挤走。"垄断从形式上看有卡特尔、辛迪加、康采恩和托拉斯等几种形式。托拉斯是其中的最高形式也具有最强的垄断性,"托拉斯是指几个独立的厂商合并成规模巨大的垄断组织,以吞并挤垮竞争者,从而试图控制市场。"②

对市场经济中所出现的破坏竞争行为,无论是不正当竞争、限制竞争还是垄断,市场经济本身是难以解决的,只有依靠外部强制力即法律。为了遏制垄断对市场经济的妨碍,西方国家于19世纪开始制定反垄断法。1890年,美国国会通过了《保护贸易与商业不受非法限制与垄断危害法》,即《谢尔曼法》,这也是世界上第一部现代意义上的反托拉斯法案。随后,美国又制定了《克莱顿法》《联邦贸易委员法》等一系列反托拉斯法案。通常而言,反垄断法所规制的垄断行为包括独占、合并、兼并、合谋协议、独家交易、股份保有和董事兼任等多种形式,本片中 NURV 职员所说的"通过股票来收购他们公司",即采用兼并和股份保有的形式。他们为了获取垄断地位"不惜一切代价",抄袭他人甚至买凶杀害泰迪。这就不仅是违反反垄断法,而是违反知识产权法甚至触犯刑律的行为。这也正应验了马克思的那句话,资本家"为了百分之三百的利润就敢冒上绞刑架的危险。"

我国反垄断法的出现较晚,在此之前只是在与反垄断法相邻

---

① 李昌麒:《经济法学》,北京:法律出版社2008年版第2版,第241-242页。
② 邱本:《自由竞争与秩序调控:经济法的基础建构与原理阐析》,北京:中国政法大学出版社2001版,第241页。

的反不正当竞争法中对垄断行为有所规制。2007年,全国人大常委会才通过《反垄断法》并于2008年开始施行。我国反垄断法所规制的对象包括垄断协议、滥用市场支配地位、经营者集中以及滥用行政权力排除、限制竞争等四种垄断行为。该法对抑制市场垄断行为,保障市场经济秩序具有重要作用。

  反垄断法的实质就是国家运用法律手段干预国民经济,因此一个新的法律部门即经济法也就应运而生了(所以从这个意义上来说,反垄断法是经济法最早的渊源)。"经济法是国家为了克服市场失灵而制定的调整需要由国家干预的具有全局性和社会公共性的经济关系的法律规范的总称。"[①]经济法是现代市场经济发展的必然产物,其与民商法共同构成了现代市场经济健康运行不可或缺的重要法律机制。为保障社会主义市场经济的发展,我国颁布了很多经济法性质的法律。具体而言,这些法律又大致可以分为市场秩序法、宏观调控法等比较典型的亚部门法,前者主要包括竞争法(反垄断法就属于其中)、消费者权益保护法、产品质量法等,而后者则主要包括产业与投资法、财税法与金融法、计划法与价格法等。经济法对保证国民经济快速、健康、可持续发展具有极为重要的作用,从而也成为了有中国特色社会主义法律体系的重要组成部分。

二、垄断的司法救济

▼ 场景四:

爱丽思:麦洛,这是巴顿先生,来自……

[①] 李昌麒:《经济法学》,北京:法律出版社2008年版第2版,第53页。

巴顿：司法部。

爱丽思：关于玻璃杯我很抱歉。

巴顿：没关系。你好，麦洛。我想以朋友的身份告诉你一些事。我理解你为什么和加里·温士顿签约。我们在 NURV 公司的事情上处于很大的劣势，我的意思是我们的工程师没有他们的聪明。事实上我们需要一个很聪明的核心人物来帮助我们的团队获得胜利。我现在真的是要开始在挖墙角了，好吗？我可以给你四万二千美元一年，同时给你一辆别克轿车。如果你可以改变主意来加入我们的话，我希望你能感觉到这是一件正确的事情。

麦洛：我很肯定你的事业非常的重要，巴顿先生。我只是感觉到现在我需要一些时间去看一下，然后在做出评价。

巴顿：好的，就像我说过的一样，这是在挖墙角……不，不，不，请保留这张名片。如果你发现那里有什么在误导你，做正确事情。

▼ 场景五：

NURV 律师甲：司法部说如果我们进入电子邮件领域，他们就会认为我们阻碍了竞争。

温斯顿：为什么不在我们决定超过 R&D 公司之前告诉我这件事。

NURV 律师甲：在那个时候他们表示那不会是有什么麻烦。他们很官僚，加里。

温斯顿：是吗？我雇你们来是去解决这些问题，不管什么问题，发挥一下你们的创造力。

NURV 律师乙：加里，我们在谈论法律，不是写软件，法律是有限制的。

温斯顿:没有限制！抛开律师的身份考虑一下,然后给我一个创造性的解决方案。

NURV 律师甲、乙:好的,先生。

▼ 场景六:

麦洛:加里。

温斯顿:有什么事儿吗?

麦洛:是的

温斯顿:看一下。

麦洛:太吸引人了。这些是谁做的?

温斯顿:什么意思?

什么意思,嗯?

麦洛:没什么,我,我……

温斯顿:抱歉！我不是针对你的,司法部把我的头弄晕了。他们扭曲我的每一商业策略。一个好的棋手知道他对手的策略,这个产业中的每一个人都想领先。我领先了,所以我就是坏蛋。我做了什么了？化学武器？幼女色情？剥削矿工？没有！为什么他们落后于我？软件产业是二进制的,要么你是一要么你就是零,生存或者死亡。这段程序很厉害不是吗?

麦洛:是的。

温斯顿:这是你的拷贝。

如前所述,反垄断是国家干预国民经济的重要手段,因此国家设立了专门机构行使反垄断职责,不过在这方面中美两国有所区别。美国设有行政与司法两套反垄断机构,前者主要是联邦贸易委员会,而后者主要就是本片中所述的司法部,两者在关系上是平行的。司法部具体负责反托拉斯事务的是反托拉斯局。该局虽然从属于司法部,但它是特别为执行反托拉斯法而在司法部下设立的半独立机构,因此在反托拉斯方面享有广泛的职权,其职权主要是调查权和起诉权,①这些都体现在了本片中。本片多处提到了司法部对 NURV 进行反垄断调查,并在最后提到了司法部对温斯顿等人向联邦法庭起诉。在中国,依照《反垄断法》第9条的规定,现在我国的反垄断机关为国务院反垄断委员会,主要职责是研究拟定有关竞争政策;组织调查、评估市场总体竞争状况,发布评估报告;制定、发布反垄断指南;协调反垄断行政执法工作等。它的设立改变了以前我国在反垄断执法方面的分散局面,但这种单纯依靠行政反垄断的方式也存在很多弊端。

反垄断是国家重要的经济管理职权,这是经济法的重要内容,它的确立甚至还是经济法出现的重要标志。"国家经济管理主体的经济职权,指国家机构依法行使领导和组织经济建设职能时所享有的经济管理权力和经济管理责任。"②它是国家机构领导和组织管理国民经济的职能在法律上的表现,它主要表现为国家对国民经济的宏观调控权和市场管理权等。国家经济管理职权是历史发展的产物。在自由竞争资本主义时期,资本主义国家过于信奉亚当·斯密"看不见的手"理论,对国民经济不加干预,结果导致了垄断等很多不良的后果。这时资本主义国家才开始意识到国家干预,即"看得见的手"的重要性,经济法作为国家干

---

① 李国海:《反垄断法实施机制研究》,北京:中国方正出版社2006年版,第54页。
② 杨紫烜:《经济法》,北京:北京大学出版社1999年版第1版,第87页。

预国民经济的手段就应运而生了。①

三、开放源代码

▼ 场景七:

拉里:安静,安静,安静。听一下!谁会回答你们的问题?

温斯顿:谢谢你们在百忙之中关注我们,我希望我能在不久的将来在我的 NURV 公司看到你们。

泰迪:我有一个好问题。我有一个问题问你,好吗?为什么不让 SYNAPSE 系统开放源代码?你还没有赚够钱吗?

NURV 职员:哈,好问题。这里有一个非常有趣的问题。你给你的程序员提供什么样的饮料?

泰迪:见鬼。他在回避这个问题,不是吗?他应该去竞选总统什么的。

▼ 场景八:

温斯顿:我知道你想马上就开始。

麦洛:是啊。我和我的朋友计划开发一个跨媒体的消息系统很长时间了。我们的设想是开放源代码,免费提供,只是收取一定的技术支持费用。

温斯顿:哇,免费?这是一种自杀性的商业行为,麦洛。迟早都会有人"借用"你的技术,稍作修饰,然后赚取数十亿的钞票,这只是个时间问题……事实上真正的问题是:和你分享发现的人当中有多少是利他主义的?并且其中有多少人可以从你的慷慨

---

① 李昌麒:《经济法:国家干预经济的基本法律形式》,成都:四川人民出版社 1995 年版。

中得到财富?

▼ 场景九:

泰迪:为什么你要这么做?

麦洛:好了,泰迪。

泰迪:没有你他就不能准时完成,不是吗?还记得吉列的那篇关于开放源代码的演讲吗?

麦洛:记得。

泰迪:他说人类的知识属于这个世界,就像莎士比亚。

麦洛:泰迪,我知道你很失望。我只是感觉这是我现在我应该做的。

上述片段中都提到了开放源代码问题,如前所述,有很多人认为本片中的 NURV 公司实际上影射的就是微软公司,而开放源代码问题就与它有关。所谓开放源代码就是指有些精于计算机的活动分子试图挑战微软公司在软件领域的垄断地位而选择更具民主和参与优势的"开源"软件。主张开放源代码者认为软件开发商拥有软件源代码的专用权,这割裂了人类互助的天性和基本的自由。特别是垄断出现后,人们更为此付出了越来越高的成本;而开放源代码就是要原作者放弃自己的某些知识产权,让别人修正和改进源代码再重新发布,以此发挥软件开发者集体的智慧,减少不必要的重复劳动,[1]就像本片中提及吉列的那句话"人类的知识属于这个世界"。

在现实中,在本片上映四年后即 2004 年,欧盟委员会认为微

---

[1] 张平、马骁:《共享智慧:开源软件知识产权问题解析》,北京:北京大学出版社 2005 年版,第 9 页。

软公司凭借在市场上的竞争优势,打压竞争对手,又拒绝向行业竞争对手提供相关的技术信息,导致它们开发的软件无法与微软"视窗"操作系统充分兼容。为此,欧盟委员会对微软公司采取制裁措施,要求其限期提供"视窗"操作系统版本、开放兼容技术信息(类似本片中所说的开放源代码)并接受罚款。但微软公司不服,同年诉至欧洲初审法院,欲以推翻欧盟委员会的决定。2007年,欧洲初审法院做出判决,基本维持欧盟委员会2004年对美国微软公司做出的反垄断制裁决定,并对微软公司处以近5亿欧元的罚款。①

  实际上反垄断法也有些例外,即事实上构成垄断但法律上不加规制,或者说合法的垄断,例如知识产权。知识产权领域本身就具有独占性和垄断性,因此不适用反垄断法。但如果知识产权的权利专有人滥用权利,对受让人和被许可人的权利造成限制,严重影响竞争对手的利益和损害交易对方的利益,这就属对竞争的危害,构成限制竞争行为,也要受反垄断法制裁。因此我国《反垄断法》第55条规定:"经营者依照有关知识产权的法律、行政法规规定行使知识产权的行为,不适用本法;但是,经营者滥用知识产权,排除、限制竞争的行为,适用本法。"就本片而言,片中的 NURV 公司的 Synapes 系统无疑是具有知识产权的,但它却严重地影响到了竞争对手利益和损害交易对方利益,因此司法部要对其进行调查和起诉。

---

① 王俊峰:《每天学点经济学全集》,北京:石油工业出版社2009.年版,第235页。

四、商业竞争与商业秘密

▼ 场景十：

温斯顿：我知道你的朋友泰迪很舍不得他的亲人，这是值得赞扬的。但是，事实上他……麦洛，我知道，他有他的想法。我们抄袭克隆了太多的程序，同时强迫人们去买我们的下一个版本，等等。然后再夸张很多倍的废话，我以前完全听过类似的话。我甚至理解他们，这是商业竞争的必然。当你在获胜者的位置的时候，人们就开始攻击你产品的质量，从各个领域。随后就是人身攻击，诸如：以加里·温士顿命名一个鬼怪网站，将我妻子的脸换到一个色情影星的身体照片上，我不喜欢这样。

▼ 场景十一：

语音电话：你好，这是骷髅盒子工作室。特迪和拉里不在，给我们留个言我们回来之后就会打给你。

麦洛：嗨，泰迪，我是麦洛。我打这个电话是因为有一段时间没有见了，我仍然还希望你没有继续在生我的气。

泰迪：嗨。

麦洛：嗨，近来怎么样？

泰迪：我想还可以吧。

麦洛：拉里怎么样？

泰迪：他很好。

麦洛：你们的进展怎么样？

泰迪：抱歉，这是保密的消息。你知道的，我们不得不保守公司的商业机密。

麦洛：哦，是的，是的，我们也是一样。工作不是我们能够谈论的唯一事情?

泰迪:当然,当然。

麦洛:你现在在忙什么?

泰迪:工作。

麦洛:能够听你的电话真是太好了。虽然我们现在是商业敌人。

▼ 场景十二:

麦洛:我不知道我在说什么,很多想法在我的脑子里飞来飞去。他说任何一个在修车场的小孩都可以让他破产,这就好像在说他们完全知道这些小孩在干什么。他们通过后门进入人们的电脑。我猜他们可以进入其他人没有办法进入特迪的电脑,他总是用一种偏执狂类型的防火墙来保护他的数据,所以他们必须用物理的办法来"了解"。

商场如战场般的竞争激烈,激烈的商业竞争很容易异化出不正当竞争行为。"不正当竞争行为,是相对于市场竞争中的正当手段而言的,它泛指经营者为了争夺市场竞争优势,违反法律和公认的商业道德,采用欺诈、混淆等手段扰乱正常的市场竞争秩序,并损害其他经营者和消费者合法利益的行为。"[①]为保障市场经济的健康发展,鼓励和保护公平竞争,制止不正当竞争行为,保护经营者和消费者的合法权益,国家制定了反不正当竞争法。它与反垄断法共同构成了竞争法律制度,而这也是经济法中市场秩序法的重要组成部分。世界上最早的反不正当竞争立法出现在

---

① 李昌麒:《经济法学》,北京:法律出版社2008年版第2版,第298页。

德国,德国于1896年制定了世界上最早的反不正当竞争法。以后西方市场经济发达国家都较早地制定了反不正当竞争法。我国的市场经济起步比较晚,因此只到1993年才制定和施行反不正当竞争法。我国现行的反不正当竞争法规定了十一种不正当竞争行为,其中有四种属于限制竞争行为,即政府及其所属部门限制竞争行为、公用企业或其他依法具有独占地位的经营者的限制竞争行为、招标投标中的串通行为和搭售或附加其他不合理条件的行为;另外七种属于不正当竞争行为,分别包括市场混淆、商业贿赂、引人误解的虚假宣传、侵犯商业秘密、低价倾销、违反规定的有奖销售、商业毁谤。例如本片中中温斯顿所说竞争对手以他的名字命名鬼怪网站就有可能构成商业毁谤。

上述片段中所提到的商业机密并不完全等同于反不正当竞争法中的商业秘密。国家工商行政管理局1998年发布的《关于禁止侵犯商业秘密行为的若干规定(修正)》第2条规定,商业机密是指不为公众所知悉、能为权利人带来经济利益、具有实用性并经权利人采取保密措施的技术信息和经营信息。这里所说的不为公众所知悉,是指该信息不能从公开渠道直接获取;能为权利人带来经济利益、具有实用性,是指该信息具有确定的可应用性,能为权利人带来现实的或者潜在的经济利益或者竞争优势;权利人采取保密措施包括订立保密协议,建立保密制度及采取其他合理的保密措施;而技术信息和经营信息则包括设计、程序、产品配方、制作工艺、制作方法、管理诀窍、客户名单、货源情报、产销策略、招投标中的标底及标书内容等信息。而前者的范围则更大,似乎也更模糊些。遵守商业秘密不仅是法律的要求,同时也是良好商业道德的表现。在本片中,麦洛和泰迪虽然都是刚毕业的大学生,但他们都严守本公司的商业秘密,在交谈中尽可能不触碰这条底线；反而是温斯顿的 NURV 公司，作为成熟且占据垄断地位的大公司，却通过在所发售的软件中留后门的方式随意进入别人电脑，甚至采用所谓物理方式即安装针孔摄像头的方式探知竞争对手的商业秘密，这显然是违法行为。

五、结语

本片名为《反托拉斯行动》，实际上讲的并不是国家的行动，而是麦洛个人的行动，整部影片中都贯穿着美国式的个人英雄主义色彩。然而在现实中，实施托拉斯等垄断行为的都是实力雄厚的巨型企业甚至跨国公司，仅凭个人的力量是很难与其抗衡的，像本片中麦洛仅凭自己的力量就能获得成功似乎只是一种理想主义。实践表明，只有运用国家机器才能与其相抗衡，因此反垄断在现实中只能是国家的行动，而其武器就是反垄断法。

参看影片：

1.《盗梦空间》，莱昂纳多·迪卡普里奥、玛丽昂·歌迪亚主演，讲述了老贼柯布盗梦失败反被齐藤利用，他最终战胜自己并找到了迷失的斋藤与其返回现实世界的故事，其主线任务的现实隐喻就是石油产业的反垄断。

2.《干戈玉帛》，刘爽、吴兵、李光复主演，讲述了农民工刘香月被自爆的啤酒瓶扎伤眼睛，消协调解员于文明得帮助其向啤酒公司索赔并最终获得成功的故事，反映了消费者权益保护法的有关问题。

第十二章　从《费城故事》看劳动法

> 一切劳动契约及约束若订有较本法所规定之劳动条件为不利益这概作无效。
> ——苏俄劳动法典第4条。

片名:《费城故事》

导演:乔纳森·戴米

主演:汤姆·汉克斯、丹泽尔·华盛顿

出品时间:1993年

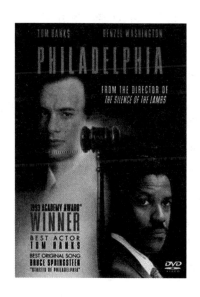

【影片简介】安德鲁是韦及维那德律师事务所中年轻有为、成就不凡的高级律师。当韦及维那德律师事务所准备代表某高科技公司进行大规模的知识产权侵权和反垄断诉讼案件时,所有合伙人都同意让安德鲁挑大梁,并有意将他吸纳为韦及维那德律师事务所的高级合伙人。但几天后,韦及维那德律师事务所却以其工作懒散、态度消极为由将他解雇,他们的理由是他差点丢掉了那家高科技公司的诉状。而安德鲁却认为是韦及维那德律师事务所的合伙人从他脸上的伤痕辨认出艾滋病的症状,出于对同性恋与艾滋病的憎恶恐惧而解雇了他。安德鲁遍寻整个费城,试图找到律师愿意代表他向非法解雇自己的律师事务所讨还公道。经历无数次失望之后,他在律师乔的办公室门外停下脚步。这位律师曾经与安德鲁对簿公堂,是一位名不见经传的小律师。乔最初同样对同性恋者的权利不感兴趣,并惟恐自己感染上艾滋病,他也回绝了安德鲁的请求。但在两周之后,当他在公共图书馆里看到管理员想要把满面病容的安德鲁和其他读者隔离开来的时候,乔终于决定为安德鲁在法庭上辩护。

七个月后,健康状况已极度恶化的安德鲁终于迎来了法院开庭。乔必须要证实韦及维那德律师事务所合伙人早就发现贝克特身罹艾滋病,并因此而解雇了他。他举出了很多证据,表明安德鲁曾是一名优秀的律师,曾深得韦及维那德律师事务所合伙人们的青睐。他们对他委以重任,安排其承办所里最重要的案件。但当有合伙人发现安德鲁患有艾滋病之后,便故意藏匿了当事人的诉状,制造口实,以便将安德鲁扫地出门。他还提交证据,指出韦及维那德律师事务所的某位合伙人看出了安德鲁脸上的伤痕是艾滋病的症状,而非如安德鲁所说在打棒球时擦伤了皮肤。但韦维那律师事务所的合伙人在出庭作证时,却否认知道安德鲁的生活作风与身体情况。他们解释说之所以把如此艰巨的任务交给安德鲁,是为培养他所花费的巨资能有所回报,但当安德鲁在工作上越来越马虎潦草时,他们只能解雇他。

案件审结时安德鲁已濒临死亡而未能亲耳听到判决。陪审团最终认定安德鲁确系因艾滋病遭到韦及维那德律师事务所解雇并应获得其支付的数百万赔偿费与惩罚性罚款。韦及维那德律师事务所的合伙人们发誓要上诉进行到底,而安德鲁在向乔和他自己的家人告别后则含笑离开了人世……

本片围绕一起因就业歧视引起的民事诉讼而展开,讲述了一位身染艾滋病的律师在另一位律师帮助下维护就业权益并终获成功的经过,其中涉及到不少劳动法方面的问题,从而也成为了我们了解劳动法的好素材。

一、解雇权及就业歧视与劳动法

▼ 场景一:

乔:脸怎么了?

安德鲁:我得了艾滋病。

乔:真遗憾……我能帮你什么忙?

安德鲁:我被韦及维那德事务所解聘,我准备对他们以不法手段开除职工提出诉讼。

乔:你要告韦及维那德事务所?

安德鲁:没错,我在找辩护律师。

乔:继续。

安德鲁:我错放一份重要诉状,这是他们的说辞。

乔:,要不要听听我的?来这里之前,你找过几个律师?

安德鲁:九个。

乔:继续

安德鲁:在那案子截止收件的前晚,我弄好了文件并将复印件放在桌上。第二天,它消失了,没有其他复印件。所有计算机中的档案都离奇消失了。神奇的是这份文件又突然出现,正好让我及时赶去法庭。第二天,我被合伙人叫去开会,他们在等我。

……

查尔斯:你最近不太对劲,安德鲁。

安德鲁:我不明白。

查尔斯:脑子昏昏沉沉、心不在焉。

其他合伙人:有人觉得你态度有问题。

安德鲁:是吗?谁觉得?

查尔斯:我觉得。

安德鲁:对不起,我被开除了吗?

查尔斯:这么说吧,安迪。你未来在本公司的地位已不安全了,我们觉得限制你的发展是不太公平的。

其他合伙人:我也不想赶你走,但我们已开会决定了。

安德鲁:对不起,查尔斯。容我谦恭地说,这决定太荒谬了,完全没道理。

其他合伙人:还说你没态度问题。

查尔斯:别紧张,华特。

安德鲁:若你们不信任我,为何把高线案交给我?

其他合伙人:你几乎搞砸了那案子,这是不可原谅的,那就难收拾了。

……

乔:你隐瞒你的病情?

安德鲁:没错。

乔:把我当两岁小孩说给我听?我完全不懂。你不是应该告诉他们你得了传染病?

安德鲁:这不是重点。从我受雇到解雇中间,我工作得十分称职。如果不是他们开除我,现在我仍是十分优秀的。

乔:他们不能因为艾滋而开除你。于是设计你失职,像文件神秘失踪

是这样吗?

安德鲁:没错,我被设计了。

▼ 场景二:

乔:他们怎知你得了艾滋?

安德鲁:有个合伙人看到我额上的皮肤病变。

乔:怎么?怎么会因为任何可能造成的病变就推断你得了艾滋,然后以这种推断开除你?

安德鲁:问得好。注意到病变的这个人叫华特·堪顿,曾在华盛顿的华许爱玛事务所上班。有个助理叫马莉莎·班尼迪,有这种病变二三年了。用常识都知道这是艾滋的病变,但她没被开除。

乔:没,他们没开除她?我懂了,你有相关的例子吗?

安德鲁:亚兰判决。

乔:亚兰?

安德鲁:最高法庭。

乔:联邦就业法,1973年拟订禁令对于有能力工作的伤残人士不应有歧视。

安德鲁：虽然艾滋并非残疾，但其身体的限制及人们的偏见无疑使艾滋病患更不利。较之身体残疾艾滋病患之身心障碍更不应被忽视，这就是歧视。形成此种歧视是因其不基于个人价值，只以群众所采的态度作为考虑的结果。

▼ 场景三：

乔：在此的先生女士们，忘掉你们在电影或电视上看的。没有什么精彩大结局，没有赚人热泪的同情，你们将就一个事实作出判断。安德鲁·巴克特被开除了，你们将听取原告与被告的解说，你们将过滤双方的证词直到作出决定。以下是我必须要说明的几点：第一点，安德鲁曾是还是个聪明的律师，非常优秀的律师；第二，他染上此种疾病不对外公开也是可以理解的行为；第三点，他的雇主们发现了他的疾病，也就是艾滋；第四点：他们恐慌了，他们做了大多数人们会对艾滋病患做的事，尽量使病患远离其他人。这些雇主的行为，对你们来说可能合理，我也认为合理。毕竟，艾滋是致命的无药可救的病，但不管你们对查尔斯和其余合伙人所谓的道德说辞如何仲裁，事实是他们以艾滋病为由开除安德鲁他们就是犯了法。

本片中的这场诉讼是围绕因解雇而产生的，双方争议的焦点就是韦恩威勒律师事务所解雇安德鲁的行为是否违法。资本主义社会摆脱了以往的人身依附，实行自由的雇佣劳动制。在这种制度之下，资本家可以任意地雇佣和解雇工人，这在资本主义社会早期几乎不受任何限制。但随着资本主义劳资矛盾的激化以及工人与工会运动的高涨，受雇方为保证自身的生存与安全迫切要求对雇佣方的解雇权做出限制。鉴于解雇是经济上占优势地位的用人单位单方意思表示所导致的劳动关系之终结,其不仅涉及劳动者的权益并且对劳动力市场秩序乃至整个社会的稳定都有影响,因此后来各国劳动法都对解雇权的行使进行了较为严格的限制并规定了相应的补偿制度。我国劳动合同法第39条规定,用人单位在劳动者有下列情形可以解除劳动合同:(一)在试用期间被证明不符合录用条件的;(二)严重违反用人单位的规章制度的;(三)严重失职,营私舞弊,给用人单位造成重大损害的;(四)劳动者同时与其他用人单位建立劳动关系,对完成本单位的工作任务造成严重影响,或者经用人单位提出,拒不改正的;(五)因本法第26条第1款第1项规定的情形致使劳动合同无效的;(六)被依法追究刑事责任的。这表明我国劳动法对用人单位的解雇权也有严格限制。就本片而言如果按我国法律,安德鲁即使是由于自己的原因丢失文件,但这份文件在他赶去法庭前及时出现了,并未给律师事务所造成损失。何况这件事根本就是律师事务所合伙人故意设计的,尽管律师事务所矢口否认。除此之外,安德鲁并没有违反上述规定的行为,相反他工作表现优异并被律师事务所委以重任。因此律师事务所解雇他的行为确如他所说是违法的。

  本片中有一个细节说明了律师事务所实施了违法的歧视。"劳动法上的歧视主要是指劳动者在争取就业机会时以及在劳动关系存续期间由于种族、性别、年龄、宗教、身体健康等因素所遭受的不平等对待。"[①]同样是身患艾滋病的雇员,因输血不慎而患病的女员工并没有遭到解雇,并在法庭表示对她这样不是因自

---

① 江必新、何东宁、王莉才:《最高人民法院指导性案例裁判规则理解与适用(劳动争议卷)》,北京:中国法制出版社2013年版,第37页。

身错误而感染上疾病的人感到同情；但却因同性恋而患病的男律师却遭解雇。众所周知，同性恋在传统上不为人们所认同，也常在道德上受到批判。这种状况在当代虽有所改观，但仍被大多数人认为是离经叛道。律师事务所合伙人因厌恶同性恋而患艾滋病的安德鲁并解雇了他，这显然是歧视。其实安德鲁被解雇的真正原因，就是他被发现是同性恋且患上了艾滋病，但这在中外都并非用人单位行使解雇权的情形。我国就业促进法第30条规定，用人单位招用人员，不得以是传染病病原携带者为由拒绝录用。但经医学鉴定传染病病原携带者在治愈前或者排除传染嫌疑前，不得从事法律、行政法规和国务院卫生行政部门规定禁止从事的易使传染病扩散的工作。艾滋病虽有传染性，但律师显然并非易使传染病扩散的工作。因此像安德鲁这样的艾滋病患者，用人单位不仅不能在招聘时拒绝录用，更不能其在工作后以此为由解雇他。而在美国正如本片中安德鲁所说，联邦就业法也有在工作上不应歧视残疾人及艾滋病人的规定。目前世界在这方面已取得了共识。国际劳工组织在1958年通过的《就业与职业歧视公约》中规定"基于种族、肤色、性别、宗教、政治见解、民族血统或社会出身等原因，具有取消或损害就业或职业机会均等或待遇平等作用的任何区别、排斥或优惠"，"有关会员国经与有代表性的雇主组织和工人组织以及其他适当机构协商后可能确定的、具有取消或损害就业或职业机会均等或待遇平等作用的其他此种区别、排斥或优惠"都构成歧视。本片选定费城为故事发生地，且译名为《费城故事》也是有用意的。正如乔在片中所说"我们在友爱之城。费城是自由之地，也是发表独立宣言之城。我不记得宣言说'正常人生而平等'而是说'人生而平等'。"该市市长也说"只要有人被解雇，若是由于歧视所致，他们别想在本城做生意了。"

其实劳动者无论患病还是正常,其合法劳动权益都应得到保护,而这维权的武器就是劳动法。劳动法是指调整劳动关系以及于劳动关系密切相联系的一些关系的法律,前者即"人们在从事劳动过程中发生的社会关系";而后者则涉及处理劳动争议、执行社会保险、监督劳动法律和法规的执行、工会组织和劳动管理等多方面。[①] 以我国《劳动法》为例,其主要内容涉及促进、劳动合同和集体合同、工作时间和休息休假、工资、劳动安全卫生、女职工和未成年工特殊保护、职业培训、社会保险和福利、劳动争议、监督检查、工会组织和法律责任等多方面。除此之外,我国还颁布有《劳动合同法》《劳动争议调解仲裁法》《就业促进法》《社会保险法》及其他法规,这些都是我国劳动法的重要组成部分。劳动法在宏观上具有保护劳动者的合法权益,调整劳动关系,建立和维护适应社会主义市场经济的劳动制度,促进经济发展和社会进步的作用;在微观上,现代社会上绝大多数人都身处劳动关系中,他们在劳动中不是雇主就是雇员,都有必要学习和了解劳动法,这也足见该法的重要性。

二、知情权与隐私权

▼ 场景四.

康妮:事实是:安德鲁·巴克特在工作上表现非常杰出,只有在某些时候遇特殊状况时他才显出无力;事实是他以被诈欺的受害者身份要求赔偿;事实是:说谎的是安德鲁·巴克特,他对雇主

---

① 关怀:《劳动法》,北京:中国人民大学出版社 2008 年版第 3 版,第 14 – 16 页。

们极度隐瞒病情;事实是:他就是以欺骗而成功的,韦恩威勒事务所的合伙人在开除安德鲁之前不知他患有艾滋病;事实是:安德鲁快死了;事实是:安德鲁很生气,因自己的生活和他鲁莽的行为缩减了自己的生命,在愤怒之中他正被鞭笞着。他要别人付出代价,谢谢!

▼ 场景五:

乔:你知道马莉莎有艾滋病,是不是?

律师事务所合伙人:她没隐瞒。

▼ 场景六:

康妮:你在威勒事务所尽可能不让人发现你是同性恋者,对吗?

安德鲁:不对,不对,我没有欺骗过谁。

康妮:做为同性恋者经常被迫隐瞒性取向吗?是吗?

安德鲁:某些情况是的。

▼ 场景七:

乔:你在威勒事务所工作的几年中告诉过查尔斯你是同性恋吗?

安德鲁:我没有。

乔:为何没有?

安德鲁:私生活我不会带进公司,因为你不该有私生活的。我想过要告诉查尔斯,但在三年前的板球俱乐部发生了点事情……

乔:你感觉如何?

安德鲁:松口气,还好没告诉他,我大大地放心了。

上述片段中涉及到知情权与隐私权的问题。知情权是劳动法中用人单位和劳动者都应享有的权利。"劳动法上的知情权是劳动权的主要内容,也是构筑其他劳动权利的基础和前提,具有基本权利固有的特征。"①双方基于诚实信用原则订立劳动合同,应当有权对对方的基本情况有所了解,对方也负有如实相告的义务。例如我国劳动法第8条就规定:"用人单位招用劳动者时,应当如实告知劳动者工作内容、工作条件、工作地点、职业危害、安全生产状况、劳动报酬,以及劳动者要求了解的其他情况;用人单位有权了解劳动者与劳动合同直接相关的基本情况,劳动者应当如实说明。"并且还第26条及第1款中规定"以欺诈、胁迫的手段或者乘人之危,使对方在违背真实意思的情况下订立或者变更劳动合同的","劳动合同无效或者部分无效"。在实际社会生活中,用人单位基于其强势地位,在招聘时有时要求劳动者提供的信息,超出了合理、合法的范围,从而侵犯了劳动者的隐私权。因此在法律上有必要对用人单位的知情权做出限制,这也体现在了上述第8条的后半句中。它一方面肯定了用人单位的知情权,满足其信息需求,为其选择合适人选以及协商合同内容做准备;另一方面又设定了用人单位知情权的界限,相对应的劳动者的说明义务限于"与劳动合同直接相关的基本情况",如果用人单位要求的信息与劳动合同不直接相关,或者与劳动合同直接相关但不属于劳动者基本情况,劳动者无义务说明。这样规定的目的就在于防止用人单位滥用知情权进行歧视性选择、侵犯劳动者隐私。在本片中,康妮指责安德鲁向律师事务所隐瞒了自己是同性恋更患有艾滋病的事实。要判断安德鲁的行为是否构成隐

---

① 周湖勇:《试论劳动者的知情权:从<劳动合同法>第八条规定谈起》,《重庆交通大学学报(社会科学版)》2008年第4期,第24页。

瞒,首先要看这是不是"与劳动合同直接相关的基本情况"。实际上这些对受雇于律师事务所从事律师工作而言,应属于不直接相关的基本情况且是个人隐私。因此安德鲁不告知这些情况并非隐瞒。但比如说安德鲁从事的不是律师而是外科医生等工作,那其患有艾滋病就属于与工作,也即"与劳动合同直接相关的基本情况"。安德鲁曾想向律师事务所公开这件事,但却因合伙人们对同性恋的歧视而最终选择了不公开。

三、劳动争议及诉讼

▼ 场景八:

鲍勃:我们给他钱算了,别打这场官司。

……

查尔斯:我对他的信任,他以控告来回报我,丢法院传票给我在全费城的司法界。众目睽睽下叫我老顽固,老天。

某合伙人:巴克特不想上法庭,他想和解。

鲍勃:陪审团可能会决定此案是成立的。

本片中的诉讼是由除名所引起,其本质是一种劳动争议。"劳动法上的劳动争议一般是指劳动关系双方当事人之间因实现劳动权利、履行劳动义务发生的争议,具体指劳动者与用人单位之间,在劳动法的范围内,因适用国家法律、法规和订立、履行、变更、终止劳动合同以及其他与劳动关系直接相联系的问题而引起的纠纷"。[①] 具体而言,根据我国《劳动争议调解仲裁法》第2

[①] 关怀:《劳动法》,北京:中国人民大学出版社2008年版第3版,第311页。

条的规定,劳动争议包括因确认劳动关系,因订立、履行、变更、解除和终止劳动合同,因除名、辞退和辞职、离职,因工作时间、休息休假、社会保险、福利、培训以及劳动保护,因劳动报酬、工伤医疗费、经济补偿或赔偿金等原因而发生的各种争议,以及法律、法规规定的其他劳动争议。很显然,本片中的情形如果发生在我国,是属于劳动争议范畴的。

通常而言,劳动争议的处理依次有四种形式,即和解、调解、仲裁和诉讼。和解即"当事人双方自行协商,达成解决劳动争议的协议。特征主要是,无第三人参与,不受程序约束,协议的达成和遵守完全由双方自愿。"①我国《劳动争议调解仲裁法》第4条规定:"发生劳动争议,劳动者可以与用人单位协商,也可以请工会或者第三方共同与用人单位协商,达成和解协议。"在上述片段中,安德鲁在起诉后想通过这种方式解决争议,而律师事务所中也有合伙人提出通过这种方式解决争议。但查尔斯认为安德鲁的起诉侮辱了他,拒绝了以这种方式而选择了与安德鲁对簿公堂。调解即"在第三人主持下,通过说服、劝导,使劳动争议在当事人双方互谅互让的基础上得到解决。"②我国《劳动争议调解仲裁法》第4条规定,发生劳动争议,当事人可以到企业劳动争议调解委员会、依法设立的基层人民调解组织和在乡镇、街道设立的具有劳动争议调解职能的组织申请调解。在国外,很多行业工会也承担着这项职能。因此在本片中安德鲁与律师事务所之间的劳动争议,也可在当地律师行业工会的调解下解决。"劳动争议仲裁是劳动争议仲裁委员会对用人单位与劳动者之间发生的争

---

① 王全兴:《劳动法》,北京:法律出版社2008年第3版,第371页。
② 王全兴:《劳动法》,北京:法律出版社2008年第3版,第371页。

议,在查明事实、明确是非、分清责任的基础上,依法作出裁决的活动。"①"劳动争议的诉讼,是指劳动争议当事人不服劳动争议仲裁委员会的裁决,在规定的期限内向人民法院起诉,人民法院依法受理后,依法对劳动争议案件进行审理的活动。"②这也是解决劳动争议的最终程序。在国外如果遇到本片中这样的情况,当事人可以直接向法院起诉;而在我国要因此而起诉还需要通过先调解,再仲裁,最后诉讼的程序流程。根据《劳动争议调解仲裁法》第5条的规定,"发生劳动争议,当事人不愿协商、协商不成或者达成和解协议后不履行的,可以向调解组织申请调解;不愿调解、调解不成或者达成调解协议后不履行的,可以向劳动争议仲裁委员会申请仲裁;对仲裁裁决不服的,除本法另有规定的外,可以向人民法院提起诉讼。"各国劳动争议案件的审理机构不尽相同,在我国主要是由法院的民事审判庭按民事诉讼程序审理的,美国在这方面和我国很相似。本片以较大篇幅描述了按民事诉讼程序审理劳动争议案件的场景,从而也为我们学习民事诉讼法提供了好素材。

四、本案的赔偿

▼ 场景九:

法官:决定赔偿金额了吗?

陪审员:是的,法官大人。补薪和利益受损赔偿:十四万三千元,精神损失赔偿十万元,惩罚性赔偿四百七十八万二千元。

---

① 关怀:《劳动法》,北京:中国人民大学出版社2008年版第3版,第321页。
② 关怀:《劳动法》,北京:中国人民大学出版社2008年版第3版,第326页。

在本片末,陪审团判定律师事务所因歧视解雇安德鲁为非法,其应向安德鲁支付五百多万的赔偿。这笔赔偿包括三个部分:一是补薪和利益受损赔偿。这在我国又称为经济补偿,主要是用人单位在劳动合同解除或终止后向劳动者支付的经济补助。依我国《劳动合同法》的有关规定,用人单位无论是否违法解除与劳动者的劳动合同都应支付经济补偿;补偿标准按劳动者在本单位工作每满一年支付一个月工资计算。如果用人单位违反法律规定解除或终止劳动合同,应按上述规定标准的2倍向劳动者支付赔偿金。而依我国《劳动法》的有关规定,用人单位解除劳动合同后未依照本法规定给予劳动者经济补偿的,劳动行政主管部门除责令其向劳动者支付工资报酬和经济补偿,还得向劳动者相当于这两项金额总和的一至五倍支付劳动者赔偿金。因此,用人单位违法解雇员工的代价是非常高昂的。二是精神损害赔偿。这主要是律师事务所因安德鲁患有艾滋病且为同性恋者而歧视他、解雇他所产生的。这种情况在我国现在也已有了维权的依据。我国《就业促进法》规定劳动者可以因为就业歧视而提起诉讼。就业歧视侵犯了公民的人格尊严权。平等对待是人格尊严中最重要的内涵,其在劳动就业方面具体体现为就业平等和反就业歧视。就业歧视会使劳动者产生严重的受侮辱感,这种侵害往往会对劳动者的精神甚至身体健康造成损害。依据《最高人民法院关于确定民事侵权精神损害赔偿责任若干问题的解释》的规定,公民在其人格尊严权遭受非法侵害时可以向人民法院起诉请求赔偿精神损害,人民法院应依法予以受理。因此就业歧视的受害者在我国也可通过民事诉讼的形式,寻求因此而导致的精神损害赔偿。三是惩罚性赔偿。这主要是针对故意性的就业歧视而规定的,规定对违法者的惩罚性赔偿责任将有效遏制违法行为和保护受害者。但这目前还只是美国法中的做法,我国劳动法中的惩罚性赔偿目前还仅限于用人单位不与劳动者签订劳动合同的情形,还未扩大到反就业歧视领域,这方面还有待完善。

五、结语

劳动是现阶段绝大多数人谋生的重要手段,维护人们的劳动权就是维护他们的生存权与发展权。了解劳动法不仅有利于劳动者维权,也有利于用人单位合法组织生产和进行劳动管理,这对现代社会公民而言非常重要。

参看影片:

1.《丝克伍事件》,梅丽尔·斯特里普、库尔特·拉塞尔主演,讲述了一位在核电厂工作的女工有感于不合理的工作制度和环境而参加工会活动,但搜集核电厂危害公众安全的证据后却离奇死亡的故事,反映了工作环境和工会组织等有关劳动法方面的问题。

2.《盲井》,王双宝、王宝强、李易祥主演,讲述了两个人专门将农民工骗至矿区后害死在井下再伪装死者家属索赔,但最后却因一个被骗小男孩自相残杀死在井下,而小男孩则作为其亲属领取了两人死亡赔偿金的故事,涉及到了工伤保险和未成年工保护等有关劳动与社会保障法方面的问题。

第十三章 从《永不妥协》看环境法

> 既满足当代人的需要,又不对后代人满足其需要的能力构成危害。
> ——《我们共同的未来》

片名:《永不妥协》
导演:斯蒂文·索德伯格
主演:朱莉娅·罗伯茨、艾尔伯特·芬尼
出品时间:2000年

【**影片简介**】本片取材于发生在美国的真实事件。艾琳是一位离过两次婚的单身母亲，独自带着三个孩子生活，更糟的是如今她又失去了工作，这使得她的处境更为尴尬。某天她正驾车行驶在路上，突然一辆飞速而来的汽车将她的车子撞翻。祸不单行的是法院因证据不足而判肇事者不承担责任，从而使她的生活更加窘迫。艾琳的银行户头只剩下十七美元，还欠下医院一万七千美元的治疗费。曾经是选美皇后的她此时走投无路，只能求助于自己的律师麦尔斯，在他的律师行里干些处理文件的工作以维持生机。虽然艾琳有了工作但却不能在家照顾自己的孩子，于是她请了个保姆来看管孩子。这天，艾琳回到家却发现保姆有事自顾自地回家了。幸好艾琳的新邻居乔治来拜访她，见到家中无人看管便留下照顾孩子。乔治看到艾琳独自一人难以承担整个家庭的重担，愿意帮她暂时看管孩子。

艾琳在整理文件时发现一宗房产纠纷案中有许多当事人的医疗记录，她决心调查这宗案子。她独自驾车赶往案发小镇进行调查，但当地居民并不清楚事件的真相，只知道一家供水公司要购买不少居民的房产，至今还未达成书面协议。艾琳经过调查，发现这家公司的废水严重污染了居民的饮用水导致不少居民染上多种疾病，但这家公司却想方设法要隐瞒真相。艾琳因乔治担起了她的家庭重担而萌生爱意。而麦尔斯对她的工作也非常满意，让她亲自负责此案的控诉。艾琳在以后几乎用全部的精力来与镇上的每个居民打交道，但同时却忽视了孩子和乔治，以致乔治最后选择了离开。但艾琳并没有因此而动摇。在她的不断努力下，镇上居民区的每个人都在控诉文件上签了字，并获得供水公司员工提供的内部文件。最终法院判决供水公司对镇上全体居民支付三亿三千六百万美元的经济赔偿。艾琳也因此获得了二百万美元的报酬,从而也开启了自己事业和人生的新天地。

　　这部影片有很多看点。有人说它是励志电影,也有人说它是女性主义电影,但更多的人说它是环保电影。该片依据真人真事改变而成,讲述了一起因污染问题而引起的环境侵权集团诉讼。这种诉讼据以提起的依据主要是环境法。就让我们随着本片来理解环境法与环境侵权诉讼的问题。

一、污染与环境法

▼ 场景一:

唐娜:你知道我现在有病,我和彼得都是。因为我们看病他们给出钱。

艾琳:为什么? 他们为什么这么做?

唐娜:因为叫铬的东西。

艾琳:什么?

唐娜:铬?

唐娜:这就是一切祸事的源头。

……

勃朗克博士:你说的是哪一种铬?

艾琳:不止一种?

勃朗克博士:对,不止一种。有纯的铬,这种铬对人体有好处;还有三价铬,这个没有什么害处;但如果是六价铬的话,有时对人体会有害的。

艾琳:怎么有害? 会有什么样的后果呢?

勃朗克博士:如果持续暴露在高量的铬下,哦,上帝,可能会引起慢性头痛、流鼻血或者是产生呼吸道疾病,肝脏衰竭、心脏衰竭、生殖系统出问题,骨骼或器官衰竭。加上,当然还有任何一种癌症。就是说这种东西能要人的命。是的,没错,有剧毒,是高效的致癌物质。它还能侵入你的DNA,传给你的下一代,非常非常可怕。

▼ 场景二:

字幕:消除及废除令(第6-87-160)号,加州区域水质控制委员会。消除及废除令(第6-87-160号),太平洋瓦斯电力公司清除废弃物,排放六价铬,导致污染、污染地下水质。使用设置之铬含量,采样计划污染范围,

向北一英里。

▼ 场景三:

艾琳:所以他们在冷却塔里加入六价铬,然后把多余的废水再排入这些池塘里。

艾德:我不记得那个地方有什么池塘啊?

艾琳:这是很久以前的照片了,他们早就把它填上了。不过做得很草率,只要往下一英寸底下的土都是绿色的。

艾德:那这就是污染源了?

艾琳:哦,虽然这很有影响,但还并不是,实际问题出在池底。你看这份,通常这些池塘都要做防漏处理,这样有毒物质才不会泄漏到地下。不过你猜怎么着,他们把这个步骤给省了。假设这个是池塘,那么污水就这样顺着就流下去了。十四年来排放的六价铬,就这样直接流进了地下水。

艾德:我的天啊。

▼ 场景四:

费欧:我知道他们的健康状况不佳,我们也对此深表同情,但这并不是电力公司的错。

艾德:你在开玩笑吧。看看这些结果吧,这些都是你们自己的技术人员的记录。报告中说水质检验井中的六价铬的含量高得惊人,至于杰森家人的疾病,也已经被证实是暴露在六价铬下导致的后遗症。他们的病状包括……

艾琳:包括囊肿、子宫肌瘤、恶性肉牙肿、免疫功能不全、气喘、慢性鼻血、白血球……

本片中太平洋瓦斯电力公司所排放的六价铬是吸入性极毒物,皮肤接触可能导致过敏;更可能造成遗传性基因缺陷,吸入可能致癌,对环境有持久危险性。因此排放六价铬就属于污染行为,而这恰恰就是环境法的规制对象。环境法是环境保护法的简称,在学术上又被称为环境与资源保护法,或简称为环境资源法。"环境法是指以保护和改善环境、预防和治理人为环境侵害为目的,调整人类环境利用关系的法律规范的总称。"①环境法在现代的产生是人类环境问题日益恶化的结果。环境问题是指由人类活动使环境质量下降或生态失调,对人类的社会经济发展、生态健康以至生命安全及其他产生有害影响的现象。这类问题主要包括两大类:一是环境破坏,即由于人们不合理的开发利用活动所造成的现象;二是环境污染,即由于人们在生产建设或其他活动中产生的各种有害废弃物对环境的污染和危害,使环境质量恶

---

① 汪劲:《环境法学》,北京:北京大学出版社 2011 年第 2 版,第 21 页。

化,影响了人体健康、生命安全,或影响了其他生物的生存与发展以至生态系统良性循环的现象。本片中主要涉及的是后者。太平洋瓦斯电力公司排放六价铬造成了当地居民各种疾病,并影响到其后代甚至使他们因此而丧命,是典型的环境污染,属于环境法所调整和规制的范围。

环境法有着许多与其他法律部门不同的特点。一是其调整对象的特殊性。其他法律所调整的对象都是人与人之间的关系,而环境法所调整的对象除此之外还包括人与自然的关系,因此有人形容环境法是"上管天,下管地,中间管空气"。二是综合性。它的保护对象广泛、方法多样,而且涉及环境、经济、社会等多个方面,因此我国环境法确立了环境保护与经济、社会发展相协调等基本原则。三是科学技术性。环境法所调整人与自然关系有着其固有的客观规律,因此环境法必须遵循自然生态规律、依靠科学技术。在场景一中艾琳为弄清六价铬的危害而向勃朗克博士求教就是其例证。四是公益性。环境法是为解决环境问题而产生的,而环境问题则是全人类所要面对的共同问题,这就决定了环境法的公益性。[①] 在本片中,艾琳和艾德代表受害居民向太平洋瓦斯电力公司提起的诉讼也具有公益性。同时这也意味着环境法是没有国界的,因此从这点上来说我国环境法和本片中涉及到的美国环境法有很多相通之处,这也为我们援用本片提供了便利。

环境法的特殊之处还体现在其基本原则和主要制度上。我国环境法确立环境保护与经济、社会发展相协调,防为主、防治结

[①] 蔡守秋:《环境资源法教程》,北京:高等教育出版社2010年第2版,第41－45页。

合、综合治理，污染者付费、利用者补偿、开发者保护、破坏者恢复，依靠群众保护环境或称环境民主等基本原则。在本片中，太平洋瓦斯电力公司排放六价铬污染和破坏了当地的环境，理应承担付费和恢复的责任。但应指出的是，环境法基本原则中所说的污染者付费是指污染者向国家缴纳排污费，而不是指本片中该公司向当地居民支付的环境侵权损害赔偿。另外，艾琳和艾德动员受害居民集体向该公司起诉，在某种意义上也是依靠群众保护环境原则的体现。与此同时，我国环境法还规定环境资源规划、环境影响评价、"三同时"、环境资源许可、环境资源税和清洁生产等基本制度。本片中该公司知道其排放六价铬对环境有危害，因此应在开工前进行环境影响评价，并将环境保护设施与主体工程同时设计、同时施工、同时投产使用。但从本片中当地居民所受到的损害看，该公司没有很好地执行甚至是没有执行这些制度。与此同时，该公司在生产过程中还违反了有关清洁生产的制度。

二、超标排污和环境标准

▼ 场景五：

艾德：我今天下午接到一个很有意思的电话，是 UCLA 的勃朗克博士打来的。他来电话是想告诉你，六价铬法定的最高含量是百万分之零点零五，而你查到的是零点五八，也许这就是你调查的叫杰森的那家人患癌症的原因。

人们在生产和生活过程中不可避免地要向外界排放废物，但自然环境具有一定的自净能力可以将其清除。但自然环境的这种自净能力又是有限的，如果废物排放量超过了自然环境自净能力的限度,这个限度也就是排污标准即环境标准中的一种,超过这个限度排放的废物就是污染。"所谓环境标准,是指为了防治环境污染,维护生态平衡,保护人体健康,对环境保护工作中需要统一的各种技术规范和技术要求,按照法定程序制定的各种标准的总称,亦称环境保护标准。"① 它主要包括环境质量标准、污染物排放标准、环境检测方法标准、环境标准样品标准和环境基础标准等。在上述片段中,艾德所说的六价铬法定最高含量应该是污染物排放标准中规定的。我国《环境保护标准管理办法》第5条规定,污染物排放标准是为了实现环境质量标准目标,结合技术经济条件和环境特点,对排入环境的污染物或有害因素所做的控制规定。环境标准在环境法上具有重要的意义,它是认定环境违法行为主要依据,即超标排污即为违法。在上述片段中,艾德所说太平洋瓦斯电力公司排放的六价铬含量为零点五八,超过法定最高含量零点零五的近十二倍,因此该公司的行为已经构成违法。而这也是日后受害居民起诉该公司并最终胜诉的要件。

三、环境侵权

在本片末,太平洋瓦斯电力公司因环境侵权而当地居民提起集体诉讼,最终被法庭判决向当地居民支付巨额赔偿。"环境侵权是指公民、法人和其他组织因破坏环境而造成他人损害或有损害危险的法律事实。"②

---

① 韩德培:《环境保护法教程》,北京:法律出版社2007年第5版,第111页。
② 吕忠梅:《环境法原理》,上海:复旦大学出版社2007年版,第177页。

1. 侵权行为的构成要件

▼ 场景二、四、五：(前文已有描述)

在法律上认定包括环境侵权在内的各种侵权行为需要具备一定要件。通常而言，普通民事侵权行为(例如在本片开头艾琳开车被撞)的构成要件包括四方面，即致害行为的违法性、客观存在的损害事实、侵权行为与损害事实之间具有因果关系以及致害人的过错。但环境侵权行为是特殊的侵权行为，它不需以侵权者是否有过错为要件，即实行无过错责任原则。因此环境侵权行为只需要具备客观存在的损害事实、致害行为的违法性、侵权行为与损害事实之间具有因果关系三个要件即可。场景二反映加州区域水质控制委员会曾对太平洋瓦斯电力公司下达了消除及废除令，场景五反映该公司排放的六价铬含量超过法定最高含量近十二倍，都足以证明其行为的违法性；场景四列举了当地居民所患的各种疾病，而且说明了这些病症"已经被证实是暴露在六价格下导致的后遗症"，指明了该公司的排污侵权行为与当地居民所受损害之间具有因果关系。如前所述，环境侵权实行无过错责任原则。因此可以确认该公司对当地居民实施了侵权行为。

2. 侵权责任与损害赔偿

▼ 场景六：

字幕：辛克利控告 PG&E 一案的赔偿金额是美国有史以来直接诉讼案中最高的一笔……PG&E 声称他们不再使用六价铬来作防锈用途，他们的废水池都作了防浸处理以免污染地下水。

▼ 场景七：

艾德：要不他们就是不知道。如果他们不知情的话，我们就不能要求他们做惩罚性赔偿。如果是惩罚性赔偿,那又得是一个多么大的一个数目,才可以让这些人的生活有所改善。

▼ 场景八:

艾琳:我要亲自来而不是打电话给你,原因是法官做出了最后裁决。

唐娜:是对全体还是只有我们?

艾琳:都有。他要电力公司付三亿三千三百万。

《民法通则》规定,承担普通民事侵权民事责任的方式有十种,但承担环境侵权责任的方式主要是其中两种,一种是停止侵害、消除危险和赔偿损失。停止侵害是要求环境侵权的加害人立即停止侵权行为,它主要适用于污染、破坏环境者正在对受害人实施的侵害;消除危险是要求侵权人消除因其行为给他人合法权益带来危害,它主要适用环境侵权行为给他人的人身、财产以及环境权益构成的危险。场景五中太平洋瓦斯电力公司声称他们不再使用六价铬来作防锈用途并对废水池作了防浸处理,这属于停止侵害、消除危险。赔偿损失是指加害人因自己的污染、破坏环境的行为,给他人造成了人身、财产和环境权益损害时,加害人应依法以其财产赔偿受害人经济损失的责任损失。这是应用最广泛和最常见的环境侵权责任方式。环境污染波及广、危害大、时间长,往往赔偿数额巨大。场景七中该公司被判支付三亿三千六百万就是例证。

3. 诉讼时效

▼ 场景九:

约翰逊:麦斯瑞先生,如果电力公司污染了我们的水源,他们干嘛还要费力来向我们解释,为什么不干脆保持沉默?

艾德:为了建立一个法定的诉讼时效。像这种案子你只有一年时间,从发现这个问题到提起诉讼。所以太平洋电力公司就想:"我们不如先下手为强,先告诉人们这里的水质本来就不好。一旦我们能撑过这一年而没人告我们的话,我们就永远不会有事了。"

上段影片中提到了一个很重要的概念,即诉讼时效。这是指权利人在法定期间内不行使权利就丧失请求法律保护权利的制度。我国民法规定,民事诉讼时效一般为两年,从知道或应该知道其权利被侵害之日计算;遇有因人身损害、商品质量纠纷、延付或拒付租金、寄存财物被丢失或损毁等情形,诉讼时效为一年。鉴于环境污染损害的潜在性,其损害赔偿提起诉讼时效的期间为三年,从当事人知道或应该知道受到污染损害时起计算。之所以对环境民事诉讼规定较长的诉讼时效,是因为环境污染致害的特殊性决定的。"由于人们的认识水平受当时的科学技术水平的限制,对污染致害的原因、过程、污染物质的性质、迁移转化规律,毒理等认识不足,加上环境污染致害有较长的潜伏期,往往是由多种因素复合造成的,短时间内难以确定污染致害的真正原因,也难以确定谁是加害人。因而只有规定较长的诉讼时效期间,才能有效地保护受害人的合法权益。"[1]在这方面美国法律规定有所不同,在美国中如同本片所说这类诉讼的时效只有一年。在本片中,太平洋瓦斯电力公司故意谎称当地的水质本来就有问题,其目的就在于想利用诉讼时效逃避法律责任。如果当地居民知

---

[1] 高清:《环境资源法新视角》,北京:知识产权出版社2008年版,第301页。

道其权利被侵害而在一年时间内不主张,他们就将因时效届满而丧失请求法律救济的权利。

四、集团诉讼

▼ 场景十:

艾德:这个案子非同小可。我们有四百一十一名原告,还有一百六十二份陈述书。也许还有好几百人早已经搬走了,我们要找到他们必须花大量的时间、精力和金钱,但却没有任何进展。

▼ 场景十一:

法官:现在我这里有一份加利福尼亚辛克利一半以上居民向本院提起的诉讼。他们状告太平洋瓦斯电力公司,要求其支付医药费、身体及精神损失费,因为对当地地下水造成了严重的污染。而我这里也有太平洋瓦斯电力公司提交的八十四份取消诉讼及抗辩书,每一份都对居民诉讼的合法性提出了质疑。我已经仔细地阅读过所有的文件。现在本庭要准备宣判,之前有什么话要说吗?

艾琳、艾德:没有,法官大人。

太平洋瓦斯电力公司代表:没有,法官大人。

法官:很好,有关加利福尼亚州辛克利居民控告太平洋瓦斯电力公司一案,本庭宣布八十四份抗辩书将全数予以驳回。对太平洋瓦斯电力公司的控告成立。站在我个人的立场我要说一声,做为巴斯特的居民,这离辛克利并不远,这些证据让我深感不安。证据显示该公司不仅使用六价铬,你们的当事人居然还印着宣传册给居民,告诉他们这对他们的身体有多少好处。告诉你们的当事人准备上法庭吧!

▼ 场景十二：

寇特：你们手里有多少名原告？

艾琳：六百三十四个。

寇特：这么多人的案子不可能同时受理，所以我们需要给他们进行分组。每组二十至三十个人，视情况而定。情况最糟的分在第一组，这样依次类推。

由法官分别来为他们裁定赔偿金额。

▼ 场景十三：

艾琳：为什么？

艾德：因为我们在上裁决庭之前，必须征得原告的同意。

艾琳：多少个？

艾德：通常法庭要求达到百分之七十，电力公司要求有百分之九十，也就是说几乎人人要同意。现在你懂了吧，这次是认真的。

在环境侵权民事诉讼中，常常采用集团诉讼的方式，就像本片中艾德律师事务所代表辛克利六百三十四名居民提起对太平洋瓦斯电力公司的诉讼那样。美国1969年制定的《国家环境政策法》规定"公民或公民团体可以声称他们所要求保护的利益属于该法所保护的环境利益来满足关于起诉权的要求。"这就是集团诉讼。"集团诉讼是指因同一环境公害引起受损害者一方或者多方的人数众多时，由受害者其中一人或者数人代表全体受害者集团进行诉讼，全体受害者集团接受由此而产生的诉讼结果的诉讼形式。"①它被广泛运用于证券欺诈、产品责任、大范围的公民权侵犯、医药或健康纠纷、保险纠纷以及其他多种民事侵权纠纷解决中,也包括环境侵权纠纷解决。

由于环境污染致害涉及的地域广阔,影响的范围大,侵害的对象众多,造成的损害往往是群体性的。加之,环境污染致害的机理复杂、潜伏期长,受害者因缺乏科学技术知识和监测手段及有关信息资料,举证艰难,仅凭个体的力量难以在诉讼中获胜。与此同时,同一环境污染案件中受害者的受害情形也很相似。如果每位受害人分别进行诉讼,不仅对受害人产生诸多麻烦也给法院增加诉讼负担,不符合诉讼经济和效率的原则。于是,集团诉讼就应运而生了。我国民事诉讼法规定:"当事人一方人数众多的共同诉讼,可以由当事人推选代表人进行诉讼。代表人的诉讼行为对其所代表的当事人发生效力,但代表人变更、放弃诉讼请求或者承认对方当事人的诉讼请求,进行和解,必须经被代表的当事人同意。""诉讼标的是同一种类、当事人一方人数众多在起诉时人数尚未确定的,人民法院可以发出公告,说明案件情况和诉讼请求,通知权利人在一定期间向人民法院登记。"在本片中,同样受六价铬危害的当地居民多达数百人,符合提起集团诉讼的要件;而艾德则在其中充当了代表人或者说代表人的诉讼代理人的角色。

环境侵权民事诉讼采用集团诉讼的另一个原因,即诉讼中原被告双方的诉讼实力严重不对等。环境侵权者往往是大型企业,就像本片中的太平洋瓦斯电力公司那样。他们实力雄厚并与当

---

① 王树义:《环境与自然资源法学案例教程》,北京:知识产权出版社2004年版,第140页。

地的发展有着密切的联系,例如能促进就业、增加税收等。他们在诉讼中完全可以利用其经济优势、和诉讼技巧使自己免责或减责,并让原告陷于举证之苦和讼累中。而当地政府也会偏向于他们。而此时原告作为受害者的个人其力量总是渺小的。采用集团诉讼可以凝聚众多受害者的力量而汇聚成强大的集体力量,与那些实力雄厚的大型企业相抗衡。"众人划桨开大船"说的也就是这个道理。

五、结语

当今世界环境问题越来越严重,已经威胁到了当代人及其后代的生存与发展。从这个意义上说,为解决环境问题而制定的环境法就是维持人类生存与发展之法。如此重要的法律部门应当引起我们每个人的重视。

参看影片:

1.《法网边缘》,约翰·特拉沃塔、罗伯特·杜瓦尔主演,讲述了律师简在一起水污染损害赔偿案件中,为维护正义而四处取证,使自己失去名利和朋友但最终胜诉的故事,涉及到环境污染损害赔偿的问题。

2.《可可西里》,多布杰、张磊、奇道主演,讲述了记者尕玉和可可西里巡山队员为了追捕藏羚羊盗猎分子,保护藏羚羊和生态环境,顽强抗争甚至不惜放弃生命的经历,涉及到野生动物保护和环境刑法的有关问题。

下篇 国际法学

"和平共处五项原则作为一个开放包容的国际法原则,集中体现了主权、正义、民主、法治的价值观。和平共处五项原则已经成为国际关系基本准则和国际法基本原则。"*

---

* 习近平:《弘扬和平共处五项原则,建设合作共赢美好世界——习近平主席在和平共处五项原则发表60周年纪念大会上的讲话》,《中国国际法年刊(2014)》,北京:法律出版社2015年版,第741页。

第十四章　从《东京审判》看国际公法

> 平等者之间无统治权。
> ——古罗马法谚

片名:《东京审判》
导演:高群书
主演:刘松仁、曾江、英达、朱孝天、林熙蕾、曾志伟
出品时间:2006年

【影片简介】本片以1946年远东国际军事法庭对28名日本战犯的艰难审判过程为背景。在当时绝大多数法官不同意判处战犯死刑的多国法官会议上，中国法官在大国利益主导的强势挤压下，艰难地扭转局面，终将以东条英机为首的战犯元凶送上绞刑架，用对战犯的绞刑告慰了在战争中死难的中国冤魂。东京审判是第二次世界大战结束后，盟国对第二次世界大战中的日本甲级战犯进行的军事审判。本片再现了这一重大历史事件。它不仅警世后人不忘侵略战争给人类带来的灾难，告诫侵略者逃脱不了历史和正义的惩罚，还蕴含了若干国际法内涵。"前事不忘后事之师"，让我们随着本片来了解什么是国际法。

一、国际法庭与国际法

1. 国际法庭

▼ 场景一：

字幕：1945年8月15日，日本天皇下诏书宣布无条件投降，一场对战争罪犯的审判随即开始。1946年1月19日，远东国际军事法庭成立。

▼ 场景二：

远东国际军事法庭众法官："我们郑重保证，我们作为远东国际军事法庭的法官，必定依法秉公行其司法任务，绝无恐惧、偏袒、私爱，并且依照我们的良心行事。我们绝不泄露和透露我们法庭任何人，对于判决或定罪之意见及投票，而且要保证每个人的见解为不可侵犯的秘密。我们要向上帝发誓！请坐下"

东京审判主要由远东国际军事法庭负责进行。它属于国际审判组织,是第二次世界大战结束后建立的专门惩治日本战争罪犯的国际刑事特别法庭。它和之前成立的纽伦堡国际军事法庭(主要惩治德国在第二次世界大战期间的战争罪犯)一起,构成当时国际上专门打击和惩治战争犯罪行为的两大国际司法机构。"纽伦堡和远东国际军事法庭是现代国际法意义上成立最早、对国际刑法最具影响和冲击力的国际性刑事诉讼机构。"①国际军事法庭是指由战胜国法官组成,审判在战争期间犯下严重战争罪行的军官,或助其罪行的共犯人民的特种军事审判法庭。在远东及纽伦堡两个国际军事法庭之后,针对地区间武装冲突,联合国又设立了其他审判违反战争法规和惯例的行为、灭绝种族罪和危害人类罪的国际刑事特别法庭。如前南问题国际刑事法庭、卢旺达国际刑事法庭等。

2. 国际法

▼ 场景三:

卫勃:下面就是远东国际军事法庭检察官提出的起诉进行认罪传讯。

广濑一郎:我要求庭长卫勃先生回避本次审判

远东国际军事法庭首席检察官季南(以下简称季南):任何人要是对法庭有反对意见应该用书面形式提出。辩方的这种口头辩论毫无道理是卑鄙的偷袭,就像当年偷袭珍珠港事件一样卑鄙。

广濑一郎:我坚持我的要求,并且我对法庭上所有法官的资格都提出异议。

---

① 朱文奇:《国际刑事诉讼法》,北京:商务印书馆2014年版,第6页。

梅汝璈：控制情绪，否则就中了他的圈套。

广濑一郎：这次审判完全依据大国沙文主义的傲慢和偏见，依据胜者为王败者为寇的民间感情，来主宰这些曾经为亚洲和平和共同繁荣呕心沥血的公务人员的生命。我对法庭的公正性严重质疑，也为法律的尊严感到悲哀。

卫勃：安静…被告律师。法庭不是你宣讲理论和讲条件的地方。你提出的第一个提议关系到我个人，因此我请求回避。我愿意听候法官会议的裁决。

广濑一郎：我认为其他十位法官也不具备国际军事法庭法官资格，因此法官会议的裁决也不会公正。我反对！

卫勃：那你认为怎样才能公正？

广濑一郎：美利坚合众国联邦最高法院

卫勃：荒唐！现在休庭。由十一个民主国家派出的具有十几年从业经验的法学权威组成的国际法庭，居然还不如一个国家的联邦法院具有公信力，这显然是挑衅。这件事情因涉及我本人，我愿意听候法官会议的裁决。

……

远东国际军事法庭某法官：经过我们十位法官的一致讨论认为，根据法庭宪章第二条，法官是由盟军最高统帅依照各国政府的推荐而任命的。因此，我们没有权利决定我们之中任何人的任免或是回避。

卫勃：在座的二十八名被告有罪无罪必须接受本军事法庭的最后审判。

中国有一句歇后语叫"太平洋的警察——管的宽"，国际法庭管的范围比这还宽——它宽到整个世界。它为何可以管的如此宽？这源于一种叫国际法的东西。"国际法，或称国际公法，是指调整国际法主体之间、主要是国家之间关系的，具有法律拘束力的原则、规则和制度的总称。"①

众所周知，法主要是由主权国家制定的。那么国际法是不是法呢？现在学界普遍认为国际法具有法律的性质，其主要理由有以下四个方面："国际法普遍存在于国际社会，并以国际条约和国际习惯作为其表现形式"；"国际法是由作为国际法制定者的众多国家依一定立法程序制定的"；"国际法的法律效力已为国际社会普遍承认"；"国际法与国内法一样具有强制性"；②等等。

既然国际法也是"法"，那它与国内法又有什么区别呢？我们认为主要有以下四点：首先，两者的主体不同：前者主体主要是国家和国际组织，后者主体主要是自然人和法人组织；其次，两者的渊源不同：前者渊源主要是国际条约、国际惯例，后者渊源主要是国内制定法；再次，两者的产生方式不同：前者主要通过国家之间的签订国际协议或认可国际惯例确定的，后者是由国内立法机关制定的；最后，两者的救济方式不同：前者主要依靠国际法主体本身或集体的力量强制实施，后者主要由国家强制力保证实施。

一般而言，国际法的基本原则主要有：互相尊重国家主权和领土完整、互不侵犯、互不干涉内政、平等互利、国际合作、民族自决、和平解决国际争端、善意履行国际义务。

在国际法的产生和发展历程有一位重要的人物，他就是荷兰法学家格劳修斯。他在自然法基础上，首次提出了国际法的概念，并全面系统地论述了近代国际法的基本原理，使他成为近代

---

① 邵津：《国际法》，北京：高等教育出版社2014年第5版，第1页。
② 王献枢：《国际法》，北京：中国政法大学出版社2012年第5版，第3-4页。

国际法学的奠基人。其代表作为《战争与和平法》,这表明了战争史国际法的主要主题。

二、战争罪与战争法

1. 战争罪

▼ 场景四:

季南:尊敬的庭长及各位法官大人,我是约瑟夫纪南,我是此次远东国际军事法庭的检察长,同时我也是美利坚合众国的首席检察官。远东国际法庭宪章明确规定,以下五项犯罪行为将受到指控。这五项罪行如下:计划,准备发动及执行侵略战争,或者违反国际公法条约,协定或保证的战争。除此四项外,为达到上述目的而参与共同计划或阴谋的罪行也包括在内。

▼ 场景五:

远东国际军事法庭某法官:全体坐下,远东国际法庭第817次庭审现在开庭。下面由检查团做最后陈述。

季南:女士们,先生们,尊敬的庭上,尊敬的各同盟国法官,全体被告参与了这一共同计划的拟定或执行。这一共同计划的目的是为了日本取得对太平洋及印度洋地区国家的军事、政治、经济的控制地位。为了达到这个目的,日本单独或与其他具有同样目的的国家发动侵略战争,以对付反对此侵略目的的国家。我以及我们检查团的全体同仁,用我们的努力和证据证明了上述目的的阴谋及罪行都确有其事。纵观人类文明史其手段之残忍、残酷、灭绝人性实属罕见。无数的生命痛苦的消失在日本侵略野心的枪口和刀口下,他们的这种行为是对人类文明的挑战,是对和平的挑战,是对世界的挑战。他们共同的犯罪目的是为了确保天皇的统治地位。没有比发动和实行侵略战争更加严重的罪行。全世界人民的安全被这种阴谋所威胁,被这场战争所破坏。这个阴谋的唯一结果就是使全世界遭受死亡和痛苦。所以,我,约瑟夫·季南代表同盟国检查团全体同仁,郑重向远东国际军事法庭庭长及各位法官提请,请你们给这些发动并实行侵略战争的被告们以严惩。请你们以公正之心,以善良之名,以人类之愿。

卫勃:远东国际军事法庭全部庭审到此结束。本法庭现在宣布等候判决,现在休庭直至判决宣布之日。

本场景中,检察官纪南对当庭的日本战犯进行了战争罪的指控。战争罪即违反战争法规或惯例的罪行,包括虐待或放逐占领地平民、谋杀或虐待战俘或海上人员、杀害人质、掠夺公私财产、非基于军事上必要毁灭、破坏城镇或乡村的罪行。凡参与规划或进行上述罪行的共同计划或阴谋的领导者、组织者、教唆者与共谋者,均应负个人刑事责任。

东京审判确认了一项重要国际法原则,即发动侵略战争是严重的国际罪行,战争罪犯必须予以严惩。1950年,联合国国际法委员会确认了如下原则:①从事违反国际法的犯罪行为的人应承担个人责任,并应受惩罚;②不违反所在国的国内法不能作为免除国际法责任的理由;③被告的地位不能作为免除国际法责任的理由;④政府或上级命令不能作为免除国际法责任的理由;⑤被控有违反国际法罪行的人有权得到公平审判;⑥违反国际法的罪行是:反和平罪、战争罪、反人道罪;⑦共谋上述罪行是违反国际法的罪行。① 这些原则在以上片段中都得到了充分展现。

---

① 梁西:《国际法》,武汉:武汉大学出版社2004年修订第二版,第375页。

2. 战争与战争法

▼ 场景六：

梅汝璈：我终于看到了横滨和东京被炸后的情形，和路上日本男女的表情。我的总印象是横滨和东京的工厂都炸光了，我这时才体会到其真正的意义。无论男女，他们和我二十二年前在日本所见的已经太不相同。孰令改之？这却不能不叫我们正要审判的那些战犯们负责！他们扰乱了世界，荼毒了中国，而且葬送了他自己国家的前途！一个本可有所作为的国家而招致这样的命运，真是自作孽不可活。这是历史上的一大悲剧，也是一大教训！

▼ 场景七：

梅汝璈：由东条内阁操纵扩大的这场战争给亚洲带来灾难的同时，也给日本带来了深久的隐痛。这种隐痛在日本弥漫于战时和战后数十年，使得当时的年轻一代充满了迷茫，绝望甚至疯狂。战败的惨痛彻底摧毁了很多人原本对大东亚圣战和东条英机的顶礼膜拜。日本向何处去？日本年轻一代在思考这个问题的同时也在忧虑着自己的命运和前途。战争这个怪兽，吞噬着生命，荣誉，国土，也在吞噬着热血和理想。

战争罪因战争而起，那么什么是战争呢？"现代国际法上的战争是指国家或国家集团之间、政府与反政府武装团体之间或者敌对武装团体相互之间为实现一定的政治目的而进行的武装对抗或通过宣战表达的敌对意图。"①近代历史上的中日战争是日本军国主义为实现将中国变为其完全独占殖民地而发动的非正义

---

① 周洪钧：《国际法》，北京：中国政法大学出版社2015年第3版，第286页。

的侵略战争,是用武力侵犯中国的领土完整和政治独立,这是不容辩驳的。

战争是残酷而又不可避免的。因此人类制定了战争法用以控制战争。"法是以国际条约和惯例为形式,调整战争或武装冲突中交战国之间、交战国与中立国之间关系的和有关战时人道主义保护的原则、规则和制度的总称。它是现代国际法的一个重要分支。"它包括战争或武装冲突本身的规则和战时人道主义保护规则两大部分。①

▼ 场景八:

梅汝璈:因为日本实行严酷的战时新闻管制,并严令日军官兵与家人通信时不得提及战争期间的犯罪和不道德行为。日本国内老百姓对于日军残酷屠杀俘虏和平民的行为并不为更多人所知,甚至大部分日本人都不相信有南京大屠杀事件。经我提议,法官会议同意将南京大屠杀作为一个独立单元审理。

松井石根:南京没有发生大屠杀。季南检察官所说的日本皇军对中国俘虏平民、妇女实施的所谓的有组织且残忍的屠杀奸淫的指控全部都是诬蔑。而且,超过军事上需要的破坏房屋财产等指控也都是谎言。

外国证人1:我的名字是罗勃特·威尔逊。我是美国人,医生,从1936年1月一直到1940年8月我住在南京。

外国证人2:1937年以来,我一直任金陵大学的历史教授。

外国证人3:从1912年到1940年。

中国证人1:我姓伍,叫伍长德。

---

① 梁西:《国际法》,武汉:武汉大学出版社2004年修订第2版,第356。

中国证人2:我叫尚德义,我家住南京中山路11号
中国证人3:我是种田的。

季南:请问你看到什么?在1937年12月13日,日本军队进入南京之后。

外国证人1:南京变成了地狱。

外国证人2:日本军人开始疯狂的杀人、放火,无休止的抢劫、强奸。

根据有关国际公约,以下是被战争法所禁止的:不经过宣战而发动战争;惩罚、虐待、杀害战俘或攻击非战斗员;使用具有过分杀伤力的战争手段,即使用极度残酷的武器,"所谓极度残酷的武器是指超过使战斗员丧失战斗能力的程度而造成极度痛苦、必然死亡的武器";使用化学和细菌武器及核武器;不分皂白的作战手段,"不分皂白的攻击是指不能区分平民与交战人员、军事目标与非军事目标的作战手段和方法";改变环境的作战手段和方法,即"使用旨在或可能对自然环境引起广泛、长期而严重损害的作战手段";背信弃义的作战手段和方法,即"利用对方遵守战争法规或信义以达到自己目的所采用的手段。"[①]日军在侵华战争期间不遵守有关战争的国际法,犯下了滔天罪行!

三、国家及其承认

▼ 场景九:

梅汝璈:中日战争到底始于何时,这是东京审判中有关中国部分审理的第一焦点。日本关东军进驻东三省后经常性的挑衅

---

① 杨泽伟:《国际法》,北京:高等教育出版社2007年版,第361-363页。

行为,导致此地区的中日关系日趋紧张,最终以一场日军蓄意的谋杀事件——皇姑屯事件——挑起中日战争。

广濑一郎:检方律师武断地指控皇姑屯事件是日本对中国发动侵略战争的开始,这违背了事实,显然也混淆了局部冲突和正式战争的区别。

季南:当时北京政府是国际社会唯一承认的,并且建立了外交关系的中国政府,而张作霖先生是北京政府的首脑。我想请问辩方,当一个国家利用阴谋炸死另一个国家的首脑,这不是国家间的战争行为又是什么呢?

1. 国际法上的国家

本场景在提及皇姑屯事件时,涉及到国际法上的重要概念,即国家。国家是国际法最基本的主体。"一般认为,国家主要享有独立权、平等权、自保权和管辖权四项基本权利。"[1]通常而言,只有具备定居的居民、确定的领土、政权组织和主权四个要素,才能构成一个国家。"确定的领土、定居的居民、政权组织和主权,构成国际法上的国家的要素。"[2]其中政权组织是国家在政治上和组织上的体现,是执行国家职能的机构,是国家的代表。它对内实行管辖,对外进行交往。辛亥革命推翻清政权后建立了中华民国(北京政府),它虽为袁世凯及其后的北洋军阀所窃取或控制,但其国号仍然是中华民国,是当时中国的合法政府。

1924年之后,以张作霖为首的奉系军阀控制了北京政府,其统治以为其他国家所承认。日军炸死张作霖实际上谋杀中国国家元首的行为,是当然的侵略行径。在20世纪30年代的侵华战

---

[1] 周洪钧:《国际法》,北京:中国政法大学出版社2015年第3版,第31页。
[2] 邵津:《国际法》,北京:高等教育出版社2011年第4版,第99页。

争中,日本从未宣战就发动侵华战争,因此战争开始时间难以确定。纪南检察官用上述论证将皇姑屯事件作为其开始是恰当的。

2. 国家承认

本场景中还提到当时张作霖的北京政府是得到各国承认的中国合法政府。国际法上的"承认是既存国家以一定方式对新国家或新政府出现这一事实的确认,并表明愿意与之建立正式外交关系的国家行为。"① 它包括对新国家的承认和对新政府的承认两种情形。前者是指确认新国家已具备国家的条件而具有国际法主体的资格,并表示愿意与之建立正式关系;后者是指承认新政府为国家的正式代表,并表明愿意同它发生或继续保持正常关系。

辛亥革命之后,以孙中山为首的中华民国政府以承认帝国主义列强各国与清政府所签订的不平等条约为代价,换取了它们的承认;新中国建立之后,除苏联等少数社会主义国家外,大多数国家不承认中华人民共和国这个新国家及其人民政府,我国在联合国的合法席位长期被台湾国民党政权占据直至1971年。

四、正义的审判

东京审判是正义的审判。作为处理战后遗留问题的重要环节,远东国际军事法庭根据国际法对发动侵略战争的日本的战争指导者进行了审判,把日本军国主义的罪恶行径暴露在光天化日之下。尽管其有一定的局限性,但必须肯定这是一次维护世界和平与文明,对破坏人类社会自由与尊严行为的审判。让我们再次

---

① 梁西:《国际法》,武汉:武汉大学出版社2004年修订第二版,第89页。

回顾其中那些义正言辞的论辩,时刻不忘国耻!

▼ 场景十:

卫勃:下午好,请坐。因为明天远东国际军事法庭要正式开庭审判,现在我们做最后一次彩排。下面我宣布一下法官座位的排列次序:美国、英国、中国、苏联、加拿大、法国、澳大利亚、荷兰、印度、新西兰、菲律宾。梅博士,你听我解释。请你冷静一下,好吗?

梅汝璈:我在听。

卫勃:美国法官和英国法官坐在我的左右手,主要是因为他们对英美法程式更熟悉一些。这只是为了工作上的便利,丝毫没有任何歧视中国的意思

梅汝璈:恕我直言,你我都清楚这是国际法庭,并不是英美法庭。我认为没有必要这么安排。

卫勃:梅博士,你能否从另外一个角度去想这个问题。你想想看,现在你帝国的法官来自美国和法国而不是俄国,这对你将是很愉快的。

梅汝璈:卫勃爵士,这是对我的侮辱。作为一个中国人,我必须郑重地说,我来东京不是为了愉快。我的祖国遭受日本侵略长达五十年。对中国人来说,审判日本战犯是一件严肃、沉重的任务,决不是愉快的事。

卫勃:我也必须再次提醒你,这个安排是盟军最高统帅的意思。遗憾地说,如果你拒绝的话,中美关系可能会陷入不愉快,你的政府也未必同意。

梅汝璈:我拒绝接受这种不合理的安排。在日本侵略战争中,中国受侵略最深,抗战最久,牺牲最大,而英国却只是一味的

忍受和投降。中国决不能接受排在英国之后。我认为中国政府也决不会同意。我甚至怀疑这是否是盟军最高统帅做出的决定。

卫勃：稍等，我去给其他兄弟商量一下，十分钟后给你答复……梅博士，很抱歉，又让你失望了。兄弟们认为今天只是一次彩排，非正式的。我们只是先拍一些照片，今晚我们还会再讨论一下明天正式开庭的安排。

梅汝璈：卫勃爵士，我也让您失望了。我决不能出席这样的座次安排。全世界的摄影记者和新闻记者目前都等在审判大厅，你们必定要拍照报导，所以我不能接受。当这些照片和报导到了中国，你知道会怎么样吗？所有的中国人都会责难我的软弱、我的无能。如果我同意了这个安排，那我就侮辱了我的国家，我就侮辱了所有中国人为抗击日本侵略所付出的代价、牺牲、努力和坚持一切的一切。卫勃爵士，你明白吗？所以我绝对不会出席彩排。至于我自己，我可以向政府请示。如果不支持，我将马上辞职。

卫勃：请等等，要不这样，我再跟他们商量一下。请你千万不要走，顶多十分钟我就回来。

梅汝璈：那么我再等十分钟。

……

卫勃：梅博士，你胜利了。你的国家应该因为有你这样的斗士而自豪。

卫勃：我不是斗士。我是法官，中国的法官。

▼ 场景十一：

梅汝璈：已经进入被告战犯个人辩护阶段，对向哲浚他们压力最大的是马上就要开始的土肥原贤二和板垣征四郎。这两个战犯对发起和实施侵华战争起了至关重要的作用,欠下了中国人累累血债。如果在法庭上被这两个人打败,后果将不堪设想。当时的情况是土肥原贤二采取一言不发的龟缩策略,试图利用英美法系的漏洞来逃脱审判,而板垣征四郎很是狂妄,自己写了48页的辩护词扬言要和中国检察团大战三百回合。倪征燠作为中国检察组顾问组组长来到东京增援。

广濑一郎:对所有的指控,我的当事人土肥原贤二先生全部予以否认。而且他也认为面对莫须有的这一切指控,他完全不屑于与检方辩论。因此,为了一个日本军人的尊严他放弃为自己辩护。

板垣征四郎:对一切的指控,我全部否认。难道日本政府能忍心看着东北人民生活在苦难和混战里面吗?难道我们出于同情和友谊帮助他们也成为罪过了吗?在我担任陆相以来,我一直主张撤军、主张和平、主张停战。不管检查团给我什么罪名,我始终是一个热爱和平的日本人。我没有罪。

倪征燠:你刚才说918事变也就是1931年9月18日那天的战争,你们事前从来没有策划也完全不是一个阴谋,是吗?

板垣征四郎:是。

倪征燠:但是你又承认关东军在皇姑屯事件前就已经制定了作战计划,你不同意制定这个作战计划吗?

板垣征四郎:我想我有必要向你解释一下这个作战计划。

倪征燠:我不需要你的解释。我要问的是,你的这个作战计划是报告给了中央并得到同意了是吗?

板垣征四郎:是。

倪征燠:那你怎么还说你们事前没有策划过9·18事变呢?

板垣征四郎:因为我们关东军跟中国东北军相比,兵力上已处于一比二十的劣势,所以我们要防止他们的攻击。我们只是自卫。

倪征燠:你怎么知道东北军要攻击你们呢?

板垣征四郎:我们根据情报判断出来的,所以才制定这份计划。

倪征燠:根据情报,什么情报?板垣征四郎先生,我想我有必要提醒你,法庭是个讲证据的地方。你要证明东北军将要向日本军队发起攻击,你必须要有证据。在你的辩护词里,你提到了日本与德国、意大利商讨三国公约时,你不主张扩大战事;还有关于中国和苏联边境发生的张鼓峰事件,你一直努力设法就地解决,是吗?

板垣征四郎:是。

倪征燠:因为这两件事你还被天皇谴责过?

板垣征四郎:是。

倪征燠:是还是不是?

板垣征四郎:你怎么知道的?

倪征燠:现在是我在向你进行反诘,不是你来问我。马上回答我,是还是不是?

板垣征四郎:没,没有这回事。

倪征燠:这是我们中国检查团从盟军总部得到的一份证据。这是日本元老西圆寺原田的一本日记,上面详细记载了日本天皇因为上述两件事对板垣征四郎进行了严厉的呵斥,你居然说没有这回事。现在我向法庭承上这份证据,请庭上查验并予以登记在案……在你任陆军大臣的后期,曾经派人到中国去见两个人。一个是曾经担任过民国政府第一任国务总理的唐绍仪,一个是前北洋军阀的统帅吴佩孚,是吗?

板垣征四郎：是。

倪征燠：你的目的是要拉拢这两个人，成立大规模的傀儡组织，是吗？

板垣征四郎：我…我不知道。

倪征燠：哦，那你派谁去的你总知道吧？那个人是不是就是当年僭充沈阳市市长，扶植傀儡溥仪称帝，勾结关东日军阴谋华北自治，煽动内蒙独立，到处唆使汉奸成立伪政权和维持会，喧赫一时，无恶不作，而今危坐在被告席右端的土肥原贤二？是不是他，马上给我回答。

梅汝璈：这是中国检察团最华彩的一次胜利！在对板垣整整十天的反诘中，倪征燠对他答辩词中所提到的事情一一盘问反驳。最终用指东打西的办法将一言不发的土肥原击溃。

▼ 场景十二：

广濑一郎：首先我代表我的当事人东条英机先生在此声明，我的当事人东条英机先生除了自已为自已作证外，他将不请任何其他证人出庭作证。另外他也将不出示任何证据声明。完毕。下面我的当事人将宣读他的口供书

东条英机：最后，恐怕这是本法庭规则上允许的最后机会。我在这里重复一下，日本帝国的国策乃至当年合法地占据其职位的官吏所奉行的方针，不是侵略也不是剥削。我们只是按照宪法和法律规定程式列事，但还是遭到了严酷的现实。我们以国家命运为赌注，但输了。我始终主张这场战争是自卫战争，不是违反现时人民承认的国际法的战争。关于战败责任，这是当时的总理大臣，我的责任。这种意义上的责任我打算自动承担。供述人东条英机。昭和22年12月19日于东京市。

(注:国际法上的战争责任既包括国家责任也包括个人责任。1945年8月《欧洲军事法庭宪章》以及据此而进行的纽伦堡国际审判,确定了一系列现代国际法惩办战争犯罪所适用的原则,其中就有政府或上级命令不能作为免除国际法责任理由的规定。① 此后国际社会有关个人战争责任的国际立法都吸收了上述原则的精神。)

季南:那么按照你的逻辑,你一方面进行中日之间所谓的和平交涉,另一方面却以强大的兵力占领中国领土,这难道不矛盾吗?

(注:国际法上的领土主要是指国家所领有的土地,即在国家主权支配下的地球的确定部分。它在国际法上具有重要的意义:它是国家构成的要素之一,没有领土的国家是不存在的;它也是国家行使最高权力,通常是排他权的空间范围。② 在国际法上国家的领土完整是不容侵犯的。)

东条英机:没有任何矛盾。

季南:那你是否考虑过侵略满洲的结果,将引起中国的反日情绪呢?

东条英机:中国对日本的反感早就有了,但是日本绝对没有侵略满洲的行为。

卫勃:肃静!

季南:被日本军队杀死的中国人有多少?

东条英机:不清楚。

季南:这是日本大本营所发表的据年签上载明,1937年7月

---

① 丛文胜:《法律战100例》,北京:解放军出版社2004年版,第244页。
② 王铁崖:《国际法》,北京:法律出版社1995年版,第229页。

至 1941 年 6 月间,日本军队杀戮二百零一万五千中国人。杀戮二百万以上的中国人,你是否想过这将引起中国人的愤怒?请回答。

东条英机:我对此深感不幸。

季南:但所杀戮者不少是无辜民众,为什么把此种残酷行为施加在无辜的人民身上?

东条英机:所谓民众与战争无关系一节,中国与我们日本都是一样。而作为中国政权的统帅者,居然指挥民众抗击日本和侮辱日本,以至于招来虐杀,这是中国统帅者的错误,跟我们无关。

(注:任何国家都有使用武力反抗外来武装攻击的权利,这在国际法上被称为自卫权。自卫权是指"国家使用武力反击外来武力攻击以保护自己的自然权利或固有权利。"[①]中国人民基于自卫权而进行抗日战争,是为反抗日本帝国主义武装侵略,是正义性的战争,其在国际法上的合法性是不容辩驳的。)

季南:所以你坚持不从中国撤兵,而且还将战争不断扩大,是还是不是?

东条英机:我不喜欢回答是还是不是。

季南:这是在法庭容不得你喜欢还是不喜欢。你必须回答是还是不是。

广濑一郎:我抗议,。检察官不能这样提问。

卫勃:抗议无效,证人必须回答检察官的这个问题。

季南:是还是不是?回答我,是还是不是。

东条英机:不是。

[①] 余民才:《国际法上自卫权实施机制》,北京:中国人民大学出版社 2014 年版,第 3 页。

季南:不是？那从1941年10月你受命组阁之后日本从中国撤军了吗？

东条英机:没有,但那是⋯

季南:你刚才的问题已经回答完了,我不需要你的解释⋯⋯你在口供书中说,日本对美国、英国、荷兰发动战争是因为他们在1941年7月26日发布了资产冻结令,是吗？

东条英机:是。

季南:那么你已经对法庭说过日本天皇爱和平,是吗？

东条英机:是。

季南:你还说日本臣民谁都不会不听天皇的命令,是吗？

东条英机:我说的是我作为一个国民的感情,这和天皇的责任不是一个问题。

季南:但你们实际上不是对美英荷开战了吗？

东条英机:是我的内阁决定的战争。

季南:天皇要是反对的话,战争是不是就不会发生？

东条英机:我已经反复说过天皇没有任何责任,日本要活命的话只有开战。

季南:你认为作为首相发动战争在道德和法律上都没有错吗？

东条英机:完全没有任何过错。以前、现在、还有将来,我都认为那都是正当的。

季南:那么如果你和你的同僚尤非释放的话,你们还准备一起重复过去做过的事吗？你们还会让日本继续发动侵略,发动战争吗？

东条英机:会。

季南:庭上,检查团对东条英机的反诘结束。

……

参看影片：

1.《纽伦堡的审判》，史宾塞·屈塞、伯特·兰卡斯特主演，该片讲述第二次世界大战结束后纽伦堡国际军事法庭对德国纳粹战犯的审判过程，涉及到了个人对国家行为的责任以及国际人权法、战争法等诸多方面的问题。

2.《双面翻译》，妮可·基德曼、西恩·潘主演，这是首部被允许进入联合国内部实景拍摄的电影。它讲述了联合国译员希尔维亚因得知政治阴谋而被追杀，联邦调查局探员托宾奉命保护她并查出真相的故事。该片真实地反映了联合国的有关问题，也涉及到国际组织的有关法律问题。

第十五章 从《威尼斯商人》看国际私法

> 应当适用每一种法律关系的"本座"所在地的法律来解决存在冲突的案例。
> ——[德]萨维尼

片名:《威尼斯商人》
导演:迈克尔·莱德福
主演:阿尔·帕西诺、杰瑞米·艾恩斯、琳恩·柯林斯?
出品时间:2004年

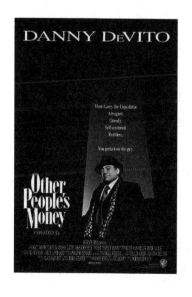

【影片简介】威尼斯商人安东尼奥为人仗义疏财，他的朋友巴萨尼奥为向贝尔蒙德富商的女儿鲍西亚求婚而向他借钱。但不巧安东尼奥的钱全都投资在海外贸易中去了，因此他只能转而向犹太商人夏洛克借钱。夏洛克平时痛恨安东尼奥借钱给他人不收利息断了自己的财路，因此在合同中定下了奇怪的条件，即如果安东尼奥逾期不能还款就得割下一磅肉给夏洛克，为朋友两肋插刀的安东尼奥答应了他这个条件。巴萨尼奥拿到钱后成功地赢得了鲍西亚的芳心并很快与他订婚了。这时他却得知安东尼奥投资在海上的贸易失败了，无法偿还向夏洛克所借的款项而面临割肉的危险。

在威尼斯公爵的法庭上，夏洛克努力要实现"一磅肉"的违约金，而鲍西亚则化妆成法学家出庭为安东尼奥辩护。她提出在割肉的过程中必须不多不少正好是一磅且不能流血，否则就要承担谋害基督教徒的罪名。这使夏洛克只得放弃，安东尼奥最终获救且还获得了夏洛克二分之一的财产。伪装之下的鲍西亚向巴萨尼奥索取自己送给他，且他承诺永远保存的戒指作为胜诉的奖励，不知情的巴萨尼奥交出了戒指。回到家中，鲍西亚向巴萨尼奥所要戒指但他无言以对，她趁机责备了自己丈夫忽略了婚戒的意义。最后，鲍西亚承认这是她的恶作剧，并重新将戒指交还给了巴萨尼奥。

本片根据莎士比亚名著改编而成，故事发生在 14 世纪的意大利，其涉外民商事交往非常发达。但当时意大利邦国林立，各地民商法律并不统一，给人们带来了诸多不便，于是出现了以解决法律冲突为主旨的国际私法。本片中提及的很多民商事关系都具有涉外因素，加之当时的意大利正是国际私法的发源地，因此我们可以通过本片来了解国际私法的有关问题。

一、涉外婚姻与国际私法

▼ 场景一：

巴萨尼奥：在贝尔蒙特有一位姑娘，她是位美人，没有词语可以形容她令人惊奇的美貌与德行。有时候，我看到她暗送的秋波。她叫鲍西娅，美貌不逊卡托（罗马政治家）的女儿，布鲁图斯家的鲍西亚。整个世界都听说了她的美貌，从海岸蜂拥而至的声名籍籍的求婚者。哦，安东尼奥，如果我能够与他们中任何一个分庭抗礼，那我毫无疑问就是非常幸运了。

▼ 场景二：

鲍西亚：哦，亲爱的，我们赶紧收拾一下，立刻就走。但首先和我去一趟教堂，和我结婚，然后再去威尼斯你朋友那里。

▼ 场景三：

杰西卡：罗兰佐啊，你要是能够守信不渝，我将要结束我内心的冲突，作基督徒，做你的亲爱的妻子。

场景一和场景二反映的是一桩涉外婚姻。当时，鲍西亚与巴萨尼奥分别是贝尔蒙特和威尼斯两个不同城邦的人，因此他们间的婚姻属于涉外婚姻。每个城邦都有各不相同的婚姻法，他们两个人结婚时在某些问题上势必会出现法律上的冲突，而国际私法就是为解决这种法律冲突而产生的（因此其有时又被称为"冲突法"）。所谓"国际私法是指以直接规范和间接规范相结合来调整平等主体之间的国际民商事法律关系并解决涉外民商事法律冲突的法律部门。"①或者说,"国际私法是以涉外民事关系为调整对象,以解决法律冲突为中心任务,以冲突规范为最基本的规范,同时包括规定外国人事法律地位的规范、避免或消除法律冲突的统一实体规范以及国际民事诉讼与仲裁程序规范在内的一个独立的法律部门。"②

国际私法中最重要的规范是冲突规范,它又被称为法律适用规范或法律选择规范,是指"由国内法或国际条约规定的,指明某一涉外民商事法律关系应适用何种法律的规范。"③国际私法中有很多特殊的冲突规范或者说是冲突法,其主要包括反致、转致、间接反致、法律规避,它们构成了国际私法的基本范畴。反致是指法院按照本国的冲突规范本应适用外国法,而该外国法中的冲突规范指定应适用法院地法,法院结果适用了法院地国的实体法;转致是指甲国法院按照本国的冲突规范本应适用乙国法,而乙国的冲突规范又指定适用丙国法,甲国法院因此适用了丙国实体法;间接反致是指甲国法院依本国的冲突规范应适用乙国法,依乙国的冲突规范又应适用丙国法,而依丙国的冲突规范却应适用甲国法,最后甲国法院因此适用本国的实体法作为准据法;法律规避是指国际民商事关系的当事人为利用某一冲突规范,故意制造某种连结点的构成要素,避开本应适用的强制性或禁止性法律规则,从而使对自己有利的法律得以适用的逃法或脱法行为。④ 有趣的是这些规范大多都是通过一些著名案例确立的,如

---

① 韩德培:《国际私法》,北京:高等教育出版社2014年第3版,第15页。
② 李双元:《中国国际私法通论》,北京:法律出版社2007年第3版,第20页。
③ 肖永平:《肖永平论冲突法》,武汉:武汉大学出版社2002年版,第13页。
④ 韩德培:《国际私法》,北京:高等教育出版社2014年第3版,第132页、第136页。

福果继承案、特鲁弗特继承案、鲍富莱蒙离婚案等。

国际私法有时还需要解决民事法律的人际冲突、区际冲突和时际等冲突。"法律的人际冲突是指一国之内适用于不同宗教、种族甚至不同阶级的人的法律之间的冲突。调整这种人际法律冲突的法律制度又被称为人际私法。"① 例如场景三中杰西卡和罗兰佐分别归属于犹太教和基督教，他们结婚就必然涉及法律的人际冲突问题。当然，他们俩解决这个冲突的方式是杰西卡皈依基督教"作基督徒"。中者又被称为区际私法，是指一国内部不同地区的民事法律之间的冲突，例如美国各州之间以及我国大陆与香港、澳门之间在民事法律上的冲突。后者又被称为时际私法，是指可能影响同一涉外民事关系的新旧、前后法律之间的冲突。

在国际法中还有一个重要的概念就是准据法，"它是指经冲突规范指引用来解决国际民商事争议的具体实体法规则。"② 以结婚为例，它是男女双方根据法律规定的程序和条件结成夫妻的法律行为。结婚只有符合法律规定的实质要件和形式要件才能够有效地成立。关于前者的准据法主要有婚姻缔结地法、当事人属人法。根据"场所支配行为"的国际私法原则，世界上许多国家长期以来都适用婚姻缔结地法，但单纯这样做有时也会出现"跛脚婚姻"。为避免这种情况的发生，有些国家除规定结婚的形式要件适用婚姻缔结地法外，还规定本国公民在国外结婚也必须遵守本国法规定的方式，例如在教堂举行宗教仪式。在本片中，虽然鲍西亚与巴萨尼奥分属于贝尔蒙特和威尼斯两个不同城

---

① 蒋新苗：《国际私法学》，长沙：湖南人民出版社 2012 年版，第 15 页。
② 韩德培：《国际私法》，北京：高等教育出版社 2014 年第 3 版，第 108 页。

邦,但他们是在贝尔蒙特缔结婚姻的,因此有关他们间婚姻有效与否的实质要件应根据贝尔蒙特的法律来确定。另外,也许贝尔蒙特的法律还有人们结婚必须在教堂举行婚礼的规定,因此鲍西亚要求和巴萨尼奥到教堂举行婚礼。涉外婚姻在我国适用婚姻缔结地法,《民法通则》第 147 条规定,我国公民和外国人结婚适用婚姻缔结地的法律。在国际私法中,除婚姻缔结地法外还有一些其他的准据法,例如物之所在地法、侵权行为地法、合同缔结地法、法院地法,当然也包括了属人法。

二、海商法与海事法律冲突

▼ 场景四:

安东尼奥:说实话,我不知我为何而忧伤,这让我疲惫。

萨莱尼奥:你说这让你疲惫?

安东尼奥:我被这消耗智力的所占据,我心烦意乱,简直有点自己不了解自己了。

萨莱尼奥:大海令你心神不安。相信我,先生,如果我曾进行过风险这样大的投资,我一定也会用大部分的心思牵挂它。我一定常常拔草观测风吹的方向,凝视着地图寻找港湾,码头和道路。凡是足以使我担心那些货物的命运的一切事情,毫无疑问这也将会令我忧愁。如果想到海上大风可能造成的后果,我为让肉汤冷却吹出的风也将令我发烧。

▼ 场景五:

夏洛克:我的意思是说他是个好人,是让你明白他是个值得信任的人。但他的做法还是有待商榷。他有艘船去了特里坡利斯,另一艘去了西印度群岛。我还知道,根据市场交易,他还有第三艘船在墨西哥,英格兰还有第四艘。他还有许多其他投机业务分散在各国。船只也只是木板,水手也只是血肉之躯。有旱耗子也有水耗子,有旱贼也有水贼,我是说海盗。海上航行还有风险,海流,风向和暗礁。不过虽然这么说,那人有好的信誉。

▼ 场景六:

鲍西亚:把信念给我听听。

巴萨尼奥:(念安东尼奥来信)亲爱的巴萨尼奥,我的船只全部失事了。

莎士比亚笔下的威尼斯商人安东尼奥主要从事海上的对外贸易。大海总是变幻莫测、动荡不定的,而当时的航运技术又不发达,因此海上贸易存在着巨大的风险,这也是使安东尼奥忧伤疲惫、心烦意乱和心神不安的原因。为保障海上贸易各方的权益,就出现了海商法这样一个特殊的法律。简言之,海商法就是调整海上运输关系与船舶关系的法律规范的总称。海商法调整海上运输关系和船舶关系,因此具有天然的国际性,但又与国际民商事关系不同,因此海事冲突法(私法)就成为了国际私法的重要分支。国际私法中的海事冲突法主要涉及海事合同,船舶物权、船舶碰撞损害赔偿、海难救助、共同海损和海事赔偿责任限制的法律适用等方面的问题。

海商法具有非常悠久的历史,其最早可以追溯到公元前3世纪的《罗得海法》,其中就已经有了有关共同海损的规则。进入封建社会后,西欧地中海地区的航运业非常发达,从而也为海商法的发展奠定了基础,意大利也因此成为海商法在近代的发祥地。威尼斯和意大利的其他港口城市,例如热那亚、佛罗伦萨都编纂了它们自己的海商法,当然最著名的还是1786年制定的威尼斯海商法典。作为海商法的重要组成部分,海上保险业在当时的意大利也非常发达。莎士比亚在《威尼斯商人》的原著中就描写了当时的海上保险及其种类(不过本片中并未反映)。在解放前国民党政府时期也曾制定过《海商法》,现行的《中华人民共和国海商法》于1992年制定。

如前所述,海商法涉及海上保险、海难救助和船舶碰撞等多个方面。本片对这些虽都未提及却有可能涉及共同海损的问题。因为安东尼奥的船只全部失事了,其在失事前就有可能遇上共同海损的情形。"共同海损是指在同一海上航程中,船舶、货物和其他财产遭遇共同危险时,为了共同安全,有意地、合理地采取措施所直接造成的特殊牺牲、支付的特殊费用。"[1]这主要是由于海上风险的特殊性而产生的,其目的在于平摊风险与损失,以保护航海运输。共同海损的问题主要包括共同海损的牺牲、费用、担保和分摊等方面。由于海上运输常常涉及到多国,而各国有关共同海损的法律规定又不尽相同,因此共同海损的法律冲突也就不可避免地产生了。对于这个问题,目前主要规则的有应适用意思自治、船旗国法、理算地法、法院地法和航程终止地法等。在本片中,如适用意思自治原则,将由安东尼奥和货主共同协商在运输合同或提单中指定准据法,既可以指定某一国家的法律,也可以指定国际通行的理算规则。我国《海商法》第203条也确认了这点:"共同海损理算,适用合同约定的理算规则;合同未规定的,适用本章规定。"船旗国法是指旗帜所属国的法律。如适用船旗国法,在本片中也不一定就是威尼斯的法律。因为安东尼奥虽然

---

[1] 韩德培:《国际私法新论(上)》,武汉:武汉大学出版社2009年版,第347页。

是威尼斯公民,但他的船只却也有可能是在他国登记注册并悬挂他国国旗的。理算地法顾名思义就是进行共同海损理算地国的法律。例如我国《海商法》第274条就规定,对于"共同海损理算,适用理算地法律。"由于本片并没有描述安东尼奥船只失事的详细情形,因此我们也无法推定其最后究竟适用何法。

三、人际私法

▼ 场景七:

开场字幕:威尼斯,1596。16世纪,即使在欧洲最强大最自由的威尼斯,人们对犹太人的偏见与压迫亦随处可见。法律规定,犹太人只能居住在旧城里,叫做"Geto"的区域。日落后,城门被锁,由天主教徒把守。白天,任何离开这个区域的犹太人都必须带上红色的帽子,以表明他的犹太人身份……犹太人被禁止拥有财产。所以他们从事着放贷的生意,借钱给人并收取利息。这有违天主教的法律。精明的威尼斯人对此睁一只眼闭一只眼。但是对那些宗教狂热分子来说却是另外一回事。

▼ 场景八:

夏洛克:看谁来了?

巴萨尼奥:这是安东尼奥先生,安东尼奥!

夏洛克:他长得多像一个摇尾乞怜的税吏。

巴萨尼奥:夏洛克!夏洛克,听到了么?

夏洛克:我正在估计我手头的现款。据我初步估算,我不能马上凑得足三千金币的数目。但是杜伯尔,我们部落的一个富翁,会借给我的。本杰明,去,找到杜伯尔。且慢,多少个月?您好,尊敬的先生,哪一阵好风把尊驾吹了来啦?

安东尼奥：他有你要的那么多么？

夏洛克：是的，是的，三千块。

安东尼奥：三个月。

夏洛克：啊，我倒忘了。你告诉过我的，三个月。好像，嗯。我记得你不会借也不会放高利贷。

安东尼奥：我破例一次。

夏洛克：好的。三千块钱，这可是一大笔钱。朗斯洛特，让我看看利率表。三个月，一年十二个月。我看看利率。

安东尼奥：嗯，夏洛克，我们该不该感谢你呢？

夏洛克：安东尼奥阁下，有很多次，在交易所，你大声斥责我的盘剥取利。可是，我只能对你忍气吞声。因为忍耐是我们民族的特征。你称我为邪教徒，残酷无情的狗，向我的犹太礼服上吐痰，只因为我用我自己的钱博取几个利息。然后，你现在好像又需要我的帮助了。你走过来对我说"夏洛克，，我们需要钱。"你说了，你把你的分泌物排泄到了我的胡须上，又像对待一个陌生的杂种那样使劲地踢我。现在您却来问我要钱，我该对你说什么呢？我总不该说，"拿去吧，这是狗的钱。""杂种有可能借得出三千块钱么？"要不然我该鞠躬，用卑微的声音，摒住气小心翼翼的说："尊敬的先生，上星期三你向我吐了一口痰，还有一天你踢了我一脚，另外有一次你骂我是狗。这样毕恭毕敬的，我就会借给你那些钱。"

安东尼奥：我还会那样叫你的，再向你吐口水，再踢你的。要是你愿意把这钱借给我，不要把它当作借给你的朋友。哪有朋友之间通融几个钱，也要斤斤计较地计算利息的道理？你就把它当作借给你的仇人吧，如果他不守承诺，你尽管拉下脸来照约处罚就是了。

夏洛克:哦,看看你多生多大的气啊。我愿意成为你的朋友,受你关爱。忘了那些你羞辱我的事吧,满足你现在的要求吧,不要一份利息借给你。可是你却不愿意听我说下去,我这完全是一片好心呢。

巴萨尼奥:这是好心。

安东尼奥:不。

夏洛克:我会表明我的好心的。我们去见公证人,在那给我签下你唯一的担保。不妨玩个小游戏,。如果你没在规定的时间、规定的地点,以指定的数目或者条件中说明的数目还我钱,那么罚金就是你身体上的一整磅肉,将被切掉、拿走,切的部位由我任选。

安东尼奥:我同意。我会签订这个合同,并告诉大家犹太人中也有好心人。

巴萨尼奥:你不该为我而签订这样的合同,我宁愿自己安守贫困。

安东尼奥:老兄,别害怕,我不会赔偿的。两个月之内,在合同到期前一个月,我会还清这个借款的三倍还要多。

夏洛克:哦,先父,亚伯拉罕,这些人是基督徒么?因为自己待人刻薄,所以疑心人家对他们不怀好意。我为你们祈祷,告诉我吧,如果他到期不还,我从这罚金中又能得到什么好处?从人身上取下的一磅肉并没什么价值,也没什么利润,甚至不能和绵羊肉,牛肉或山羊肉相比。我说过用钱博得他的好感,所以才向他卖这样一个交情。他愿意接受,成交;如不愿意,那再见吧。千万请你们不要误会我的一片好意。

安东尼奥:夏洛克,我会在合同上签字。

如前所述，人际私法是指一国之内适用于不同宗教、种族、不同阶级的人的民事法律之间的冲突。在本片中，安东尼奥和夏洛克虽然同在威尼斯城且同为商人，但是他们在宗教和种族上却完全不同——安东尼奥是基督教徒而夏洛克则是犹太教徒。这也导致了他们之间适用法律的不同，即安东尼奥必须尊守基督教法，而夏洛克则必须遵守犹太教法。这导致了他们在法律上也有很多不同。比如说在中世纪，基督教会允许放债但严禁收取利息，并认为收取利息是一种罪恶，然而犹太教却不这样认为。在许多基督教国家，特别是十字军东征之后，正如场景七所说"犹太人被禁止拥有财产。所以他们从事着放贷的生意，借钱给人并收取利息。"不过犹太人在放债时是内外有别的，不允许对本族人收取利息而只对外族人收取利息。例如在场景八当中，夏洛克向同部落的富翁杜尔伯借钱就不用支付利息，但他再将钱转借给身为基督教徒的安东尼奥就可以收取利息。基督教法禁止利用金钱借贷收取利息，而犹太法则只是禁止对本族人收取利息但却对向外族人收取利息不加限制。如果安东尼奥和夏洛克同为基督教徒或犹太教徒，自然也不会产生法律上的冲突。但正是因为他们分属于不同的种族，有着不同的宗教信仰，因此当他们之间发生借贷关系时，法律上的冲突就在所难免了。不过夏洛克在向安东尼奥放贷时服从了基督教法的规定，没有收取利息。但他仍心有不甘，于是提出了"一磅肉"的附带处罚条件。谁知美丽且睿智的鲍西亚的出现，使得他最后是搬起石头砸了自己的脚。

事实上，人际私法与国际私法有着本质的区别：后者解决不同国家法律的空间上的冲突，而前者所要解决的是在一国内哪一部分人应适用哪一个民商法的问题。前者所调整的并非两个国家或法域的法律冲突问题，因而它所调整的民事关系不含有外国因素。① 当然,这两者都采用间接调整方法,仅仅指出应适用哪一个法律来调整当事人间的民事权利义务关系,这又是两者相同之处。就我国而言宪法规定了民族区域自治制度,各自治地方据此可以对国家的有关法律做出变通。例如我国《婚姻法》第50条规定,"民族自治地方的人民代表大会有权结合当地民族婚姻家庭的具体情况.制定变通规定。"有些民族自治地方对于法定婚龄,就有着不同于《婚姻法》的规定。例如我国的内蒙古自治区在《关于执行<中华人民共和国婚姻法>的补充规定》第3条就规定:"结婚年龄,男于二十周岁,女不得早于十八周岁。汉族男女同内蒙古族和其他少数民族男女结婚的,汉族一方年龄按《中华人民共和国婚姻法》规定执行。"其中第二句话就是人际私法中单边冲突规范的表达,这也为解决这方面的人际私法冲突提供了依据。

四、结语

当前全球一体化程度日益深化,人们间的民商事交往也逐渐增多,随之而来的法律冲突也不断出现,而国际私法则为解决这些问题提供了依据。国际私法并不直接用来调整国家间的关系,而是一国在其涉外民商事关系中用来调整不同国家的自然人、法人相互间民事关系的法律。从这个意义上来说,国际私法的问题较为复杂,因而需要用心地学习、深入地了解。

参看影片:

《喜宴》,赵文瑄、金素梅、郎雄、归亚蕾主演,讲述了同性恋

---

① 蒋新苗:《国际私法学》,长沙:湖南人民出版社2012年版,第16页。

青年伟同在父母逼婚下与大陆女薇薇假结婚,谁知却令薇薇怀孕,她决定生下孩子并与其共同生活的故事,其中涉及涉外婚姻、国籍归化等国际私法问题。

第十六章 从《跨国银行》看国际经济法

> 承认各国享有根据本国国家利益自由处置本国自然财富和自然资源的不可剥夺的权利,并且尊重各国的经济独立。
> ——《关于自然资源永久主权的决议》

片名:《跨国银行》
导演:汤姆·提克威
主演:克里夫·欧文、娜奥米·沃茨
出品时间:2009年

【影片简介】年轻的曼哈顿探长萨林卓接手调查某大型跨国银行机构(IBBC)可能有着贪赃枉法的行为。本来这种毫无证据和头绪的调查一年有不少起,而且最后都被证实是虚惊一场,不过抱着信则有不信则无的心态,萨林卓还是兢兢业业的开始调查,不过对于金融方面不怎么灵光的他,为了把案件弄得清楚,他选择了专门调查经济罪案方面怀特曼来协助调查。

两人的调查工作进行得也还算顺利,虽然这对新搭档在开始时免不了有些磕磕碰碰,但总归是对欢喜冤家,在工作中也渐渐培养起了默契。随着调查的深入,萨林卓逐渐感觉到这起案件非同寻常。越来越多的证据表明,这家国际性的金融企业不但帮黑帮组织洗黑钱、行贿受贿等贪污违法行为,甚至还倒卖政府债券,与恐怖份子进行军火交易等等滔天大罪。而这背后牵扯的已经不仅仅是这家金融公司,政界高层的腐败行为也呼之欲出,诸多蛛丝马迹也证明,好几起悬而未决的暗杀事件也跟这家公司有关。

面对如此庞大和错综复杂的犯罪行为,萨林卓和怀特曼深深地感到自己无力独自面对。两人寻求在警察局内部帮助时,却发现警察内部也有帮助该公司隐瞒犯罪行为的人。而且已经打草惊蛇的萨林卓和怀特曼,也让自己身处险境。身不由己的两人腹背受敌,这起牵扯了某国家和某大型国际组织的大案件该如何解决,谁又能帮助他们?萨林卓和怀特曼并没有退缩,他们继续在全球各地不断地进行调查,从巴黎到柏林,从米兰到纽约,从布鲁塞尔到伊斯坦布尔,事情开始有了转机,一切似乎很快就会真相大白,水落石出,但是更大的危险也开始向二人逼近……

本片虚构了规模庞大、根底深厚的跨国银行IBBC,它在这个钱权主宰的世界里简直无所不能：不仅参与洗钱、贩卖军火、勒索绑架等各种黑道行动，甚至还操控着各国经济并牵制着政府的决策。这也为我们从跨国公司、国际贸易以及国际金融等视角了解国际经济法提供了很好的素材。

一、跨国银行与国际金融法及国际经济法

▼ 场景一：

柏林警方官员：什么调查？

萨林卓：我在国际刑警组织负责调查组织犯罪的财务运作。大约两年前，我们陆续接获情资显示一家卢森堡银行公司有违法活动。

怀特曼：国际商业信贷银行在其总裁琼纳斯史卡森的指挥下，我们相信国际商业信贷银行已开始私下进行资助组织犯罪、外移资金。

柏林警方官员：这跟舒默和纽约州地检署何干？

怀特曼：国际商业信贷银行曼哈顿分行是该银行在美国的洗钱中心。舒默和我一起调查此案，萨林卓和他的部门一直在协助我们。

▼ 场景二：

萨林卓：我想我看过这个鞋印。

怀特曼：在哪？

萨林卓：在我办公室的墙上……这是去年在布鲁塞尔史岱芬休斯的遇害现场找到的。

怀特曼：国际货币基金会的前执行理事。

本片中描述的国际商业信贷银行并非虚构。它曾是一家总部设在卢森堡，分支机构遍布全球的跨国银行集团。其鼎盛时期，在全球七十二个国家设有分行，资产总额达二百多亿美元，在世界大银行中排名第439位。但它自成立以来就从事伪造账目、隐瞒亏损、亏空等商业性欺诈行为，以及资助贩毒者、独裁者、恐怖分子、军火走私者的活动。1991年，其因上述原因被多国金融监管当局关闭了在当地的业务继而倒闭。其倒闭在国际金融界引起巨大反响，当时被称为"世界金融史上最大的丑闻"。该事件反映了国际金融机构监管的诸多问题，对跨国银行监管法制产生重大影响。①

"跨国银行一般是指在一些不同国家和地区经营存放款、投资及其他业务的国际银行，由设在母国的总行和设在东道国的诸多分支机构组成。"②就本质上来说，它乃是经营货币这种特殊业务的超级商业银行和跨国公司。其主要从事零星存款、货币市场、外贸融资、公司贷款和国家贷款、外汇、投资和信托业务以及其他业务。随着我国加入世贸组织，很多跨国银行开始进驻中国，在我国很多大城市现在都可以看到其身影。跨国银行对世界经济和金融具有积极的影响，例如满足巨额的资金需要，带动金融市场效率的提高，在把流动的短期资金转化为长期信贷的过程中发挥重要作用；但它对世界经济和金融也具有消极的影响，例如加剧了国际金融市场的不稳定，增加了国际金融机构的管理困难。有鉴于此，各国现在都运用法律加大对跨国银行的监管和国

---

① 莫世健：《国际经济法》，北京：中国政法大学出版社2014年第2版，第422页。

② 陈安：《国际经济法学》，北京：北京大学出版社1994年第2版，第432页。

际协调,这也成为了国际金融法的重要组成部分。

国际金融法是调整国际金融关系的法律规范的总称,是国际经济法的重要分支。制定国际金融立法的目的是为了监管国际金融市场,减少和防范国际金融交易中的风险,维持国际金融交易安全与稳定,保护善意投资者的合法权益。通常而言,国际金融法的主要内容涉及国际银行与国际贷款有关的制度与合同,国际证券市场上市及交易规则与监管,国际支付与信用以及国际货币市场规则及监管等方面。从形式上看,它主要存在于国际组织或机构制订的法律或规则中,就全球层面而言主要为世界银行、国际货币基金组织、巴塞尔银行委员会制订的法律或规则;就国际区域层面而言如欧洲中央银行、亚洲发展银行等制订的法律或规则;与此同时,它还存在于一个国家内部法律系统中,如各国所制定的银行监管立法等。[1]

如前所述,国际金融法是国际经济法的重要组成部分。后者是随着国际经济交往的发展而形成的新兴法律部门。"国际经济法是调整国家、国际组织、不同国家的法人与个人间经济关系的国际法规范和国内法规范的总称。简言之,国际经济法是调整国际(或跨国))经济关系的法律规范的总称。"[2]国际经济法的主要特征主要有:首先,其主体较为广泛,它不仅包括国家、国际组织也包括分属于不同国家的个人和法人;其次,其调整对象也较为广泛,不仅包括国家与国际组织相互间的经济关系,而且还包括不同国家的个人、法人间以及国家与他国国民间的经济关系;还有就是其渊源不仅包括经济方面的国际条约和国际惯例,而且

---

[1] 余劲松:《国际经济法》,北京:北京大学出版社 2009 年第 3 版,第 310 页。
[2] 余劲松:《国际经济法》,北京:北京大学出版社 2009 年第 3 版,第 4 页。

包括国际民间商务惯例和各国国内的涉外经济法规。① 就此而言，它与我们前面所说的国际公法、国际私法以及国内经济立法都有所不同，因而是独立的法律部门。现在人们普遍认为国际经济法包括国际贸易法、国际投资法、国际金融法和国际税法等主要组成部分，当然它还涉及到国际经济组织和国际经济争议解决等方面的法律问题。

场景二中提到的国际货币基金会也是国际经济法中的重要概念。国际货币基金会是第二次世界大战之后为适应国际经济迅速发展和国际间经济交往增多需要而成立的国际经济组织，它是根据布雷顿森林会议签订的"国际货币基金协议"于 1945 年底成立，目前有近二百个会员国，其总部设于美国的华盛顿。其宗旨在于促进国际货币合作、便利国际贸易的开展与均衡成长、促进汇率稳定、协助建立多边支付体系、在适足的担保下提供国际收支失衡的会员暂时性的资金。简言之就是致力于确保国际金融体系的稳定。该组织设理事会、执行董事会及众多业务机构。理事会负责决定该组织的重大决策，主要由各会员国选派的理事组成。理事通常由各国的财政部长或央行总裁等官员担任。负责日常决策的是执行董事会，它由美、法、德、日、英等国各 1 名以及其他国家分区选派的十七名执行董事组成。因此场景二中提到国际货币基金会的前执行理事被杀是非常严重的事件。除在国际金融法领域外，该组织还在国际投资法、国际经济组织法中具有重要意义。

---

① 余劲松：《国际经济法》，北京：北京大学出版社 2009 年第 3 版，第 9 页。

二、国际贸易法

▼ 场景三:

萨林卓:卡伟尼,国防公司主席,欧洲最大的国防工业承包商之一。

维克多:也可能是意大利下一任总理。

萨林卓:他旁边这家伙就是我们的内应——安德列·克莱蒙。

维克多:所以呢?

萨林卓:惠特曼发现克莱蒙为国际商业信贷银行协商向卡伟尼的公司采购大批飞弹导向控制系统,不过在最后关头交易取消了。

维克多:怎么回事?

萨林卓:不知道,明天我和惠特曼会去米兰,我们会跟卡伟尼谈清楚。

▼ 场景四:

怀特曼:卡伟尼先生,我们想知道国际商业信贷银行,这家银行为何花数亿向你的公司购买飞弹导向控制系统?

卡伟尼:国际商业信贷银行曾向中国采购数十亿元的蚕式飞弹,他们早已预售给中东的客户,搭配火神导向系统成套销售。全球只有两家公司生产火神,我们是其中一家。

▼ 场景五:

萨林卓:你怎么确定他们会谈尚雷跟以色列的交易跟对策?

韦克斯勒:那是关键议题,一旦伊朗人和叙利亚人听到他们的飞弹根本无法对付以色列,他们会撤销订单,而国际商业信贷银行就会破产倒闭。

场景三和场景四种提到了国际商业信贷银行向卡伟尼的国防公司采购飞弹导向控制系统以及向中国采购蚕式飞弹,这都是国际贸易并都受国际贸易法的调整。"国际贸易法是调整跨国货物、技术、服务的交换关系以及与这种交换关系有关的国际法律规范和国内法律规范的总和。具体而言,国际贸易法调整的关系包括:国际货物买卖以及与之有关的国际货物运输、国际货物运输保险、国际贸易结算、国际技术贸易。根据这些内容,国际贸易法可以分为国际货物贸易法、国际服务贸易法和国际技术贸易法。"①国际贸易法在国际经济法中居于重要地位,它曾是国际经济法最初的形式,至今仍有重要影响。国际贸易的主体(同时也是国际贸易法的主体)可以是自然人、公司或其他组织也可以是国家,场景三中所提及的是两个公司之间的国际贸易即国际商业信贷银行和国防公司之间的国际贸易,而场景四中所提及的则是跨国公司和国家之间的国际贸易即国际商业信贷银行和中国国家之间的国际贸易。需要指出的是,我国作为爱好和平和负责任的大国,在国际军火贸易方面是非常慎重的,因此本片中的有些情节难免有失实之处。

场景五中提到了订单这个国际贸易法中的重要概念。订单是指买方向卖方发出的要约,只有经卖方接受并签认,合同才能成立。由于国际贸易通常是以书面合同的形式签订的,因此订单在国际贸易中具有重要的作用。如场景五中提到的政府跨国采购订单,现在还受到 WTO 下《政府采购协议》的规制。该协议制

---

① 王传丽:《国际贸易法》,北京:中国政法大学出版社 2015 年第 2 版,第 7 页。

定的目的就在于提高订单发放的透明度,对其加强监督并且保证实施。根据该协议第1条第2款的规定,它适用于所有采用合同形式的采购订单,包括购买、租赁、带有或者不带有购买选择的承租,也包括货物和服务这两者的任意组合。订单制订之后,一方非因不可抗力等特殊原因而要求撤销,属于国际贸易中的违约行为,需要承担相应的责任。

三、跨国公司

▼ 场景六:

卡伟尼:史卡森打的主意是让国际商业信贷银行成为中国制轻型武器在第三世界的独家代理商,这桩导弹交易只是试单。

萨林卓:投资数十亿就为了当代理商?不可能有那么多利润的。

卡伟尼:这不是要从武器交易中赚钱,而是控制。

怀特曼:控制武器供应,控制冲突。

卡伟尼:不,不是的,国际商业信贷银行是银行公司,他们的目的不是控制冲突而是控制冲突所制造出来的债。要知道,冲突的真正价值,真实价值在于它所创造的债务。控制了债务就控制了一切。这很扯,对吧?不过这是银行事业的本质。让我们全体,不管国家还是个人都成为债的奴隶。

▼ 场景七:

汤姆森:国际商业信贷银行组织明确地处理类似贵组织的特殊需求,当然我们能给你更好的利率条件,不过我们能提供的还有更多武器、情报、后勤支援……基本上革命自由阵线需要的都有。

将军：那你赚什么？你要明白，革命自由阵线没钱。

汤姆森：钱不是本机构主要的交易手段。

将军：你到底想说什么？

汤姆森：我们相信，有正确的方向和支持，贵阵线将对贵国极具影响力。也许这股影响力足以在未来几个月就大有斩获。如果有此可能⋯

将军：贵银行希望能获得什么？

汤姆森：一位有影响力朋友的感激和补偿。

▼ 场景八：

字幕：国际商业信贷银行主席命丧伊斯坦堡，土耳其政府调查史卡森案，全球第五大银行摇摇欲坠。国际商业信贷银行高官之死震撼银行业。艾玛仕成为国际商业信贷银行新任主席，他保证银行业务稳定。国际商业信贷银行协助开发中国家，叶辛斯基带头扩张进入第三世界市场。叙利亚测试飞弹升高紧张情势，以色列谴责叙利亚。国际商业信贷银行连续三季获利创新高，贷出投资组合令银行获得暴利。联合国报告：第三世界小型武器激增，廉价中国武器激化第三世界冲突。非法资助第三世界冲突调查展开，前曼哈顿地检艾拉·怀特曼带队调查境外银行在全球冲突中的角色。

上述场景实际上都谈到了跨国公司这个国际经济法中的重要主体在国际政治、经济中的角色和本质。跨国公司是国际经济关系的重要参加者，在国际经济中有着举足轻重的影响和作用，是国际经济法的重要主体。联合国《跨国公司行为守则（草案）》第一条第一款，将跨国公司界定为"由分设在两个或两个以上国家的实体组成的企业,而不论这些实体的法律形式和活动范围如何;这种企业的业务是通过一个或多个决策中心,根据一定的决策体制经营,因而具有一贯的政策和共同的战略,企业的各个实体由于所有权或别的因素的联系,其中一个或一个以上的实体能对其他实体的活动施加重要影响,尤其是可以同其他实体分享知识、资源及分担责任。"与国内公司相比,它具有跨国性、战略的全球性和管理的集中性以及内部的相互联系性等特征。

随着经济全球化的发展和国际关系主体的多元化,跨国公司在国际关系中的角色和作用日益重要。跨国公司通常都具有很强的经济实力,它们根据其全球战略在世界范围里追逐高额利润常常引发很多问题,这突出地表现在其与东道国的矛盾上。跨国公司对东道国的经济发展具有积极的作用,场景八中提到的艾玛仕成为国际商业信贷银行新任主席后协助开发发展中国家,叶辛斯基带头扩张进入第三世界市场等就是前者的体现。但跨国公司对东道国的经济发展也具有消极的影响,例如逃避其法律管辖以及税收和外汇管制、控制和掠夺其资源、限制其市场竞争并垄断其国内市场以牟取暴利、严重影响其国际收支、严重污染其环境等。更为严重的是它们为维护在东道国的利益常常不择手段:场景六中提到国际商业信贷银行通过控制武器供应来控制东道国国内外的冲突,场景七中提到国际商业信贷银行支持东道国反政府组织推翻和颠覆现政权,场景八中提到国际商业信贷银行及其类似的跨国银行非法资助第三世界冲突并在全球冲突中扮演者极不光彩的角色。因此必须加强对跨国公司的管制,这也成为了国际经济法特别是其中国际投资法的重要内容。现在除东道国国内有关跨国公司管制的立法,管制跨国公司行为的国际立法也被提上了议事日程。现在这方面最重要的两个国际文件是联合国制定的《跨国公司行为守则(草案)》以及联合国促进和保护人权小组委员会制定的《跨国公司与其他商业企业关于人权的责任准则(草案)》,它们成为了目前管制跨国公司的主要国际立法。

四、结语

在经济全球化的时代,国际经济交往日益频繁,而国际经济法正是使其有序进行的重要保障。在现实中,国际经济法担负着维护国际经济秩序和国家主权、促进国际合作的重任,对我国的对外开放事业具有重要作用。

参看影片:

《血腥钻石》,莱昂纳多·迪卡普里奥、詹妮弗·康纳利主演,讲述了在20世纪末的塞拉利昂,南非商人阿彻和当地渔夫范迪陷入到有关钻石的纠纷中,他们与美国记者鲍文穿越战乱区长途逃亡并终获自由的故事,其中反映了国际商业管制等有关国际贸易法和国际经济法的问题。

参考文献

一、著作

[1] 中共中央马克思、恩格斯、列宁、斯大林著作编译局. 马克思恩格斯全集:第3卷[M]. 北京:人民出版社,1960.

[2] 江泽民. 江泽民文选:第1卷[M]. 北京:人民出版社,2006.

[3] 古斯塔夫·拉德布鲁赫. 法律智慧警句集[M]舒国滢,译. 北京:中国法制出版社,2016.

[4] 亚里士多德. 政治学. 吴寿彭,译. 北京:商务印书馆,1965.

[5] 李步云. 论法治[M]. 北京:社会科学文献出版社,2008.

[6] 李道军. 法的应然与实然[M]. 济南:山东人民出版社,2001.

[7] 中国政法大学法律古籍整理研究所. 清代民国司法档案与北京地区法制[M]. 北京:中国政法大学出版社,2014.

[8] 胡旭晟. 解释性的法史学:以中国传统法律文化的研究

为侧重点[M].北京:中国政法大学出版社,2005.
[9] 殷啸虎.秦镜高悬:中国古代的法律与社会[M].北京:北京大学出版社,2015.
[10] 苏力.法治及其本土资源[M].3版.北京:北京大学出版社,2015.
[11] 中华人民共和国国务院新闻办公室.中国特色社会主义法律体系[M].北京:人民出版社,2011.
[12] 查士丁尼.法学总论——法学阶梯[M].张企泰,译.北京:商务印书馆,1989.
[13] 张学仁,陈宁生.二十世纪之中国宪政[M].武汉:武汉大学出版社,2002.
[14] 张根大.法律效力论[M].北京:法律出版社,1999.
[15] 胡锦光,杨建顺,李元起.行政法专题研究[M].北京:中国人民大学出版社,1998.
[16] 马克昌.刑罚通论[M].2版.武汉:武汉大学出版社,2002.
[17] 沈红卫.中国法律援助制度研究[M].长沙:湖南人民出版社,2006.
[18] 张智辉.辨诉交易制度比较研究[M].北京:中国方正出版社,2009.
[19] 廖中洪.证据法精要与依据指引[M].北京:北京大学出版社,2011.
[20] 李霞.监护制度比较研究[M].济南:山东大学出版社,2004.
[21] 康耀坤,马洪雨,梁亚民.中国民族自治地方立法研究[M].北京:民族出版社,2007.

[22] 彭立静. 伦理视野中的知识产权[M]. 北京:知识产权出版社,2010.

[23] 陶启智. 兼并与收购[M]. 北京:北京大学出版社,2014.

[24] 布鲁斯·瓦瑟斯坦[M]. 大交易. 吴全昊,译. 海口:海南出版社,2000.

[25] 邱本. 自由竞争与秩序调控:经济法的基础建构与原理阐析[M]. 北京:中国政法大学出版社,2001.

[26] 李国海. 反垄断法实施机制研究[M]. 北京:中国方正出版社,2006.

[27] 李昌麒. 经济法:国家干预经济的基本法律形式[M]. 成都:四川人民出版社,1995.

[28] 张平,马骁. 共享智慧:开源软件知识产权问题解析[M]. 北京:北京大学出版社,2005.

[29] 王俊峰. 每天学点经济学全集[M]. 北京:石油工业出版社,2009.

[30] 江必新,何东宁,王莉才. 最高人民法院指导性案例裁判规则理解与适用:劳动争议卷[M]. 北京:中国法制出版社,2013.

[31] 高清. 环境资源法新视角[M]. 北京:知识产权出版社,2008.

[32] 丛文胜. 法律战 100 例[M]. 北京:解放军出版社,2004.

[33] 余民才. 国际法上自卫权实施机制[M]. 北京:中国人民大学出版社,2014.

[34] 肖永平. 肖永平论冲突法[M]. 武汉:武汉大学出版社,2002.

二、辞书

[1] 美国不列颠百科全书公司. 不列颠简明百科全书:3卷. 修订版. 北京:中国百科全书出版社,2011.

[2] 周雅荣. 美国法律辞典:汉英双解[M]. 上海:文汇出版社,2014.

[3] 北京大学法学百科全书编委会. 北京大学法学百科全书:法理学立法学法律社会学[M]. 北京:北京大学出版社,2010.

[4] 蒲坚. 中国法制史大辞典[M]. 北京:北京大学出版社,2015.

[5] 解景林. 国际金融大辞典[M]. 哈尔滨:黑龙江人民出版社,1990.

[6] 孙国华. 中华法学大辞典:法理学卷[M]. 北京:中国检察出版社,1997.

三、教材

[1] 常怡. 民事诉讼法学[M]. 北京:中国政法大学出版社,1994.

[2] 葛洪义. 法理学[M]. 2版. 北京:中国政法大学出版社,2012.

[3] 李龙. 法理学[M]. 武汉:武汉大学出版社,2011.

[4] 王启富. 法理学[M]. 2版. 北京:中国政法大学出版社,2013.

[5] 陈光中. 律师学[M]. 北京:中国法制出版社,2004.

[6] 曾宪义. 中国法制史[M]. 北京:北京大学出版社,2009.

[7] 朱勇. 中国法制史[M]. 北京:法律出版社,1999.

[8] 张晋潘. 中国法制史[M]. 北京:中国政法大学出版社,2011.

[9] 肖永清. 中国法制史教程[M]. 北京:法律出版社,1987.

[10] 焦洪昌. 宪法学[M]. 北京:北京大学出版社,2010.

[11] 许崇德. 宪法学:中国部分[M]. 2版. 北京:高等教育出版社,2005.

[12] 秦前红. 新宪法学[M]. 武汉:武汉大学出版社,2009.

[13]《宪法学》编写组. 宪法学[M]. 北京:高等教育出版社,2011.

[14] 马怀德. 行政法与行政诉讼法[M]. 5版. 北京:中国法制出版社,2015.

[15] 姜明安. 行政法与行政诉讼法[M]. 北京:北京大学出版社,2011.

[16] 高铭暄,马克昌,赵秉志. 刑法学[M]. 6版. 北京:北京大学出版社,2014.

[17] 王泰. 监狱学概论[M]. 北京:中国政法大学出版社,1996.

[18] 夏宗素. 监狱学基础理论[M]. 北京:法律出版社,2001.

[19] 曲新久. 刑法学原理[M]. 北京:高等教育出版社,2009.

[20] 张保生. 证据法学[M]. 2版. 北京:中国政法大学出版社,2014.

[21] 樊崇义. 刑事诉讼法学[M]. 3版. 北京:中国政法大学出版社,2013.

[22] 陈光中. 刑事诉讼法[M]. 3版. 北京:北京大学出版社,2009.

[23] 卞建林. 刑事诉讼法学[M]. 3版. 北京:中国政法大学出版社,2014.

[24] 范健. 商法[M]. 4版. 北京:高等教育出版社,2011.

[25] 魏振瀛,郭明瑞. 民法[M]. 5版. 北京:北京大学出版社,2013.

[26] 高富平. 物权法[M]. 北京:清华大学出版社,2007.

[27] 彭万林. 民法学[M]. 北京:中国政法大学出版社,2011.

[28] 江平. 民法学[M]. 北京:中国政法大学出版社,2011.

[29] 梁慧星. 民法总论[M]. 4版. 北京:法律出版社,2011.

[30] 江伟. 民事诉讼法[M]. 5版. 北京:中国人民大学出版社,2011.

[31] 汤维建. 民事诉讼法学[M]. 2版. 北京:北京大学出版社,2014.

[32] 田平安. 民事诉讼法[M]. 北京:清华大学出版社,2005.

[33] 齐爱民. 现代知识产权法学[M]. 苏州:苏州大学出版社,2005.

[34] 吴汉东. 知识产权法学[M]. 北京:北京大学出版

社,2000.

[35] 刘春田. 知识产权法[M]. 4 版. 北京:中国人民大学出版社,2009.

[36] 黄勤南. 知识产权法教程[M]. 北京:中国政法大学出版社,2001.

[37] 刘文华,肖乾刚[M]. 经济法律通论. 北京:高等教育出版社,2006.

[38] 顾功耘. 经济法[M]. 北京:高等教育出版社,2008.

[39] 韩长印. 商法教程[M]. 北京:高等教育出版社,2007.

[40] 杨紫烜. 经济法[M]. 5 版. 北京:北京大学出版社,2014.

[41] 李昌麒. 经济法学[M]. 2 版. 北京:法律出版社,2008.

[42] 关怀. 劳动法[M]. 3 版. 北京:中国人民大学出版社,2008.

[43] 王全兴. 劳动法[M]. 3 版. 北京:法律出版社:371.

[44] 汪劲. 环境法学[M]. 2 版. 北京:北京大学出版社:21.

[45] 蔡守秋. 环境资源法教程[M]. 2 版. 北京:高等教育出版社.

[46] 韩德培. 环境保护法教程[M]. 5 版. 北京:法律出版社.

[47] 吕忠梅. 环境法原理[M]. 上海:复旦大学出版社,2007.

[48] 王树义. 环境与自然资源法学案例教程[M]. 北京:知识产权出版社,2004.

[49] 朱文奇. 国际刑事诉讼法[M]. 北京:商务印书馆,2014.

[50] 邵津. 国际法[M]. 5版. 北京:高等教育出版社,2014.

[51] 王献枢. 国际法[M]. 5版. 北京:中国政法大学出版社,2012.

[52] 梁西. 国际法[M]. 2版. 武汉:武汉大学出版社,2004.

[53] 周洪钧. 国际法[M]. 3版. 北京:中国政法大学出版社,2015.

[54] 杨泽伟. 国际法[M]. 北京:高等教育出版社,2007.

[55] 王铁崖. 国际法[M]. 北京:法律出版社,1995.

[56] 韩德培. 国际私法[M]. 3版. 北京:高等教育出版社,2014.

[57] 李双元. 中国国际私法通论[M]. 3版. 北京:法律出版社,2007.

[58] 韩德培. 国际私法新论(上)[M]. 武汉:武汉大学出版社,2009.

[59] 蒋新苗. 国际私法学[M]. 长沙:湖南人民出版社,2012.

[60] 莫世健. 国际经济法[M]. 2版. 北京:中国政法大学出版社.

[61] 陈安. 国际经济法学[M]. 2版. 北京:北京大学出版社,1994.

[62] 余劲松. 国际经济法[M]. 3版. 北京:北京大学出版社,2009.

[63] 王传丽. 国际贸易法[M]. 2版. 北京:中国政法大学出版社,2015.

四、期刊、辑刊论文

[1] 方潇. 讼师考论[J]. 东吴法学. 1998年号.

[2] 田宏杰. 宽容与平衡:中国刑法现代化的伦理思考[J]. 政法论坛,2006(2).

[3] 朱宇航,杨端. 论媒体对刑事审判的舆论监督[J]. 理论学刊,2004(7).

[4] 陈光中. 刑事和解初探[J]. 中国法学,2006(5).

[5] 屈振辉. 论宪法理论对完善公司法的借鉴作用[J]. 呼伦贝尔学院学报,2004(4).

[6] 周湖勇. 试论劳动者的知情权:从《劳动合同法》第八条规定谈起[J]. 重庆交通大学学报:社会科学版,2008(4).

后　记

　　历时三个多月，终于艰难地完成了本书的写作，而这也是我人生中最灰暗的时间。在此期间，先是母亲罹患癌症入院治疗，后是父亲突发心病离我而去，这双重打击使得我猝不及防。父亲在本书即将脱稿之际的离去，令我曾一度丧失完稿的勇气。幸好还有母亲、妹妹、妹夫，还有我年过八旬的外公外婆，还有舅舅舅妈、阿姨和姨父，以及父亲生前好友和我的单位。在他们的支撑和大力帮助下，我才走过了那段悲痛的日子。但当夜深人静我坐在书桌前，脑海里总浮现出父亲的音容。法律电影中有不少生离死别，然而此刻竟发生在自己身边，要让自己接受是非常困难的。

　　每代人都有自己的人生理想，我们每个人的生命都很短暂，但只要曾经为理想而奋斗过，我们的人生就都会无怨无悔。苏力《什么是你的贡献？》是我较喜欢的一篇法理文章。无事时我也常常在扪心自问，什么才是我对世界的贡献呢？作为文人怕也只能是著书立说，如能传世也就可聊以自慰了。或许这本书也谈不上是佳作，或许对于读者也没什么裨益，但就我而言却是奋斗的记载，是自己法治探索的心路历程。然而奋斗也是要付出代价的，我也失去了许多美好的东西，比如说"子欲养而亲不待"。在奋斗的同时好好珍重自己，这是我此刻最大的人生感悟，与诸君共勉。

　　最后，仅以此书纪念我深爱的父亲，缅怀他对我曾经的殷殷教诲！

屈振辉
2013 年 9 月于长沙城南新点苑